权威·前沿·原创

皮书系列为
“十二五”“十三五”国家重点图书出版规划项目

智库成果出版与传播平台

中国社会科学院创新工程学术出版资助项目

中国农村经济形势分析与预测（2019~2020）

ANALYSIS AND FORECAST ON CHINA'S RURAL ECONOMY (2019-2020)

主　编／魏后凯　黄秉信
副主编／李国祥　孙同全　韩　磊

社会科学文献出版社
SOCIAL SCIENCES ACADEMIC PRESS (CHINA)

图书在版编目(CIP)数据

中国农村经济形势分析与预测．2019－2020／魏后凯，
黄秉信主编．－－北京：社会科学文献出版社，2020.5
（农村绿皮书）
ISBN 978－7－5201－6517－4

Ⅰ.①中… Ⅱ.①魏… ②黄… Ⅲ.①农村经济发展
－经济分析－中国－2019－2020②农村经济发展－经济预测
－中国－2019－2020 Ⅳ.①F323

中国版本图书馆 CIP 数据核字（2020）第 059830 号

农村绿皮书
中国农村经济形势分析与预测（2019～2020）

主　　编／魏后凯　黄秉信
副 主 编／李国祥　孙同全　韩　磊

出 版 人／谢寿光
组稿编辑／邓泳红　宋　静
责任编辑／宋　静

出　　版／社会科学文献出版社·皮书出版分社（010）59367127
　　　　　地址：北京市北三环中路甲 29 号院华龙大厦　邮编：100029
　　　　　网址：www.ssap.com.cn
发　　行／市场营销中心（010）59367081　59367083
印　　装／天津千鹤文化传播有限公司

规　　格／开 本：787mm×1092mm　1/16
　　　　　印 张：21.5　字 数：323 千字
版　　次／2020 年 5 月第 1 版　2020 年 5 月第 1 次印刷
书　　号／ISBN 978－7－5201－6517－4
定　　价／128.00 元

《中国农村经济形势分析与预测（2019～2020）》编委会

主　　编　魏后凯　黄秉信

副 主 编　李国祥　孙同全　韩　磊

编　　委　（按姓氏笔画为序）

于冬瑶　于法稳　王术坤　田乙慧　白春明
白　描　年　猛　刘长全　孙同全　芦千文
苏红键　杜志雄　李国祥　张天柱　张珍琴
张　茜　张海鹏　张瑞娟　苑　鹏　罗千峰
周清杰　胡冰川　郜亮亮　秦　轲　袁　璐
黄秉信　黄超峰　崔红志　崔　凯　彭　华
董　翀　蒋宏飞　韩　磊　谭秋成　潘　劲
操建华　檀学文　魏后凯

主要编撰者简介

魏后凯　经济学博士，第十三届全国人大农业与农村委员会委员，中国社会科学院农村发展研究所所长、研究员、博士生导师。兼任中国社会科学院城乡发展一体化智库常务副理事长、中国城郊经济研究会和中国林牧渔业经济学会会长，中央农办、农业农村部乡村振兴专家咨询委员会委员，民政部、北京市、山东省、广东省等决策咨询委员。长期从事区域经济学和发展经济学研究。入选文化名家暨“四个一批”人才和国家“万人计划”哲学社会科学领军人才。

黄秉信　国家统计局农村社会经济调查司原司长（一级巡视员），高级统计师。北京大学新农村发展研究院理事。长期从事农村统计工作。多次主持或参与国家重大研究项目。多年为“农村绿皮书”撰稿，参与编写《中国粮食问题研究》《中国农村投资问题研究》《中国建制镇研究》等多部著作。在全国权威期刊上公开发表多篇学术文章和研究报告。曾获国家粮食局优秀软科学研究一等奖、中国测绘学会测绘科技进步三等奖。

李国祥　农学博士，中国社会科学院农村发展研究所研究员、食物经济研究室主任、中国社会科学院大学教授、农产品市场与贸易方向博士生导师，农业农村部农产品市场预警专家组成员、国家粮食安全政策咨询委员会委员。长期从事粮食安全研究和中国农业农村经济形势跟踪分析，为年度《中国农村经济形势分析与预测》（农村绿皮书）撰写报告近20年，发表论文和研究报告多篇，出版《中国粮食安全评论》等专著。

孙同全　管理学博士，中国社会科学院农村发展研究所研究员、农村金融研究室主任。兼任中国县镇经济交流促进会副秘书长、中国社会科学院贫困问题研究中心副秘书长、中国小额信贷联盟副理事长。主要研究方向为农村普惠金融、小额信贷、合作金融、扶贫。

韩　磊　管理学博士，中国社会科学院农村发展研究所助理研究员、农村产业经济研究室副主任。兼任中国林牧渔业经济学会副秘书长。主要研究方向为农产品市场、奶业经济，主持国家社科基金、人社部择优资助课题多项，公开发表学术论文和研究报告多篇。

摘　要

2019年，第一产业名义增长速度明显高于实际增长速度，在国内生产总值中比重不降反升。第一产业增加值70467亿元，比上年名义增长8.8%，实际增长3.1%；第一产业增加值在国内生产总值中比重上升到7.1%，比上年增加0.1个百分点。

2019年，农村人口继续减少。乡村常住人口55162万人，比上年减少1239万人，在全国总人口中比重为39.4%。农村贫困人口大幅度下降，年末农村贫困人口551万人，比上年末减少1109万人，贫困发生率下降到0.6%。农村劳动力加快转移。农民工总量29077万人，比上年增加241万人。其中，外出农民工17425万人，比上年增加159万人，是农民工总体中的多数。

2019年，粮食产量创历史新高。全国粮食总产量达到66384万吨，比上年增加595万吨。其中，玉米产量26077万吨，比上年增加360万吨；小麦产量13359万吨，比上年增加215万吨；大豆产量1810万吨，比上年增加210万吨；稻谷产量20961万吨，比上年减少252万吨。

2019年，经济作物生产总体稳定，结构继续调整。棉花产量589万吨，比上年减产21万吨。其中，新疆棉花产量500万吨，减产11万吨。棉花生产进一步向新疆优势产区集中，新疆棉花产量在全国总产量中比重上升到84.9%。油料产量3495万吨，比上年增加62万吨。糖料产量12204万吨，比上年增加267万吨。

2019年，猪肉较大幅度减产，其他肉类生产较快增长。猪牛羊禽肉产量7649万吨，比上年减少868万吨。其中，猪肉产量4255万吨，比上年减少1149万吨；牛肉产量667万吨，比上年增加23万吨；羊肉产量488万吨，比上年增加13万吨；禽肉产量2239万吨，比上年增加245万吨。

2019年，农产品进口较快增长，贸易逆差较大幅度增加。农产品进出口总额2284.5亿美元，比上年增加124亿美元。其中，农产品进口1498.8亿美元，比上年增加131.7亿美元；农产品出口785.7亿美元，比上年减少7.5亿美元。农产品贸易逆差713.1亿美元，比上年增加139.2亿美元。

2019年，粮食进口量总体减少，其中大豆进口略增。粮食进口11144万吨，比上年减少411万吨。其中，谷物进口1785万吨，比上年减少262万吨；大豆进口8851万吨，比上年增加48万吨。在谷物中，稻米进口255万吨，出口275万吨；小麦进口349万吨，玉米进口479万吨，小麦和玉米出口数量很少。

2019年，棉花、食用油和食糖进口全面增加，其中食用油进口增加最明显。棉花进口185万吨，比上年增加28万吨；食用植物油进口953万吨，比上年增加324万吨；食糖进口339万吨，比上年增加59万吨。

2019年，猪牛羊肉进口全面增加，其中猪肉及杂碎进口增加量大而牛羊肉进口量增长速度快。猪肉及杂碎进口312万吨，比上年增加97万吨；牛肉进口166万吨，比上年增加62万吨；羊肉进口39万吨，比上年增加23万吨。

2019年，水海产品出口减少而进口增加，贸易顺差较大幅度减少。水海产品出口203亿美元，比上年减少17亿美元；进口158亿美元，比上年增加38亿美元。水海产品贸易顺差45亿美元，比上年减少55亿美元。

2019年，农产品价格较大幅度上涨，主要受生猪价格上涨影响。农产品生产者价格同比上涨14.5%，由上年小幅度下跌转变为较大幅度上涨。其中，谷物生产者价格同比上涨0.3%，蔬菜和水果生产者价格同比分别上涨1.2%和3.6%；生猪生产者价格同比上涨50.5%，其中第四季度同比上涨109.5%；活牛、活羊、活家禽和禽蛋生产者价格同比分别上涨12.5%、14.3%、7.8%和2.1%。

2019年，食品价格涨幅较大，其中猪肉价格上涨最明显。城乡居民食品消费价格同比上涨9.2%，涨幅比上年扩大7.4个百分点。其中，粮食消费价格同比上涨0.5%，鲜菜和鲜果消费价格同比分别上涨4.1%和12.3%。畜肉类消费价格同比上涨29.1%，其中猪肉消费价格同比上涨42.5%，牛肉、羊肉消费价格同比分别上涨12.1%和11.9%。蛋类消费价格同比上涨5.1%。

2019年，农民收入较快增长，城乡居民收入差距缩小。农民人均可支配收入16021元，比上年增加1404元，名义增长9.6%，实际增长6.2%。城乡居民人均可支配收入倍差降至2.64，比上年减少0.05。

2019年，工资性收入对农民增收贡献最大，经营净收入和转移净收入其次。农民人均工资性收入6583元，比上年增加587元，对农民增收的贡献率为41.8%；农民人均经营净收入5762元，比上年增加403元，对农民增收的贡献率为28.7%；农民人均财产净收入377元，比上年增加35元，对农民增收的贡献率为2.5%；农民人均转移净收入3298元，比上年增加378元，对农民增收的贡献率为26.9%。

2019年，贫困地区农民收入增长速度高于全国农民平均水平，工资性收入和转移净收入贡献较大。贫困地区农民人均可支配收入11567元，比上年增加1196元，名义增长11.5%，实际增长8.0%。其中，工资性收入4082元，对增收的贡献率为38.0%；经营净收入4163元，对增收的贡献率为23.0%；财产净收入159元，对增收的贡献率为1.9%；转移净收入3163元，对增收的贡献率为37.1%。

展望2020年，农业农村经济将克服新冠肺炎疫情等不利影响，呈现农业加快发展、农民持续增收和农村公共基础设施短板加快补上态势。预测第一产业增加值将超过7.5万亿元，在国内生产总值中比重上升到7.2%；粮食总产量有望达到6.7亿吨，猪肉产量有望恢复到4800万吨；农产品及食品价格总体上可能继续高位运行，同比涨幅超过10%；农民收入徘徊风险加大，但是全年农民人均可支配收入达到1.7万元也是有可能的，其中贫困地区农民人均可支配收入有望达到1.3万元，增加幅度和增长速度都超过全国农民人均可支配收入。

关键词： 全面小康　脱贫攻坚　新冠肺炎疫情　农产品价格　农民收入

前　言

《中国农村经济形势分析与预测》（以下简称“农村绿皮书”）初版于1992年，是由中国社会科学院农村发展研究所和国家统计局农村社会经济调查司共同组织编撰的年度系列研究报告，2020年出版的是第28本。“农村绿皮书”以年度农村经济形势分析与预测为特色，主要是对上一年度农业农村经济运行和市场状况进行客观评价分析，并对当年农业农村经济形势和发展趋势进行展望，在此基础上根据国家和社会需求对一些重大和热点问题进行专题研究，以为中国农业农村经济研究、决策和实践提供重要参考。

“农村绿皮书”（2019～2020）继续秉承客观公正、科学中立的宗旨和原则，关注中国农业农村经济发展中的重大和热点问题，在翔实数据分析的基础上，力求得出深刻且具有前瞻性和指导意义的观点和结论。全书包括总报告、专题篇和热点篇三个部分。总报告重点分析了2019年中国农业农村经济的运行特点、市场状况和重要进展，对2020年的发展趋势和主要指标进行了预测，并在此基础上提出了加快现代农业发展、多途径增加农民收入、加大农村公共基础设施建设力度、保障脆弱群体食物基本消费免受食品价格过快上涨干扰等对策措施。专题篇共有7篇研究报告，着重对2019年农业农村经济重要领域的变化和2020年走势进行深入评价分析，其内容涵盖了农村居民收支与贫困人口状况、主要农产品生产与市场状况、种植业与林牧渔业经济的发展状况以及农业对外开放形势等。热点篇共有7篇研究报告，涉及农村全面建成小康社会实现程度评价、生猪产业稳产保供、乡村数字经济发展、农业生产性服务发展、脱贫质量及可持续性、食物安全风险及防范、新冠肺炎疫情对农业农村经济的影响等重大和热点问题。需要说明的是，本报告中提出的各种观点均为作者个人观点，不代表作者所在机构或部门。

本报告的总体框架结构经过多次集体讨论，并广泛征求了相关方面的意见。参与报告撰写的作者中，除了中国社会科学院农村发展研究所和国家统计局农村社会经济调查司、住户调查办公室的人员，还有中国社会科学院办公厅、中国林业科学研究院、中国人民大学、中国农业大学、北京工商大学的有关人员。在全书编撰和出版的过程中，魏后凯、李国祥、孙同全、韩磊分别对报告进行了审校，董翀翻译并校核了全书英文部分，韩磊、孙同全承担了具体组织协调工作，彭华参与了支持协调等工作。全部书稿由韩磊、孙同全、李国祥统稿，最后由魏后凯审定。

本报告的编辑出版，得到了中国社会科学院科研局、创新工程办、社会科学文献出版社以及国家有关部门的大力支持和帮助，在此表示衷心感谢！

魏后凯

2020 年 3 月 28 日

目　录

Ⅰ　总报告

Ⅱ　专题篇

Ⅲ　热点篇

皮书数据库阅读**使用指南**

总 报 告

General Report

G.1

2019年中国农业农村经济形势分析及2020年展望预测*

总报告课题组**

摘 要： 2019 年，中国第一产业增加值达 7 万亿元，比上年实际增长 3.1%；乡村人口降至 55162 万人，比上年减少 1239 万人，农村贫困人口 551 万人，继续较大幅度减少，比上年减少 1109 万人，农民工总量 29077 万人，比上年增加 241 万人；粮食总产量创历史新高，达到 66384 万吨，比上年增加 595 万吨；农产品进口近 1500 亿美元，比上年增加 130 多亿美元；除猪牛羊肉外的多数农产品供给充裕，粮食等价格运行

* 本报告仅代表课题组观点，主要是执笔人观点，与课题组成员所属机构及研究资料来源部门无关。

** 本报告执笔人：李国祥（博士，中国社会科学院农村发展研究所研究员、食物经济研究室主任、博士生导师）。审定：魏后凯。

平稳；农民人均可支配收入16021元，比上年增加1404元，继续保持较快增长，城乡居民人均可支配收入倍差为2.64，比上年缩小0.05，城乡居民收入相对差距明显缩小。但是，生猪生产出现了较大幅度滑坡，全年出栏生猪54419万头，比上年减少近1.5亿头，猪肉产量明显减产至4255万吨，比上年减少1149万吨，导致畜肉等市场供求关系偏紧；食品价格较大幅度上涨，同比上涨9.2%，给居民消费价格调控目标带来压力。展望2020年，受新冠肺炎疫情等影响，虽然中国农业发展难度和农民增收徘徊等风险加大，农产品进出口贸易不确定性增多，但是国家采取的政策措施将发挥极其重要的积极作用，估计农业生产能够克服不利影响，粮食生产将实现基本稳定目标，总产量将达到6.7亿吨，猪肉产量恢复到4800万吨，农民人均可支配收入增加到1.7万元，贫困地区农民收入增长较快，脱贫攻坚任务全面完成。

关键词： 农业生产　食品价格　农民收入　新冠肺炎疫情

一　2019年中国农业农村经济运行发展主要状况

总体上说，2019年中国农业农村经济稳步发展，农村贫困人口继续较大幅度减少，农村劳动力加快转移，乡村消费保持较快增长，农业农村经济对经济社会稳中向好发展发挥积极支撑作用；粮食生产在高水平基础上实现增产，多数农产品生产有所扩大，供给得到保障，农产品进出口总规模继续扩大，农牧业生产格局与居民食物消费水平提高及结构升级的新型关系正在形成；农民收入较快增长且城乡居民收入差距明显缩小，贫困地区农民收入更快增长，居民间收入分配关系继续改善。

（一）农业农村经济与经济社会全局关系发生复杂变化

第一产业增加值保持稳定增长，但其在国内生产总值中比重出现了不降反升的态势。根据国家统计局数据①，2019 年，第一产业增加值 70467 亿元，比上年名义增长 8.8%，实际增长 3.1%。虽然全年第一产业增加值实际增速比国内生产总值增速低 3 个百分点，但是第一产业增加值在农产品价格较快上涨带动下出现了名义增速高于国内生产总值名义增速 1 个百分点的态势，导致第一产业增加值在国内生产总值中比重不降反升的少有现象。2019 年，第一产业增加值在国内生产总值中比重上升到 7.1%，比上年增加 0.1 个百分点（见图 1）。

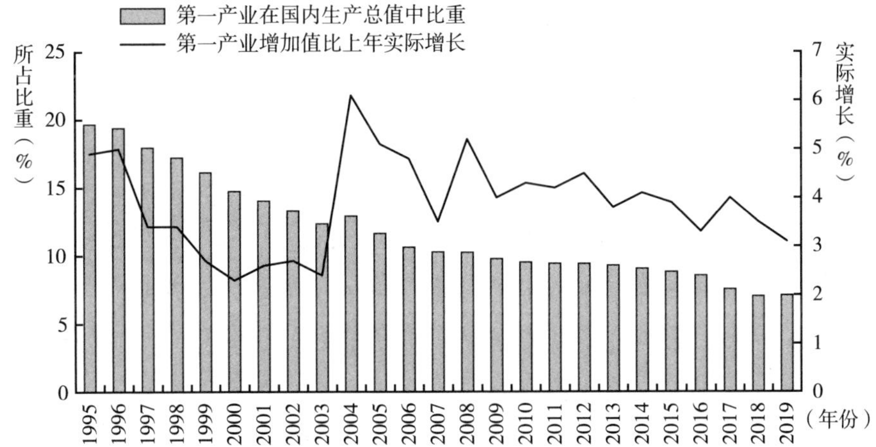

图 1　1995～2019 年第一产业增加值实际增长速度及在国内生产总值中比重情况

在中国工业化快速发展的历史阶段，凡是第一产业增加值在国内生产总值中比重不降反升的反常现象，往往都与农业在国民经济中地位没有得到有

① 本文使用的 2019 年数据及历史数据，凡是没有注明出处的，要么来源于代表国家统计局出版的各类年鉴，要么来源于国家统计局网站的公报（公告）或者查询数据。为简便起见，后文不再一一标注。一些通过计算获得的数据，在其计算过程中由于对小数进位处理存在差异，会出现不同报告中的数据不完全相同的结果。

效巩固相关联。1996～2019 年，第一产业增加值在国内生产总值中比重不降反升的只有 2 年（见图 1），分别是 2004 年和 2019 年。2004 年，第一产业增加值 21412 亿元，比上年名义增长 23.2%，加快 18 个百分点；实际增长 6.1%，比上年加快 3.7 个百分点。2004 年之后中国曾出现过因农产品和食品价格过快上涨等农业波动影响国民经济稳定运行从而导致宏观调控政策调整的经历。2019 年第一产业增加值在国内生产总值中比重不降反升态势需要引起关注。

农村人口继续减少，年末农村贫困人口已经减少到 500 多万人。2019 年，乡村常住人口 55162 万人，比上年减少 1239 万人；乡村常住人口在全国总人口中比重为 39.4%，比上年下降 1 个百分点。特别是，农村尚未脱贫人口已经大幅度下降。按照 2010 年不变价计算的每人每年 2300 元农村贫困标准，2019 年末农村贫困人口 551 万人，比上年末减少 1109 万人，贫困发生率下降到 0.6%，比上年减少 1.1 个百分点。

农村劳动力加快转移。2019 年，农民工数量，特别是外出农民工数量增长加快。全年农民工总量 29077 万人，比上年增加 241 万人，增长 0.8%，比上年加快 0.2 个百分点。其中，外出农民工 17425 万人，比上年增加 159 万人，在当年新增农民工总量中占 66%，是农民工总体中的多数；外出农民工数量增长 0.9%，比上年加快 0.4 个百分点。本地农民工 11652 万人，比上年增加 82 万人，在当年新增农民工总量中占 34%；本地农民工数量增长 0.7%，比上年回落 0.2 个百分点。

乡村消费增长继续快于城镇。2019 年，乡村消费品零售额 60332 亿元，比上年增长 9.0%，比城镇增速快 1.1 个百分点；乡村消费品零售额在全社会消费品零售总额中比重为 14.7%，比上年提升 0.2 个百分点。

第一产业固定资产投资出现徘徊局面。2019 年，第一产业固定资产投资 12633 亿元，比上年增长 0.6%；第一产业固定资产投资在全社会固定资产投资中所占比重仅为 2.3%。第一产业固定资产投资在全社会中比重与第一产业增加值在国内生产总值中比重相差 4.8 个百分点，两者存在明显不对称的问题。不仅国内第一产业固定资产投资徘徊，而且外商直接投资第一产业的金额出现较大幅度的负增长。2019 年，外商对农林牧渔业直接投资实际金额38 亿元，比上年下降27.9%。农业投资是农业发展的前提。农业投资出现徘徊局面，不能与其他产业相适应增长，无法体现农业农村优先发展总方针的贯彻落实，这一现象值得关注。

农产品价格较快上涨，带动食品消费价格较大幅度上涨。2019 年，城乡居民食品消费价格较上年上涨 9.2%，涨幅比上年扩大 7.4 个百分点，是近 10 年来涨幅接近 10%的一年。2012～2018 年，全国居民食品消费价格年际存在波动，但是年际的涨跌幅度普遍低于 5%。城乡居民食品消费价格较大幅度上涨，对居民消费价格总指数影响较大。2019 年，居民消费价格较上年上涨 2.9%，其中城乡居民食品消费价格上涨影响居民消费价格总体上涨 1.8 个百分点，占居民消费价格总体水平涨幅的 62.4%①。

2004～2011 年，中国食品消费价格和居民消费价格总体持续多年高位波动运行，曾经历过三次较大幅度上涨。典型的有：2004 年，受粮食消费价格同比上涨 26.4%的影响，食品消费价格同比上涨 9.9%，受此影响，居民消费价格同比上涨 3.9%；2008 年，因油脂消费价格同比上涨 25.4%和畜肉（原口径为肉禽及其制品，下同）消费价格同比上涨 21.7%的影响，食品消费价格同比上涨 14.3%，受此影响，居民消费价格同比上涨 5.9%；2011 年，因粮食、油脂、畜肉、蛋类和水产品消费价格同比分别上涨 12.2%、13.4%、22.6%、14.2%和 12.1%的影响，食品消费价格同比上涨 11.8%，受此影响，居民消费价格同比上涨 5.4%。

对比 2004～2011 年，2019 年中国第一产业增加值在国内生产总值中比重不降反升的现象及伴随的食品消费价格较大幅度上涨态势，不能漠视。这可能对中国未来中短期经济社会发展全局具有影响，特别是对 2020 年全面建成小康社会和新冠肺炎疫情防控形势及谋划“十四五”经济社会发展的影响不能低估。食品消费价格总体水平已经较高，如果还不断上涨，将影响所有人的消费支出，对低收入脆弱群体的生活影响尤其明显。

---

① 赵茂宏：《2019 年全国 CPI 结构性上涨 PPI 低位变化》，中国经济网，2020 年 1 月 19 日。

（二）多数农牧产品增产与生猪生产滑坡并存

粮食产量创历史新高。2019 年，面对粮食经济效益下滑影响农民种粮积极性和局部地区发生草地贪夜蛾灾情等不利影响，各地没有放松抓好粮食生产工作，绝大多数农民稳定了粮食生产。尽管全国 31 个省份中有 24 个省份减少了粮食种植，但是在粮食单产水平提高的带动下，全国粮食总产量再创历史新高。

粮食总产量超过 6.6 亿吨。2019 年，全国粮食总产量达到 66384 万吨，比上年增加 595 万吨，增产 0.9%。三大谷物中玉米增产最多。全年玉米产量达到 2.6 亿吨，为 26077 万吨，比上年增加 360 万吨，增产 1.4%，玉米增产对粮食总产量增产的贡献率达到 60.5%。小麦增产对粮食总产量增产的贡献也比较大。全年小麦产量超过 1.3 亿吨，大约是玉米产量的一半，为 13359 万吨；小麦产量比上年增加 215 万吨，增产 1.6%，小麦增产对粮食总产量增产的贡献率达到 36.1%。稻谷出现减产。全年稻谷产量 20961 万吨，比上年减少 252 万吨，减产 1.2%。

2019 年，豆类和薯类也都增产，特别是大豆增产幅度还较大。全年豆类产量 2132 万吨，比上年增加 211 万吨，增产 11.0%。其中，大豆产量 1810 万吨，比上年增加 210 万吨，增产 13.1%。全年薯类产量 2883 万吨，比上年增加 18 万吨，增产 0.6%。

粮食增产全部为单产水平提高的结果。通过推广应用优质高产品种，加强田间管理，以及及时有效防灾减灾，2019 年不同粮食作物单产水平都有不同程度提高。全年粮食单产每公顷 5720 公斤，比上年增加 98 公斤，增长 1.8%。其中，谷物单产每公顷 6272 公斤，比上年增加 151 公斤，增长 2.5%；豆类单产每公顷 1925 公斤，比上年增加 40 公斤，增长 2.1%；薯类单产每公顷 4037 公斤，比上年增加 46 公斤，增长 1.2%。四大粮食作物单产也都普遍提高。2019 年，小麦单产每公顷 5630 公斤，比上年增加 214 公斤，增长 3.9%，增产幅度最大；稻谷单产每公顷 7059 公斤，比上年增加 32 公斤，增长 0.5%；玉米单产每公顷 6316 公斤，比上年增加 212 公斤，增长3.5%；大豆单产每公顷1940公斤，比上年增加38公斤，增长2.2%。

从主要品种来看，三大谷物种植面积全面减少。2019年，中国谷物种植面积9784.7万公顷，比上年减少182.4万公顷，下降1.8%。除杂粮种植面积增加外，玉米、稻谷和小麦种植面积分别为4128.4万公顷、2969.4万公顷和2372.7万公顷，分别比上年减少84.6万公顷、49.5万公顷和53.9万公顷，分别下降2.0%、1.6%和2.2%。与三大谷物种植面积减少不同，2019年大豆种植面积进一步扩大。全年大豆种植面积933万公顷，比上年增加92万公顷，扩大10.9%。

分省份来看，2019年，粮食播种面积较上年减少幅度最大的5个省份分别是湖北、河南、湖南、江苏和山东，分别较上年减少23.8万公顷、17.1万公顷、13.1万公顷、9.5万公顷和9.2万公顷；分别较上年下降4.9%、1.6%、2.8%、1.7%和1.1%。这5个省份减少的粮食播种面积合计达到72.7万公顷，为全国粮食播种面积减少总量的75%。

2019年中央一号文件明确提出要从确保粮食播种面积、稳定完善扶持粮食生产政策举措和强化粮食安全省长责任制等方面稳定粮食生产；政府工作报告将"抓好农业特别是粮食生产"作为重点工作，提出要稳定粮食产量，优化品种结构。尽管2019年粮食播种面积沿袭2017年以来的减少态势，且较上年减幅还有所扩大，但是与2019年中央一号文件要求的粮食播种面积16.5亿亩以上的底线要求相比，2019年粮食播种面积达到17.4亿亩，比底线要求高出近1亿亩。

如何看待粮食种植面积的普遍调减？在全国粮食种植面积总体减少情况下，尽管多数省份减少粮食种植面积，但是其中很大部分是在优化粮食种植结构，属于合理的调整。江淮赤霉病高发区和西南条锈病菌区试点推行休耕和轮作，调减冬小麦种植面积。病虫害严重地区或者高发地区，适度减少稻谷或者小麦生产，这样没有恶化稻谷和小麦供求关系，反而有助于降低病虫害防治成本。

2019年粮食增产，也与全年粮食主产区自然灾害整体较轻有关，更有各部门和各地及时有效防灾减灾的贡献。尽管全国在不同地域发生了多次不同程度的洪涝、干旱、台风、低温冷冻和雪灾等自然灾害，对农作物生长造成了不利影响，绝收等灾害程度有所加重，但是农作物受灾范围整体上与往年相比较小，同时随着中国水利建设和高标准农田建设的不断推进，农业抗御气象灾害能力明显提高。2019 年，农作物受灾面积 1926 万公顷，比上年缩小约 8%。其中绝收 280 万公顷，比上年扩大约 8%。全年受灾农作物面积在总播种面积中比重约为 12%，在历史上属于灾害较轻年份。

棉花总产量再次降至 600 万吨以下。2019 年，棉花产量 589 万吨，比上年减少 21 万吨，减产 3.5%。棉花减产，受种植面积调减和单产水平下降双重因素影响，但单产水平下降影响程度更大。全年棉花播种面积 334 万公顷，比上年减少 1.5 万公顷，下降 0.5%；棉花单产 1764 公斤/公顷，比上年减少 55.6 公斤/公顷，下降 3.1%。

棉花生产进一步向新疆优势产区集中。受棉花市场价格低位运行影响，长江流域和黄河流域等新疆以外地区种植棉花效益偏低，种植面积进一步减少，棉花减产，棉花种植面积和产量在全国棉花生产中比重双双下降。新疆棉花产区单产水平高，棉花生产优势明显，加上国家在新疆实施目标价格补贴政策，种植面积进一步扩大，播种面积和总产量在全国比重继续提高。2019 年，新疆棉花种植面积 254 万公顷，比上年增加 5 万公顷，增长 2%；新疆棉花虽然和全国一样出现减产，总产量为 500 万吨，比上年减产 11 万吨，下降 2.1%，但是在全国比重则继续上升。新疆棉花播种面积和总产量在全国的比重分别为 76.1% 和 84.9%，分别比上年提高 1.8 个百分点和 1.2 个百分点。

棉区较重的气象灾害是棉花单产下降的主要原因。无论是最重要的新疆棉区，还是长江流域的湖北等棉区，以及黄河流域的山东和河北等棉区，在棉花生产关键期都曾遭遇不同类型的极端灾害天气，导致棉花单产水平普遍下降①。2019 年，新疆棉花单产 1969 公斤/公顷，比上年减少 82 公斤/公顷，下降 4.0%；湖北棉花单产 882 公斤/公顷，比上年减少 53 公斤/公顷，

① 《2019 年全国棉花产量小幅下降——国家统计局农村司高级统计师黄秉信解读棉花生产情况》，国家统计局网站，2019 年 12 月 17 日。

下降5.7%；山东棉花单产1158公斤/公顷，比上年减少26公斤/公顷，下降2.2%；河北棉花单产1115.3公斤/公顷，比上年减少21公斤/公顷，下降1.8%。

总体上说，2019年棉花减产没有改变国内市场供求关系比较宽松的格局，棉花价格低位运行，棉花生产进一步向新疆优势产区集中，具有积极的经济意义。但是，国内棉花生产多年徘徊，产需缺口越来越大，对国外依赖程度越来越高，国内市场供给波动的风险在上升。

油料继续小幅度增产。2019年，油料产量3495万吨，比上年增加62万吨，增产1.8%。油料增产，是播种面积基本稳定和单产提高两方面的共同作用，但综合结果显示主要贡献来源于播种面积的小幅度增加。全年油料播种面积1293万公顷，比上年增加6万公顷，增长0.5%，略有扩大，油料播种面积的增加对油料增产的贡献率约为75%；油料单产2703公斤/公顷，比上年增加36公斤/公顷，增长1.3%，单产提高对油料增产的贡献率约为25%。

尽管中国食用植物油高度依赖进口，但是各地将油菜籽生产与观光农业有机结合，加上国内花生油市场价格合理和种植效益有保障，近年来中国油料播种面积趋于基本稳定且个别年份呈现小幅度增加态势，为防止国内食用植物油自给率过度下降发挥了积极作用。

糖料产量继续恢复性增加。2019年，糖料产量12204万吨，比上年增产267万吨，增产2.2%。2019年，在糖料单产水平提高作用下，虽糖料种植面积没有再恢复性扩大，但糖料呈现增产态势。全年糖料播种面积162万公顷，比2018年减少1万公顷，下降0.4%；糖料单产每公顷75吨，比2018年提高2吨，增长2.6%。糖料生产面临越来越大的国际竞争压力，偏低的食糖进口价格和玉米等加工形成的替代糖使用给国内糖料生产加工稳定带来难度。

猪牛羊禽肉总体减产。2019年，由于猪肉产量减少幅度较大，虽然牛肉、羊肉和禽肉普遍增产，特别是禽肉产量增长幅度较大，但是猪牛羊禽肉产量总体上仍然呈现为较大幅度的减少，带来人均占有量的明显下降。全年猪牛羊禽肉产量7649万吨，比上年减少868万吨，下降10.2%；猪牛羊禽肉人均占有量为55公斤，比上年减少约6公斤，下降10.5%。

猪肉减产超过1000万吨。2019年，猪肉产量4255万吨（见表1），比上年减少1149万吨，下降21.3%；猪肉产量在猪牛羊禽肉总产量中比重下降到55.6%，比上年减少近8个百分点，估计是历史上首次下降到60%以下。猪肉较大幅度减产，主要是第三、四季度生猪出栏数量急剧减少所致。

表1　2019年分季度中国猪肉产量及生猪出栏存栏情况

时间	猪肉		期内生猪出栏		期末生猪存栏	
	产量（万吨）	同比增长（%）	出栏数（万头）	同比增长（%）	存栏数（万头）	同比增长（%）
第一季度	1463	-5.2	18842	-5.1	37525	-10.1
上半年	2470	-5.6	31346	-6.2	34761	-15.0
前三季度	3181	-17.2	40978	-17.3	30675	-28.5
全年	4255	-21.3	54419	-21.6	31041	-27.5

资料来源：《一季度国民经济开局平稳　积极因素逐渐增多》、《上半年国民经济运行总体平稳稳中有进》、《前三季度国民经济运行总体平稳　结构调整稳步推进》和《中华人民共和国2019年国民经济和社会发展统计公报》，国家统计局网站。

生猪出栏大幅度减少。2019年，受非洲猪瘟疫情等严重冲击，多数地方养殖户生猪大量死亡后致使生猪生产出现较大幅度滑坡。全年出栏生猪54419万头，比上年减少14963万头，下降21.6%。分季度来看，第一、二季度生猪出栏数量比上年小幅度减少，每季度减少约1000万头，而第三、四季度生猪出栏数量则出现大幅度减少，每季度减少6000多万头。

2018年8月非洲猪瘟传入中国后，由于未能及时有效阻断非洲猪瘟病毒的传播，进入2019年后，自北向南疫情不断发生，到第二季度全国普遍发生非洲猪瘟疫情，到第三季度非洲猪瘟疫情加剧，生猪死亡率居高不下，生产能力遭遇到严重破坏，直接影响第四季度生猪的出栏。第一季度出栏生猪18842万头（见表1和图2），比上年同期减少1013万头，下降5.1%；第二季度出栏生猪12504万头，比上年同期减少1059万头，下降7.8%；第三季度出栏生猪9632万头，比上年同期减少6500万头，下降40.3%；第四

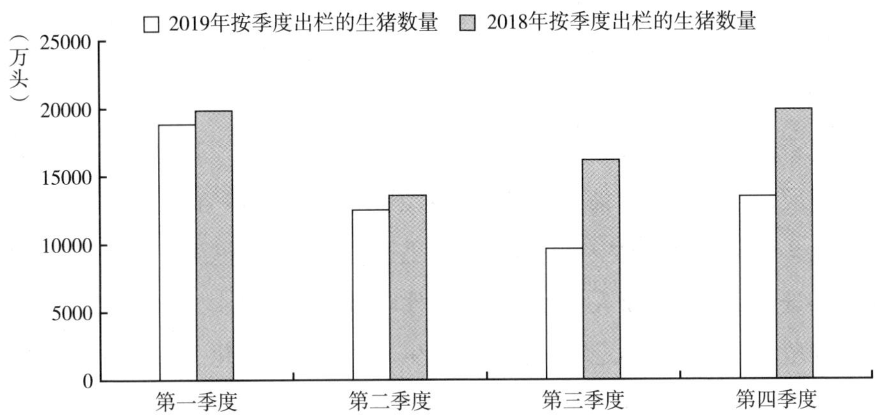

图 2　2019 年中国按季度出栏的生猪数量与 2018 年的比较

季度出栏生猪 13441 万头，比上年同期减少 6421 万头，下降 32.3%。

分季度生猪出栏量主要是由前期存栏量决定的。生猪存栏量是生猪出栏量的先行指标，2019 年不同季度末的生猪存栏量变化都先行于下一个季度及以后的生猪出栏量及猪肉产量。从全年来看，非洲猪瘟疫情等致使生猪病死数量在前三季度呈现逐季加剧态势，表现在每个季度末生猪存栏量减少幅度呈现扩大态势。第一季度末，生猪存栏 37525 万头，同比减少 10.1%。到 6 月底，生猪存栏 34761 万头，同比减少 15.0%，到 9 月底，生猪存栏 30675 万头，同比减少 28.5%。到年底，生猪存栏下降到 31041 万头，同比减少 27.5%。年底生猪存栏虽然仍然呈现为较大幅度减少，但减少幅度已经低于第三季度末，这是 8 月国家密集出台扶持生猪生产政策效应有所显现的反映，将直接影响 2020 年及后期猪肉供应形势。

综合来看，2019 年生猪出栏大幅度减少，虽然出栏生猪单体重量略有增加，但是猪肉产量仍然呈现较大幅度减少，导致猪肉人均占有量较大幅度减少。2019 年，出栏生猪的每头胴体重平均为 78.2 公斤，比上年增加 0.3 公斤，增长 0.4%。全国总人口平均的猪肉产量，即人均猪肉占有量下降到 30 公斤，比上年减少约 9 公斤，下降 21.5%。

在主要肉类生产中，牛肉和羊肉稳定增长，禽肉实现较快增长。2019

年，牛肉产量为667万吨，比上年增加23万吨，增长3.6%；羊肉产量为488万吨，比上年增加13万吨，增长2.6%；禽肉产量为2239万吨，比上年增加245万吨，增长12.3%。

在猪肉产需出现较大缺口下，禽类等生产及时扩大，有效地增加了市场肉类供应，为居民肉类消费及时地增加了替代品。2019年人均减少猪肉占有量近9公斤，而国内稳定发展的牛羊生产，特别是家禽生产，加上较大幅度增加进口，估计全年人均肉类消费量实际减少量不足4公斤。

养殖水产品保持稳定增长，水产品生产结构继续优化。由于养殖水产品呈现稳定增长态势而捕捞水产品较大幅度下跌，2019年水产品产量总体呈现略有下降态势。全年水产品产量6450万吨，比上年下降0.1%。但是，养殖水产品产量5050万吨，比上年增长1.0%；捕捞水产品产量1400万吨，下降5.0%。

（三）农产品进口快速增长而出口增长缓慢

2019年，中国有效克服中美经贸摩擦不利影响，对进口美国农产品由对等反制向理性反制转变，有序地推进农业对外开放新格局的构建，农产品进出口总体规模超过2200亿美元，保持5%以上的增长，特别是农产品进口规模约1500亿美元，继续保持较快增长，农产品国际贸易逆差超过700亿美元。农产品进口较快，虽然给中国农业国际竞争带来压力，但对于缓解中国部分农产品国内产需缺口扩大和价格加快上涨等矛盾具有积极影响。

根据中国海关网站数据①，2019年，中国农产品进出口总额2284.5亿美元（见表2），比上年增加124亿美元，增长5.7%。其中出口农产品785.7亿美元，比上年减少7.5亿美元，下降0.9%；进口农产品1498.8亿美元，比上年增加131.7亿美元，增长9.6%；农产品贸易逆差713.1亿美元，比上年增加139.2亿美元，增长24.3%。

---

① 由于国家统计局公布的中国农产品进出口数据比较少，本部分主要使用中国海关网站公开的查询数据，与其他报告来源于农业农村部网站等公布的数据存在差异。

从主要类型农产品来看，粮食、食用植物油、食糖、果品（鲜、干水果及坚果，下同）、肉及杂碎和乳品等是农产品国际贸易逆差的主要来源。其中粮食等进出口逆差呈现缩小态势而食用植物油、食糖、果品、肉及杂碎和乳品进出口逆差则呈现扩大态势。根据中国海关网站数据，2019 年，粮食进出口逆差 396 亿美元，比上年缩小 25 亿美元，下降 5.3%，占农产品国际贸易逆差总额的 55.5%；食用植物油进出口逆差 61 亿美元，比上年增加 17 亿美元，增长 37.1%，占农产品国际贸易逆差总额的 8.5%；食糖进出口逆差 10 亿美元，比上年增加 1 亿美元，增长 11.4%，占农产品国际贸易逆差总额的 1.5%；果品进出口逆差 53 亿美元，比上年增加 19 亿美元，增长 56.4%，占农产品国际贸易逆差总额的 7.5%；肉及杂碎进出口逆差 174 亿美元，比上年增加 82 亿美元，增长 89.4%，占农产品国际贸易逆差总额的 24.3%；乳品进出口逆差 112 亿美元，比 2018 年增加 10 亿美元，增长 9.5%，占农产品国际贸易逆差总额的 15.7%。

表 2　2015～2019 年中国海关口径的全国农产品进出口情况

单位：亿美元，%

年份	农产品进出口		农产品进口		农产品出口		农产品国际贸易逆差	
	总额	增长	金额	增长	金额	增长	金额	增长
2015	1861.2	-3.5	1159.4	-4.6	701.8	-1.6	457.6	-8.9
2016	1832.6	-1.5	1106.5	-4.6	726.1	3.5	380.4	-16.9
2017	1998.6	9.1	1247.2	12.7	751.4	3.5	495.8	30.3
2018	2160.3	8.1	1367.1	9.6	793.2	5.6	573.9	15.8
2019	2284.5	5.7	1498.8	9.6	785.7	-0.9	713.1	24.3

资料来源：中国海关网站。

尽管粮食是中国农产品国际贸易逆差的主要来源之一，但是 2019 年呈现粮食进口量减少和粮食出口量增加及粮食进出口逆差缩小态势。全年粮食进口量 11144 万吨，比上年减少 411 万吨，下降 3.6%；粮食出口量 434 万吨，比上年增加 68 万吨，增长 18.7%。其中，进口谷物 1785 万吨，比上年减少 262 万吨，下降 12.8%。但是，在谷物中小麦和玉米进口较大幅度增

加。全年小麦进口 349 万吨，比上年增加 39 万吨，增长 12.6%；玉米进口 479 万吨，比上年增加 127 万吨，增长 36.1%。小麦和玉米进口较大幅度增加，主要与国内供求关系预期改变和中国试图完成进口关税配额等因素有关，而不是实际的小麦和玉米供求关系发生显著改变所引起的。全年大豆进口 8851 万吨，比上年增加 48 万吨。大豆进口数量保持基本稳定。

值得注意的是，2019 年，中国出口稻米数量多于进口。虽然稻米国际贸易继续为逆差，但是稻米出口数量呈现较快增长而进口较快下降态势。根据中国海关数据，全年出口稻米 275 万吨，比上年扩大 66 万吨，增长 31.5%；进口稻米 255 万吨，比上年减少 53 万吨，下降 17.3%；稻米出口量比进口量多 20 万吨，而贸易逆差仍然为 2.4 亿美元，但比上年减少 5.1 亿美元，下降 68.3%。毫无疑问，扩大稻米出口有助于缓解中国稻谷去库存压力。

棉花进口较大幅度增加。根据中国海关网站数据，2019 年，中国进口棉花 185 万吨，比上年增加 28 万吨，增长 17.4%；进口棉花海关价格每吨 1930 美元，比上年减少 90 美元，下降 4.5%。2019 年棉花进口量相当于国内产量的 31.4%，比上年提高 5.7 个百分点；如果将当年 195 万吨棉纱线考虑进去，棉花和棉纱线进口量相当于国内产量的 64.5%，比 2018 年提高 5 个百分点。进口棉花与国内生产棉花已经形成了具有既高度竞争又高度依赖关系的复杂格局。进口棉花价格较低，对国产棉花替代性强，没有价格支持等措施，国内种植棉花不得不面对亏损，必然带来如长江流域和黄河流域棉花生产萎缩的结果。如果国际市场出现波动造成国内棉花进口困难，势必会带来巨大的棉花产需缺口无法满足的难题。

食用植物油进口大幅度增加。在国际市场食用植物油价格较大幅度下跌的影响下，以及 2018 年和 2019 年国内大豆进口规模相比 2017 年减少 1000 多万吨之后带来国内生产的大豆油减少的情况下，2019 年中国食用植物油进口大幅度增加。根据中国海关网站数据，全年进口食用植物油 953 万吨，比上年增加 324 万吨，增长 51.5%；进口食用植物油海关价格每吨 664.6 美元，比上年减少 87 美元，下降 11.6%。

2019 年，主要食用植物油进口全面大幅度增加，既是国内植物油产不足需，产需缺口扩大的表现，也是相关食用植物油国际市场价格下跌的驱动。根据中国海关网站数据，全年进口豆油 83 万吨，比 2018 年增加 28 万吨，增长 50.9%；进口豆油海关价格每吨 715 美元，比 2018 年降低 82 美元，下降 10.2%。全年进口棕榈油 561 万吨，比 2018 年增加 204 万吨，增长 57.1%；进口棕榈油海关价格每吨 549 美元，比 2018 年降低 94 美元，下降 14.6%。

食糖进口呈现大幅度增加态势，这主要受国内食糖存在较大产需缺口和进口食糖价格较大幅度下跌等因素影响。根据中国海关网站数据，2019 年，进口食糖 339 万吨，比上年增加 59 万吨，增长 21.3%；食糖进口量换算成糖料大约相当于国内糖料产量的 35%；进口食糖海关价格每吨 331 美元，比上年降低 37 美元，下跌 10.0%。

猪肉进口大幅度增加。资料[①]显示，2019 年，中国进口猪肉及杂碎 312.6 万吨，比上年增加 97.2 万吨，增长 45.1%。其中，进口猪肉 199.4 万吨，比上年增加 80.1 万吨，增长 67.2%；进口猪杂碎 113.2 万吨，比上年增加 17.1 万吨，增长 17.8%。显然，在国内猪肉产量减少 1149 万吨的情况下，大规模进口猪肉及杂碎，无疑对缓解国内市场产需缺口具有积极意义。

牛羊肉进口继续较快增长。如果说 2019 年猪肉及杂碎进口缓解的是中国市场出现的短期供求缺口矛盾，那么近年来中国进口的牛羊肉连年保持较快增长则反映了居民食物消费水平提高后较长期的产需缺口需要依赖进口来解决。根据中国海关网站数据，2019 年，中国进口牛肉 165.9 万吨（见表 3），比上年增加 62.0 万吨，增长 59.7%；进口羊肉 39.2 万吨，比上年增加 7.3 万吨，增长 23.0%。全年进口的牛肉、羊肉数量占国内产量百分比分别为 24.9% 和 8.0%；进口牛肉、羊肉数量增长速度分别是国内产量增速

---

① 农业农村部农业贸易促进中心：《2019 年中国农产品进出口情况》，农业农村部网站，2019 年 2 月 17 日。

的16.8倍和8.5倍。这一格局，不仅在2019年呈现，而且2017年和2018年的情形也十分类似。

表3　2017~2019年中国牛羊肉进口量及其增长与国内产量的比较

单位：万吨，%

年份	牛肉进口		国内牛肉		羊肉进口		国内羊肉	
	数量	增长	数量	增长	数量	增长	数量	增长
2017	69.5	19.9	634.6	2.9	24.9	13.1	471.1	2.4
2018	103.9	49.5	644.1	1.5	31.9	28.1	475.1	0.9
2019	165.9	59.7	667.0	3.6	39.2	23.0	488.0	2.7

资料来源：《中国统计年鉴2019》、《中华人民共和国2019年经济和社会发展统计公报》及中国海关网站进出口月度统计报告。

禽类产品进口大幅度增加。在国内肉类产需缺口扩大的情况下，不仅国内家禽生产迅速扩张，禽肉产量较快增长，而且进口禽类产品增长速度也较快。中国海关数据显示，2019年，中国进口冻鸡78万吨，比上年增加28万吨，增长55.2%。

水海产品贸易顺差较大幅度减少。主要受水海产品进口较大幅度增加和出口不增反减影响，水海产品虽然仍保持顺差，但规模明显缩小。2019年，水海产品出口203亿美元，比上年减少17亿美元，下降7.6%；进口158亿美元，比上年增加38亿美元，增长31.8%。全年水海产品贸易顺差45亿美元，比上年减少55亿美元，下降55.1%。

大致来说，农产品国际贸易逆差扩大，主要有两方面情形：一是国际竞争力低下导致大量进口；二是国内产需缺口扩大需要进口平衡。由竞争力不高引起的较大规模进口，往往具有较大的负效应，结果会使国内价格过度下跌。由产需缺口引起的较大规模进口，往往具有积极效应。这一积极效应主要表现在两个方面：一是缓解国内产需缺口矛盾；二是平抑国内过度波动的价格。实践表明，农产品进口的两方面积极效应未必同时显现。

2019年，中国农产品进口快速增长，特别是畜肉类和果品进口大幅度增长，主要不是国内缺乏竞争力引起的，而是国内产需出现较大缺口导致的。

畜肉类产需缺口的形成，既有生猪生产能力下滑导致猪肉供应减少的诱因，也有国内牛羊生产能力扩张速度与居民消费牛羊肉增长速度不匹配的诱因。居民生活水平提高，增加牛羊肉消费，这是食物消费结构升级的一般规律。

2019 年，中国农产品进口保持较快增长态势，部分农产品进口大幅度增加，虽然有效地增加了国内供给，对国内畜肉等食物食品产需矛盾具有一定的缓解作用，但是进口农产品较低价格总体上对于平抑国内食品价格过快上涨方面的作用非常有限，甚至一些国际市场或者国外市场较低价格的农产品进口对平抑国内食品价格的效应基本没有显现。

2019 年，一些农产品进口较大幅度增加，将会对国内相关农产品生产带来怎样影响？国内农业资源配置如何统筹考虑与开拓的农产品国际市场和进口来源的关系？进口农产品较大幅度增加为什么没有有效地平抑国内食品价格较大幅度上涨？相关现象需要关注。

（四）农产品及食品价格较大幅度上涨

2019 年，农产品生产者价格较上年上涨 14.5%，为 2011 年以来的最大涨幅。2011 ~2018 年，农产品生产者价格年际始终存在波动，但年际的涨跌幅度普遍没有超过 4%。农产品生产者价格较大涨幅带来食品消费价格较大涨幅。具体到 2019 年主要类别的农产品和食品价格运行态势，大致是：粮食（主要是谷物）和水产品价格保持基本稳定，畜肉价格较大幅度上涨，蔬菜和水果价格出现较大幅度波动。

谷物生产者价格继续保持基本稳定。2019 年谷物生产者价格同比上涨 0.3%，这已经是连续 3 年涨幅在 3% 以内；是自 2012 年以来谷物生产者价格连续 8 年同比涨幅低于 5%；自 2014 年以来谷物生产者价格连续 6 年同比涨幅低于 3%。谷物生产者价格基本稳定，与饲养动物及其产品生产者价格较大幅度上涨形成鲜明的反差。2019 年，无论是玉米和小麦实现了一定幅度的增产，还是稻谷出现一定幅度的减产，基本上都没有改变粮食价格运行总体稳定的态势，更没有导致出现因增产而价格下跌和因减产而价格上涨的现象。

分品种来看，各种粮食生产者价格波动幅度都比较小。2019 年，玉米增产最多，但是生产者价格比上年上涨2.0%。小麦也实现了增产，生产者价格比上年上涨0.1%。稻谷减产，但是稻谷生产者价格却比上年下降3.5%。不同类型粮食，增产反而市场价格上涨，减产反而市场价格下跌，乍看上去与市场经济规律相违背的这一现象值得重视，它反映的应该是中国粮食供求关系及其价格变化的阶段性趋势。

谷物价格基本稳定，在食品价格明显上涨的情况下对粮食消费市场价格运行产生重要积极影响。

粮食消费价格持续呈现极其稳定的态势。2019年，中国粮食消费价格比上年上涨0.5%，这是自2015年以来中国粮食消费价格涨幅连续5年没有超过2%，与畜肉类消费价格较大幅度上涨形成鲜明的反差。粮食价格稳定是由中国粮食供求关系决定的。

粮食供求关系相对宽松。粮食各类价格保持基本稳定，一部分粮食品种价格小幅度下跌，而另一部分粮食品种价格小幅度上涨，各种粮食价格波动幅度都不大，主要原因有：粮食供给充裕，粮食产量高，储备充足，存在部分品种阶段性供给过剩结构性矛盾，粮食消费估计减少。

口粮消费和饲料粮等消耗普遍减少。据估计，2019年，中国居民口粮直接消费粮食大约1.7亿吨，比上年减少320万吨，下降1.8%；饲料粮消耗大约3.3亿吨，受生猪生产滑坡影响而减少的饲料粮大约2300万吨，下降大约20%。2019年，用于保障居民食物直接消费间接消耗的粮食总量大约5亿吨，比上年减少超过2600万吨。

在国内粮食供给充裕和价格总体稳定的大环境下，中国粮食进口总体稳定减少，海关价格波动幅度也较小。根据中国海关数据计算，2019年中国粮食进口海关价格比上年下跌5.1%。其中，谷物进口海关价格比上年上涨0.9%。2019年是中美经贸摩擦持续且双边谈判关键时期，中国粮食进口无论是规模，还是价格都没有受到明显影响，应该为中美经贸摩擦谈判中中国争取话语权及其利益赢得了主动。不仅如此，进口的粮食还没有对国内稳定的粮食市场供求关系及价格运行造成不利影响，与国内进口大量肉品后并没有改变畜肉价格大幅度上涨情形形成鲜明的反差。

与粮食价格运行不同，2019 年蔬菜和水果生产者价格全年上涨不明显，但是不同季节出现明显波动。全年蔬菜生产者价格同比上涨 1.2%，特别是第二季度蔬菜生产者价格涨幅较大，同比上涨 8.4%，其他季度蔬菜生产者价格涨跌幅度在 3% 以内。全年水果生产者价格同比上涨 3.6%，主要是水果生产者价格前三季度上涨明显，第一、二、三季度水果生产者价格同比分别上涨 6.2%、16.2% 和 8.1%；第四季度新季水果大量上市，水果生产者价格同比下跌 4.6%。

2019 年，鲜菜和鲜果消费价格同比上涨，其中鲜果消费涨幅超过 10%，且年内不同月份价格波动明显。全年鲜菜消费价格同比上涨 4.1%。分时段来看，前 7 个月，鲜菜消费价格涨势明显，特别是 3 ~5 月鲜菜消费价格同比上涨幅度都超过 10%（见图 3），8 ~10 月鲜菜生产者价格同比下跌幅度扩大，而到 11 月和 12 月鲜菜消费价格同比涨幅又呈现扩大态势。全年鲜菜消费价格同比上涨 12.3%。分时段来看，从 2 月到 6 月鲜果消费价格同比涨幅不断扩大，其中 6 月涨幅扩大到 42.7%，从 10 月开始鲜果消费价格又呈现不断下跌态势。

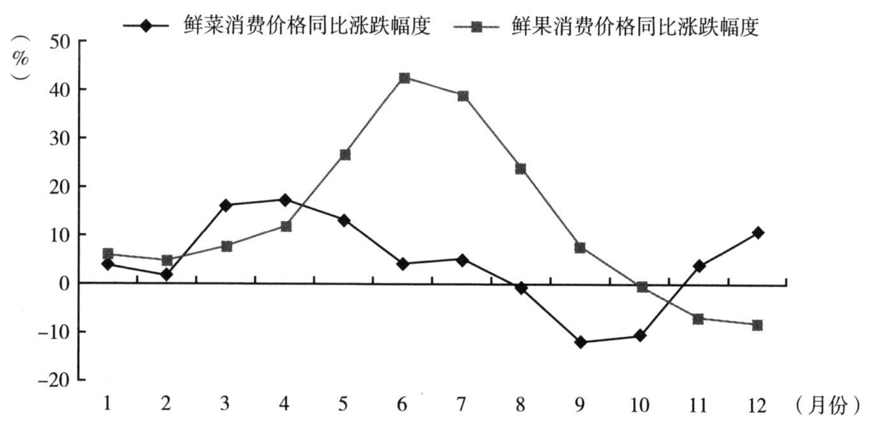

图 3　2019 年按月鲜菜和鲜果消费价格变动情况

生猪生产者价格大幅度上涨。2019 年，生猪生产者价格在第二季度大幅度反弹，且涨幅从此呈现扩大态势，全年生猪生产者价格同比上涨

50.5%。非洲猪瘟疫情从2018年8月传入中国，病毒总体由北向南蔓延。进入2019年，生猪生产已经受到冲击，但是第一季度生猪市场分割加剧，产区养殖户（含企业，下同）为了避免损失而急于出栏，导致市场供应急剧增加，且活猪运输已被限制和禁止，带来第一季度生产者价格同比下跌8.8%（见表4）。第二季度生猪出栏较大幅度减少，终于反映到市场价格上，生猪生产者价格大幅度反弹，同比上涨28.1%。第三季度生猪供应更加紧张，生猪生产者价格涨幅继续扩大，同比上涨49.3%。第四季度生猪需求进入旺季而供应约束进一步增强，生猪生产者价格翻倍上涨，同比上涨109.5%，涨幅1倍多。

表4　2019年全年及各季度猪牛羊禽蛋生产者价格同比涨跌幅度

单位：%

时间	生猪	活牛	活羊	活家禽	禽蛋
第一季度	-8.8	3.8	13.0	1.6	-7.3
第二季度	28.1	2.8	8.4	5.4	1.8
第三季度	49.3	11.6	14.2	9.5	3.2
第四季度	109.5	22.7	15.6	13.3	9.5
全　年	50.5	12.5	14.3	7.8	2.1

资料来源：国家统计局网站。

生猪生产者价格大幅度上涨与其他肉类和禽蛋价格相互影响，特别是第三季度消费替代效应等带动其他畜禽生产者价格涨幅呈现逐季扩大态势。第一季度活牛生产者价格同比上涨3.8%，第二季度活牛生产者价格涨幅回落到2.8%。但是，第三季度活牛生产者价格同比涨幅明显扩大，达到11.6%，第四季度活牛生产者价格同比涨幅进一步扩大到22.7%。全年活牛生产者价格同比上涨12.5%。活羊与活牛类似，第一季度活羊生产者价格同比上涨13.0%，第二季度活羊生产者价格涨幅回落到8.4%。但是，第三季度活羊生产者价格同比涨幅再现扩大态势，达到14.2%，第四季度活羊生产者价格同比涨幅进一步扩大到15.6%。全年活羊生产者价格同比上涨14.3%。活家禽生产者价格同比涨幅全年呈现逐季扩大态势，第一季度活家禽生产者价格同比上涨1.6%，第二季度活家禽生产者价格涨幅扩大到5.4%，第三季度活家禽生产者价格同比涨幅进一步扩大到9.5%，第四季度活家禽生产者价格同比涨幅又进一步扩大到13.3%。全年活家禽生产者价格同比上涨7.8%。生猪价格大幅度反弹且涨幅不断扩大，影响到了禽蛋市场价格运行态势。第一季度禽蛋生产者价格同比下跌7.3%；第二季度禽蛋生产者价格反弹，同比涨幅1.8%；第三、四季度禽蛋生产者价格同比涨幅不断扩大，分别上涨3.2%和9.5%。全年禽蛋生产者价格同比上涨2.1%。

在猪牛羊和肉禽肉蛋生产者价格全面上涨且涨幅呈现扩大的带动下，2019年畜肉类食物消费价格也呈现全面较大幅度上涨，且总体上呈现逐月扩大态势。全年畜肉类消费价格同比上涨29.1%，其中猪肉、牛肉和羊肉消费价格同比分别上涨42.5%、12.1%和11.9%。蛋类消费价格同比上涨5.1%。

2019年，畜肉类消费价格不同月份运行变动态势与猪肉消费价格高度相似。前3个月，畜肉类消费价格及猪肉消费价格环比涨跌波动幅度小，普遍在1%以内（见图4）；畜肉类消费价格及猪肉消费价格比上年同月涨跌波动幅度大约在5%以内。4月和5月畜肉类消费价格和猪肉消费价格环比变动不明显，但比上年同月涨幅已经扩大到10%以上。6~8月畜肉类消费价格和猪肉消费价格环比上涨幅度呈现扩大态势，同时畜肉类消费价格和猪肉消费价格比上年同月上涨幅度也呈现扩大态势。9月之后畜肉类消费价格和猪肉消费价格环比上涨幅度呈现缩小态势，但是畜肉类消费价格和猪肉消费价格比上年同月上涨幅度仍然呈现扩大态势，直到12月时畜肉类消费价格和猪肉消费价格环比出现下跌而同比涨幅则有所缩小。

与粮食价格相类似，水产品价格总体保持稳定。2019年，养殖水产品稳定增长，进口较大幅度增加，供给充足，出口下降，市场供求关系宽松，尽管肉类供求关系偏紧曾短时间带动水产品价格反弹，但是全年渔业产品生产者价格呈现稳中有减态势而水产品消费价格呈现稳中略涨态势。全年渔业产品生产者价格比上年下跌0.6%，水产品消费价格比上年上涨0.3%。

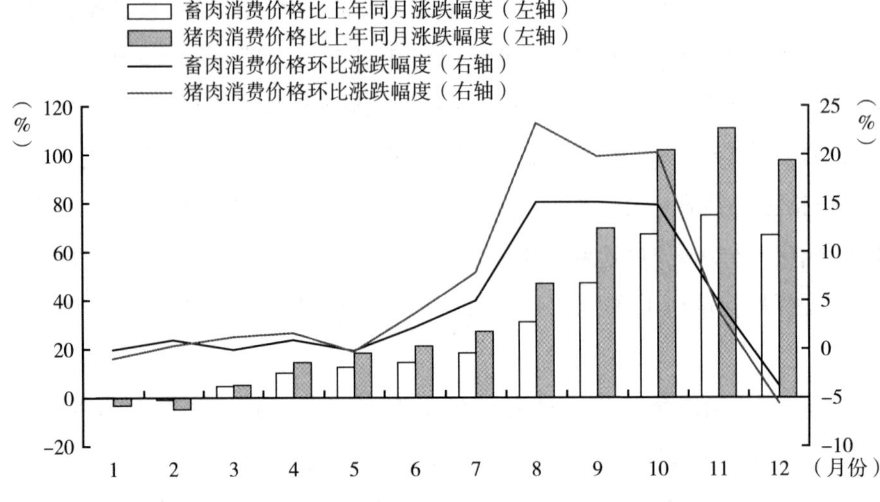

图4　2019 年按月畜肉及猪肉消费价格变动情况

综合来看，2019 年畜肉特别是猪肉消费价格较大幅度上涨，对消费价格总水平影响明显。2019 年，尽管针对 4 月开始呈现的生猪价格和猪肉价格快速上涨态势，8 月国家密集出台一系列强有力的扶持生猪生产政策，在猪肉价格过快上涨的过程中中央和地方不断加大储备猪肉投放，但是受非洲猪瘟等冲击导致生猪生产能力较大幅度波动，全年猪肉价格涨幅仍然较大，对物价总体形势影响明显。2019 年，猪肉消费价格较上年上涨 42.5%，影响食品消费价格上涨约 5 个百分点①，影响全年居民消费价格上涨约 1 个百分点，占全年居民消费价格 2.9% 涨幅的 30% 多。

2019 年，农产品价格较大幅度上涨，主要是生猪等部分农产品供求关系偏紧导致，虽然对增加农民增收有利，但综合效应不明显，整体贡献有限，却引发了食品消费价格较大幅度上涨，给居民消费价格总水平调控带来压力，给部分居民生活消费造成影响。

受农产品生产者价格较大幅度上涨影响，由畜肉类消费价格涨幅较大引起的食品消费价格较大幅度上涨，虽然对全国居民生活影响不明显，但是对

① 赵茂宏：《2019 年全国 CPI 结构性上涨　PPI 低位变化》，中国经济网，2020 年 1 月 19 日。

部分群体生活造成的不利影响是客观存在的。

城乡居民恩格尔系数下降幅度变小。2019 年，全国居民人均食品烟酒消费支出 6084 元，较上年名义增长 8.0%；恩格尔系数 28.2%，比上年下降 0.2 个百分点，降幅是 2015 年以来最小的。其中，城镇居民人均食品烟酒消费支出 7733 元，较上年名义增长 6.8%，城镇居民恩格尔系数为 27.6%（见图 5），比上年下降 0.1 个百分点，这是 2015 年以来最小的降幅；农村居民人均食品烟酒消费支出 3998 元，较上年名义增长 9.7%，农村居民恩格尔系数为 30.0%，比上年下降 0.1 个百分点，这是 2013 年以来最小的降幅。食品消费价格较大幅度上涨，没有带来居民生活水平整体的下降，但是用恩格尔系数衡量的居民生活水平提高步伐却有所放缓。

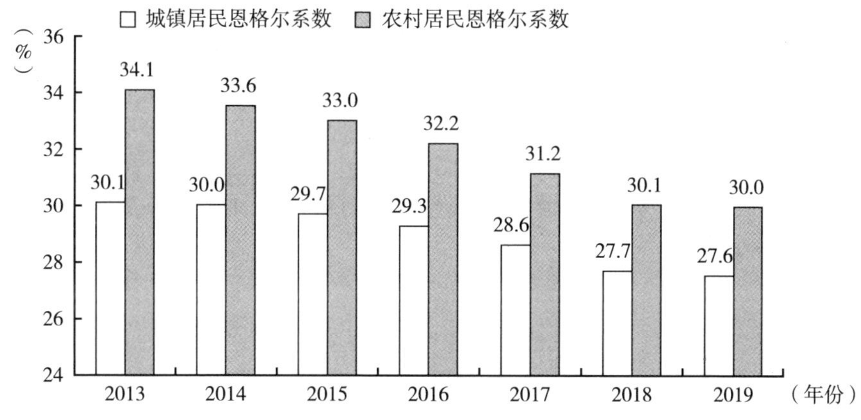

图 5　2013～2019 年城乡居民恩格尔系数

需要关注的，食品消费价格较大幅度上涨对社会脆弱群体生活质量影响不可忽视。低收入群体一般是因食品消费价格上涨生活受影响的主要脆弱群体之一。2019 年，全国低收入组居民人均可支配收入 7380 元，比上年增加 940 元，名义增长 14.6%。虽然低收入居民人均可支配收入增长速度高于食品消费价格上涨幅度，但是低收入居民人均可支配收入增加额分摊到每个月只有 78 元，应对食品消费价格较大幅度上涨的硬约束难度可想而知。

（五）农民收入较快增长且城乡居民收入相对差距明显缩小

农民收入继续保持较快增长态势。2019 年，农民人均可支配收入 16021 元，比上年增加1404 元，增量比上年多219 元；名义增长9.6%，名义增速比上年加快 0.8 个百分点；实际增长 6.2%，实际增速比上年回落 0.4 个百分点。与城镇居民相比，农民人均可支配收入增量仍然较低，但继续保持较高的名义增速和实际增速。2019 年，农民人均可支配收入增量比城镇居民低 1704 元，城乡居民人均可支配收入绝对差额扩大到 26338 元，但是农民人均可支配收入名义增速和实际增速比城镇居民分别快 1.7 个百分点和 1.2 个百分点。

城乡居民收入倍差较大幅度下降。受农民收入增长速度较快影响，2019 年城乡居民收入倍差（以农民人均可支配收入为 1 的城乡居民人均可支配收入比率）为2.64，比上年下降0.05，是2015 年以来最大降幅（见图 6）。

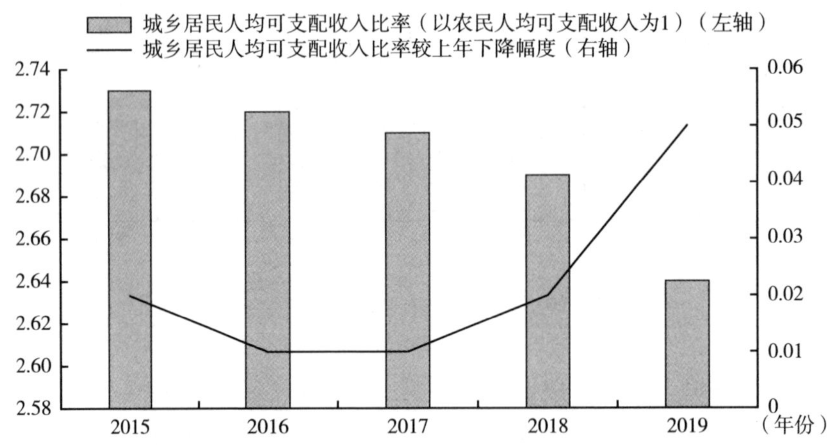

图 6　2015～2019 年城乡居民人均可支配收入比率及变化情况

工资性收入仍然是最大贡献因素。2019 年，农民人均工资性收入 6583 元，比上年名义增长 9.8%，高于农民人均可支配收入名义增长 0.2 个百分点，仍然保持较快增长；农民人均工资性收入比上年增加 587 元，对农民增收的贡献率为41.8%，比上年下降0.2个百分点，工资性收入贡献率虽然略有下降，但仍然明显地高于其他来源对农民增收的贡献。

总体上说，农民工资性收入主要受农民工数量、月工资水平及工作月数影响。据测算，2019年农民工数量增加、月收入水平提高和工作时长增加对农民工资性收入提高都有积极贡献。全年农民工数量增加，估计对农民工资性收入的贡献率大约为11%。农民工月收入水平提高是农民工资性收入增加的最大贡献因素。2019年，农民工月均收入水平为3962元，比上年增加241元，增长6.5%，估计农民工月收入增加对工资性收入增加的贡献大约高达87%。农民工工作时长略有增加。据测算，2019年，平均每个农民工获得报酬的工作时间大约为3.2个月，与上年变化不明显，估计略有增加，对农民工资性收入增加的贡献率不足2%。

经营净收入对农民增收贡献率有所提高。2019年，农民人均经营净收入5762元，比上年增加403元，名义增长7.5%，对农民增收贡献率为28.8%，贡献率比上年提高0.8个百分点。在经营净收入来源中，值得注意的，还有农产品价格较大幅度上涨对农民增收的效应。2019年，在肉禽生产者价格较大幅度上涨影响下，农民人均牧业收入增长速度快，但受从事畜牧业的农户越来越少及受益农民有限等影响，牧业净收入增加对农民人均增收贡献有限。2019年，农民家庭经营人均牧业净收入657元，比上年增加82元，增长14.3%（见图7）；牧业净收入增加对农民人均可支配收入增量的贡献率为5.8%，比上年提高6.7个百分点。牧业净收入对农民增收的贡献率由2018年的负向转为正向。比较而言，2019年农民家庭经营中牧业收入显著增长，但相比其他项收入来源的贡献率来说，仍然较低。

农民财产净收入增长较快但对增收贡献率有限。2019年，农民人均财产净收入377元，比上年增加35元，名义增长10.3%，对农民增收的贡献率为2.5%。

增长保持较快的农民转移净收入对农民增收贡献仍然较大。2019年，农民人均转移净收入3298元，比上年增加378元，名义增长12.9%，对农民增收的贡献率达到26.9%。

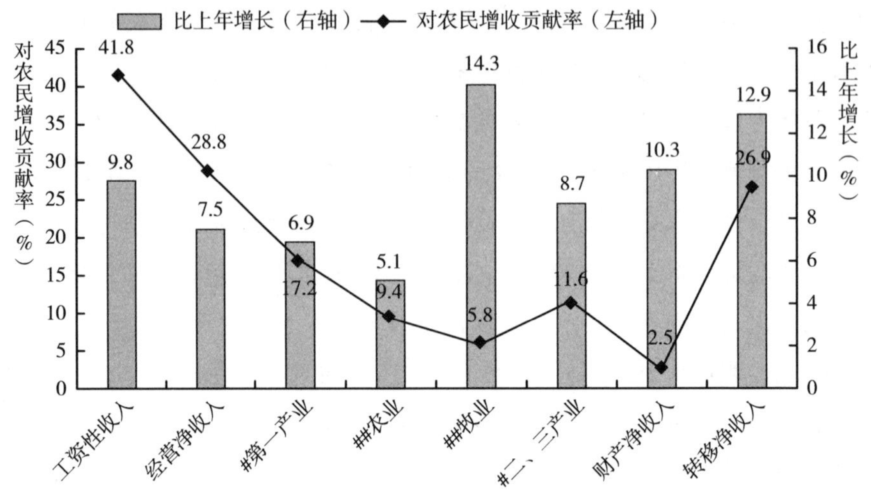

图 7　2019 年农民不同收入来源增长率及对增收的贡献率

分季度来看，农民获得的收入在不同季度不是完全均衡的，第一季度和第四季度较多。2019 年，第一季度农民获得的人均可支配收入 4600 元（见表 5），在全年所占比重为 28.7%；第四季度农民获得的人均可支配收入 4399 元，在全年所占比重为 27.5%，而第二季度和第三季度农民获得的人均可支配收入分别为 3178 元和 3844 元，在全年所占比重分别为 19.8% 和 24.0%。

表 5　2019 年分季度农民人均可支配收入增量及比重情况

单位：元，%

类别		第一季度	第二季度	第三季度	第四季度
人均可支配收入	增量	4600	3178	3844	4399
	比重	28.7	19.8	24.0	27.5
工资性收入	增量	2009	1551	1680	1343
	比重	12.5	9.7	10.5	8.4
经营性净收入	增量	1535	808	1283	2136
	比重	9.6	5.0	8.0	13.3
转移性收入	增量	925	734	804	835
	比重	5.8	4.6	5.0	5.2

注：比重指当季农民获得该项的收入在全年可支配收入中的百分比。

资料来源：国家统计局网站数据查询。

从来源来看，造成农民收入在不同季度的不完全均衡，主要是工资性收入在第一季度最多，而经营性净收入在第四季度最多。2019 年，第一季度农民人均工资性收入 2009 元，在全年所占比重为 12.5%，第四季度经营性净收入 2136 元，在全年所占比重 13.3%。不同季度不同收入来源的特征，对于 2020 年化解新冠肺炎疫情对农民增收不利影响具有重要的参考价值。

贫困地区农民收入增长更快。2019 年，贫困地区农民人均可支配收入 11567 元，比上年增加 1196 元，名义增长 11.5%，实际增长 8.0%。其中，工资性收入和转移净收入对贫困地区农民增收贡献率都接近 40%。全年贫困地区农民人均工资性收入 4082 元，比上年名义增长 12.5%，对增收的贡献率为 38.0%；人均经营净收入 4163 元，比上年名义增长 7.1%，对增收的贡献率为 23.0%；人均财产净收入 159 元，比上年名义增长 16.5%，对增收的贡献率为 1.9%；人均转移净收入 3163 元，比上年名义增长 16.3%，对增收的贡献率为 37.1%。

概括地说，2019 年中国农业农村经济发展取得了显著成就，但是一些倾向性和苗头性问题不容忽视，农业农村经济运行和发展的风险源需要引起重视。主要问题和风险源包括：农业在国民经济中基础地位巩固加强作用不明显，第一产业增加值在国内生产总值中比重不降反升，第一产业固定资产投资增长几乎停滞；国内农牧业生产结构性矛盾没有根本性转变，国内重要农产品产需缺口扩大和农民增收之间的矛盾继续显现。这些问题和风险源已经带来一些突出矛盾。一方面，国内农产品和食品价格总体较大幅度上涨，肉类产品价格涨幅过大，农产品国际贸易逆差明显扩大；另一方面，农产品价格较大幅度上涨对农民增收贡献不突出，特别是农民家庭经营第一产业净收入在农民可支配收入中比重进一步下降，对农民增收贡献率较低的格局没有改变。

二　2020年中国农业农村经济形势展望及预测

2020 年是全面建成小康社会目标实现之年。面对国内经济下行压力加大和全球经济进一步衰退的新形势，全球又发生了严重的新冠肺炎疫情，中

国农业农村经济运行和发展的不确定性因素明显增多。特别地，2019年末在武汉发生新冠病毒感染肺炎事件，2020年1月开始中国采取严格防控措施，对全年农业农村经济运行和发展将产生显著影响。客观地说，一些地方的农村在加强新冠肺炎疫情防控初期，出现了对春耕备耕重视不够，田间管理不到位和化肥农药以及仔猪、禽苗和饲料等农业生产资料运输不畅等问题，一些地方农产品不能及时销售出现滞销，大量农民工春节后不能及时外出务工，农业生产和农民增收普遍受到影响。但是，中国新冠肺炎疫情防控在3月取得显著成效，估计新冠肺炎疫情不利影响从4月开始将趋于缓和，年中、下半年甚至可能消失。综合各种因素，特别是考虑中国始终坚持统筹新冠肺炎疫情防控和经济社会发展，估计2020年中国农业农村经济运行和发展总体上能够克服不利影响，在政策等积极作用下，粮食可能稳定增产，农产品供给进一步增加，农民收入能够避免徘徊的出现并保持增长态势。

（一）农业增长将加快

2020年，政策措施将在促进农业农村经济发展实现全年目标中发挥超预期作用。新冠肺炎疫情防控中后期，中国高度重视复工复产，重视农牧业发展，特别是在支持部分产需缺口较大、国内供求关系偏紧的肉类生产中，在用地、环保、信贷、保险等方面落实2019年8月以来的一系列政策措施，并根据形势变化还可能出台实施超常规性政策措施。这些举措不仅在尽快恢复农业生产和新冠肺炎疫情得到有效控制后促进农民增收步入正轨等方面发挥作用，而且还会对新冠肺炎疫情防控期间受到的冲击方面具有补偿效应。

在用地政策上，2020年3月国务院印发《关于授权和委托用地审批权的决定》，将国务院可以授权的永久基本农田以外的农用地转为建设用地审批事项授权和委托由各省、自治区、直辖市人民政府批准，对土地管理法规定的永久基本农田转为建设用地的审批事项等，由国务院委托部分试点省、自治区、直辖市人民政府批准①。估计农业农村经济发展面临的土地约束将

① 《国务院印发〈关于授权和委托用地审批权的决定〉》，新华网，2020年3月12日。

会有效缓解，从而扭转农业农村投资缺乏动力的被动局面，实现农业农村经济高质量加快发展。

2020 年，面对国内农产品，特别是畜禽产品价格高位运行，粮食生产可能继续增产，生猪生产加快恢复，农业增长可能会加快，同时考虑到国内经济下行压力加大，估计第一产业增加值将超过 7.5 万亿元，同比名义增长 10%，在国内生产总值中比重会进一步提高到 7.2%。

（二）粮食生产能够克服不利影响

展望 2020 年，尽管粮食等农产品生产的不利影响因素增多，疫情防控等对物流和农民流动等导致农业要素市场机制难以全面发挥决定性作用，化肥农药等农业生产资料价格可能会有所上涨，从而加大稳定农业发展的难度，但是新时代的中国农业发展已经具有相当强韧性，农田基本建设可以让农业具有抵御自然灾害能力，病虫害等监测预警体系的健全和统防统治等有效手段的运用，可以将农业风险损失降到较低程度。

受新冠肺炎疫情和种粮比较效益偏低等不利因素影响，粮食播种面积可能会进一步减少。各地加强新冠肺炎疫情防控对农业生产资料流通和农业社会化服务等带来一些不利影响确实客观存在，但是各级政府高度重视春耕备耕生产，在疫情防控后期采取了区分不同风险对不同地区的农业生产资料等物流限制明显改变，全年粮食生产受疫情防控影响总体非常有限，粮食播种面积估计呈现的仍然属于稳中有减的态势。估计 2020 年粮食播种面积比上年减少 1% 以内，全年粮食播种面积将超过 11500 万公顷。

2020 年，粮食生产会面临一些不利因素影响，但是粮食生产稳定发展的积极态势仍然没有发生根本性改变。2020 年中央一号文件强调了要通过行之有效的强化粮食安全省长负责制、进一步完善农业补贴政策等措施稳定粮食生产。

为了最大限度地降低新冠肺炎疫情的不利影响，中国统筹新冠肺炎防控和经济社会发展。疫情发生后，中央成立应对新型冠状病毒感染肺炎疫情工作领导小组，国务院建立联防联控机制，在加强疫情防控的同时，努力保持

生产生活平稳有序，落实“菜篮子”市长负责制，积极组织蔬菜等副食品生产，确保蔬菜、肉蛋奶、粮食等居民生活必需品供应[①]。进入3月后，全国越来越多的地方随着新冠肺炎疫情得到控制后，并着手复工复产，在农村着力开展春耕备耕。3月初，中央应对新型冠状病毒感染肺炎疫情工作领导小组印发春耕生产工作指南[②]，要求各地统筹抓好新冠肺炎疫情防控和春耕生产工作，按照各地疫情风险类型，指导地方分区分类尽快恢复春耕生产秩序，不失时机抓好春季农业生产。

总体上说，农业生产等具有克服不利影响的条件和能力。2020年，区域性、阶段性旱涝灾害发生的可能性较大，极端天气事件可能增多。但是，通过多年的农田水利工程和高标准农田建设，中国农业已经具备较强的防涝抗旱等抗御自然灾害能力。3月后，各地纷纷纠正偏颇和极端做法，实施科学精准防控，解决农业生产资料供应、农机作业和农民下田等堵点。低风险疫情农村地区，改变封路封村做法，确保农民正常下田、农机顺利上路、农资畅通流通。全国绝大部分农村都属于低风险疫情地区。

综合上述各种粮食生产的影响因素，估计粮食单产水平将会进一步提高，不仅可以克服因播种面积减少对粮食总产量的影响，而且还可能带来粮食增产。预测2020年粮食总产量稳定扩大到6.7亿吨以上的水平。

（三）生猪生产加快恢复

尽管新冠肺炎疫情发生后的一段时间，一些地方的生猪生产能力恢复遭遇困难，种猪和仔猪运输受阻严重，饲料运输不畅通，春节后的猪场新建改扩建复工失去条件。但是，国家实施的一系列强激励政策，将会显著增强生猪生产加快恢复和发展活力。长期以来生猪扩大再生产的土地瓶颈有望打破。国家给予生猪养殖更加特殊优惠政策，把不符合要求的耕地或者其他土

---

① 《中共中央政治局常务委员会召开会议　研究加强新型冠状病毒感染的肺炎疫情防控工作　中共中央总书记习近平主持会议》，新华网，2020年2月3日。

② 《中央应对新型冠状病毒感染肺炎疫情工作领导小组关于印发当前春耕生产工作指南的通知》，新华网，2020年3月3日。

地划入永久基本农田的，经县级相关部门核实后允许发展生猪养殖，同时重新划定和补充永久基本农田。在环保政策上，简化和规范生猪养殖的环评管理，坚决纠正以环保名义擅自建设所谓的“无猪市”或者“无猪县”等的不当做法。这些举措破解了近年来农业发展的要素资源约束和规制障碍，而且也刺激投资者等市场主体扩大生产实现更多盈利。

2020 年，为了降低新冠肺炎疫情防控对养猪产能恢复的不利影响，帮助养殖户和企业缓解贷款难和融资成本高等问题，国家对于出栏 500 头以上的规模养猪户，新建、改扩建猪场的建设资金贷款，以及规模养猪场购买饲料和母猪、仔猪等方面的生产领域流动资金贷款，普遍地给予原则上不超过 2% 的财政贴息。除财政贴息外，国家还对在 2020 年底前新建、改扩建种猪场、规模养猪场（户）和禁养区规模养殖场（户）异地重建等给予适当财政补助，生猪生产加快恢复具备难得的有利条件和机遇。

考虑到 2019 年底生猪存栏 3 亿多头，且当年第四季度能繁母猪存栏已经增加，2020 年初仔猪价格高位运行，表明养猪户补栏积极性高，估计 6 月底生猪存栏将超过 3 亿头，并考虑到非洲猪瘟疫情防控成效将不断显现，预测全年出栏生猪将超过 6 亿头，猪肉产量能够达到 4800 万吨，比 2019 年增加大约 500 万吨。

在生猪生产加快恢复的同时，牛羊肉和禽肉禽蛋产量继续保持较快增长。考虑到牛羊生产受新冠肺炎疫情影响小，且 2019 年市场价格在高位运行的基础上还不断上涨，盈利空间大，预测 2020 年牛肉产量将超过 700 万吨，羊肉产量将超过 500 万吨。

展望 2020 年，禽肉禽蛋生产和市场供应总体上会克服新冠肺炎疫情及其防控的影响，全年将保持稳定增长态势。2 月因防控新冠肺炎疫情，一些地方家禽运输及饲料供应曾遭遇困难，还有一些地方关闭了活禽交易市场，虽然政策上鼓励引导家禽市场主体集中屠宰和产销对接替代活禽交易方式，但是养殖户家禽出栏困难和销售下滑的问题仍然不同程度地出现了，给养殖户带来经济损失。随着新冠肺炎疫情防控实践中更加兼顾农牧业生产，特别是新冠肺炎疫情防控积极向好转换的同时，各地逐步解决了家禽运输和饲料供应等难题。考虑到家禽生产周期较短，对市场敏感性强，新冠肺炎疫情控制后家禽生产和市场供应将会很快恢复。预测 2020 年禽肉产量将达到 2500 万吨，禽蛋产量将达到 3500 万吨。

（四）农产品进出口展望

2019 年底，国际机构普遍预测 2020 年世界经济由衰退趋向稳定。进入 2020 年后，特别是从 2 月开始，随着新冠肺炎疫情在世界范围内蔓延扩散，各国纷纷对人流和物流等采取趋于严格的限制措施，加上防控期间一些地方还关闭了工厂商场，旅游业几乎停滞，部分供应链中断，以及人们对经济景气的信心遭受重创，OECD① 等国际机构展望 2020 年世界经济形势更加不确定，甚至更加严峻。

世界经济可能进一步衰退，市场需求不振，加上多国防控新冠疫情对供应链和物流等的管制，将对中国农产品国际贸易带来影响，从而进一步对中国一些产需缺口较大的农产品市场供给及其价格走势带来直接影响。

展望 2020 年，中国农产品国际贸易可能保持增长态势，其中：出口可能进一步减少，进口继续较快增长，逆差扩大的可能性较大。在出口方面，由于国内农产品价格总体趋于上涨，供求总体偏紧，出口压力小，加上中美贸易摩擦尚未根本解决的情况下又出现了全球性的新冠肺炎疫情，农产品出口难度加大，2020 年农产品出口可能降到 750 亿美元以下。在进口方面，虽然也会受到新冠肺炎疫情等不利因素影响，但是由于国内扩大农产品供给的需求增加，加上中美经贸第一阶段协议规定中国要扩大进口美国农产品，预测全年农产品进口近 1700 亿美元。这样，全年农产品进出口总额将近 2500 亿美元，其中贸易逆差估计将超过 800 亿美元。

进入 2020 年，中美达成第一阶段经贸协议。1 月 15 日，中美两国在美国首都华盛顿正式签署第一阶段经贸协议，内容涉及中国同意扩大进口美国

---

① Coronavirus, The World Economy at Risk, www. oecd. org. 2 March 2020.

农产品等[①]。中美第一阶段经贸协议涉及农业合作、乳品和婴幼儿配方乳粉、禽肉、牛肉、活种牛、猪肉、加工肉品、水产品、大米、植物保护、关税配额、国内支持、农业生物技术、食品安全等诸多技术性规定和约定[②]。其中，2020 年中国要在 2017 年基础上至少新增 125 亿美元的美国农产品及其他涉农产品进口，力争进口超过 175 亿美元美国的农产品。

总体上说，受新冠肺炎疫情在全球蔓延扩大等影响，国内产需缺口较大的农产品市场供应风险上升，但是不同类型农产品受世界其他国家新冠肺炎疫情防控形势影响存在明显差异。从农产品市场供应与国际贸易关系紧密程度大致可以将中国农产品供应分为：基本依靠国内生产来供应的农产品、与国际市场高度竞争的农产品以及产需缺口较大且高度依赖国际市场的农产品。稻谷、小麦和蔬菜等属于基本依靠国内生产来供应的农产品，它们的国内市场运行态势受世界新冠肺炎疫情蔓延态势影响较小。玉米和其他杂粮以及禽肉等属于国际竞争激烈的农产品，如果全球新冠肺炎疫情不能得到及时控制，国内市场运行所受影响较小。而大豆和牛羊肉等属于国内产需缺口较大且高度依赖国际市场的农产品，如果全球新冠肺炎疫情不能在短期内得到有效控制，则可能对国内相关食品的市场运行带来不确定性影响。2020 年中国扩大农产品进口，特别是产需缺口较大且国内市场价格高位运行的农产品进口，有助于缓解中国农产品和食品价格较快上涨压力。

（五）农产品及食品价格高位波动运行

展望 2020 年，农产品及食品价格总体涨幅比 2019 年高位可能有所回落，但高位波动运行的态势发生根本性改变的可能性较小。预测 2020 年农产品及食品价格同比涨幅可能超过 10%，全年呈现上半年涨幅较大而下半年涨幅回落态势。农产品及食品价格差异化运行态势将持续。粮油类价格相对稳定，继续保持低位运行态势，而猪牛羊肉等动物源性食物价格则继续高

---

① 《中美签署第一阶段经贸协议全文来了》，新华网，2020 年 1 月 16 日。

② 《中华人民共和国政府和美利坚合众国政府经济贸易协议》，财政部网站，2020 年 1 月 16 日。

位波动运行。

农产品及食品价格继续高位运行，主要是由国内农产品及食品供求结构性矛盾突出决定的。中国经济发展和居民生活水平提高进入一个新的阶段，而受资源约束和惯性影响国内农业生产与居民食物消费水平及结构存在越来越明显的不对称。居民对动物源性食物消费需求增长强劲，而国内畜牧业生产格局难以在2020年与居民食物消费需求相匹配。居民对水果蔬菜多样化消费等要求高，而农业生产结构对这一要求仍然存在制约，加上水果蔬菜生产受天气等因素影响更大，而抵御自然灾害能力有限，2020年水果蔬菜价格波动幅度可能加大，居民消费的水果蔬菜价位较高。

中国农业生产与居民消费需要存在较大缺口的部分食物进口，对国内消费价格平抑作用有限。随着中国居民生活水平的不断提高，国内产需缺口扩大的农产品及食品种类越来越多，一些食物的产需缺口还呈现扩大态势。对于进口的农产品及食品，有些价格受国际市场影响较大，而有些则受国内市场影响较大。中国每年进口大量的大豆，国内豆油价格和豆粕价格主要由进口成本决定，对国内大豆及相关商品的价格运行起着主导作用，进口大豆具有平抑国内价格的效应。近年来，中国每年进口越来越多的肉品，虽然国际市场价格较低，但进口到中国市场，肉品价格运行基本上由国内市场主导。国内存在的较大肉品产需缺口，导致肉品市场价格趋于上涨，而进口到国内市场后的肉品价格也跟随上涨，在平抑价格方面的效应估计在2020年也不会显现。

2020年，新冠肺炎疫情对农产品及食品价格影响存在较大的不确定性。各地不同程度对交通运输进行管制，农产品及食品物流不畅，农产品主销区供给减少；同时一些地方对人流也进行严格管制，造成农产品及食品配送难度加大，流通费用增加，交易费用上升，可能进一步推动农产品及食品价格上涨或者加大农产品及食品价格波动幅度。

2020年，中国主要谷物供给量仍然超过消费量。2020年谷物供给量要由当年度产量、进口量及库存量构成。尽管2019年主要谷物出现小幅度减产，2020年主要谷物生产存在很大的不确定性，但是较高水平的谷物生产能力，特别是主要谷物较高的库存，在很大程度上确保2020年谷物供给极其充裕。受人口增长缓慢、收入水平提高、居民食物消费结构升级等因素影响，用作口粮消费的谷物量继续呈现不断减少态势。2020年，在畜禽类产品价格上涨刺激下畜牧业生产估计会出现较快增长，用作饲料粮的谷物量估计比上年增长，尽管如此，受生猪生产能力滑坡影响，饲料粮需要的谷物量增长有限。总体上说，谷物当年供给量仍将超过消费量，导致库存量增加，谷物价格仍将保持低位波动运行。

展望2020年，猪肉及其他畜禽产品价格在年内将由同比涨幅扩大向涨幅缩小转变。中国已经出台了一系列针对性强的政策措施。随着生猪良种补贴、临时贷款贴息、生猪保险、生猪调出大县奖励等政策的实施，2019年第四季度的效应已经有所显现。年末生猪存栏量比第三季度末增加。2020年，政策刺激和市场高回报效应，会促使生猪生产能力快速恢复，受此影响，猪肉价格水平将不断下降，从而影响养殖动物生产者价格和畜肉等消费价格走势。

（六）农民收入有望继续增加

2020年新冠肺炎疫情防控对中国农业农村经济运行和发展不利影响主要发生在第一季度。判断全年农业农村经济形势，不仅要看第一季度的运行状况，而且要看第二季度新冠肺炎疫情得到控制后复工复产等状况，更要看后期是否会采取积极措施将第一季度农民收入等受到的不利影响补偿回来。综合来看，尽管农民收入出现徘徊的风险加大，但是在政策积极作用下，以及新冠肺炎疫情得到有效控制后农民收入增长不断恢复，预测全年农民人均可支配收入可能达到1.7万元。

从积极方面来看，尽管疫情的影响存在很大的不确定性，但是从3月防控形势来看，疫情对农业农村经济运行与发展的影响是有限的。进入3月，全国防控新冠肺炎疫情持续向好。从农业农村经济运行与发展所受影响时段来看，疫情防控主要局限于2月。春节期间为了阻击新冠病毒传播而限制农民工流动和制约农产品流通，各地普遍尽可能兼顾了疫情防控与农民工就业

和农业生产。特别是，节后各地更是采取“点对点”运输等积极方式化解疫情防控对农民工就业的不利影响，3 月中央对春季农业生产下发了专门文件。

从农民收入主要来源来看，估计 2020 年转移性收入继续保持较快增长并在农民增收中作出重要贡献，转移性收入不会因新冠肺炎疫情及其防控影响而出现增长停滞的局面，相反国家会加大对农民的补贴补助等转移支付力度。农民工资性收入、家庭经营净收入和财产性收入都将受新冠肺炎疫情影响，且农民工资性收入和家庭经营净收入在农民可支配收入中比重大，是农民增收的最主要来源。财产性收入少，对农民增收贡献也小，受新冠肺炎疫情影响可以忽略不计。2020 年农民收入增长能否避免陷入徘徊，主要取决于工资性收入和农牧业等经营收入。特别地，新冠肺炎疫情后采取超常规举措，实现农民工资性收入继续较快增长的可能性不断提升。

客观来说，2020 年第一季度农民收入中农民工资性收入和家庭经营净收入增长不容乐观。2020 年新冠肺炎疫情及其防控对农民收入的影响估计主要发生在第一季度。为了防止新冠病毒传播，2 月农村普遍采取了限制甚至禁止农民工外出的措施；一些招聘使用农民工的企业也可能暂时停产。春节后往往是用工企业招聘录用农民工的高峰。估计 2020 年招聘录用新农民工要推迟到第二季度甚至更晚。新冠肺炎疫情防控期间，虽然农业生产整体上所受影响小，但是一些地方的农村限制甚至禁止外村人进村，有效地阻断了新冠病毒传播，但也阻断了农村经纪人收购农产品的物流，影响到那些依靠销售农产品实现增收的农民。新冠肺炎疫情防控期间，也有一些养殖企业因饲料供应受阻而影响生产。

总之，第一季度农民收入在全年农民收入中比重一般近 30%。从全年来看，第一季度农民收入的实际损失和机会损失，有一部分是可能在疫情得到有效控制后弥补的，第二季度后农民增收形势会因经济运行正常秩序恢复及国家采取超常规措施等逐渐积极向好。新冠肺炎疫情防控期间，农民种植的蔬菜等，特别是设施农业种植的蔬菜等没有销出去的，在疫情防控得到基本控制后，可以部分地销售出去实现增收；畜禽养殖户压栏的牲畜纷纷可以出库；渔业养殖户压塘的水、海产品纷纷可以销售。这样，农民就将第一季度损失的收入部分地弥补回来。

只要全年经济稳增长目标能够实现，农民工就业机会就有保障，特别是国家重大工程春节后和新冠肺炎疫情防控积极向好后复工早，所受影响小，吸纳了大量农民工；国家加大基础设施建设力度，发挥基础设施关键作用，在农村等领域强力补齐基础设施薄弱等短板，扩大农民工需求，全年农民工总量仍然可能扩大。

如果说农民工数量稳定增长是农民增收的基础，那么农民工月收入水平对农民增收影响最大。只要农民工需求能够增长，那么就意味着农民工的报酬率或者工资水平就不会降低，2020 年农民工还可以预期月收入水平能够有所提高。只要农民工月收入水平能够提高，那么 2020 年农民工资性收入摆脱陷入徘徊的概率就会大大提高。

2020 年，考虑到受新冠肺炎疫情防控影响农民工寻求新就业岗位时间后延，部分农民工到岗时间也后延，总体上农民工有报酬的可能工作时长明显缩短，但是农民工中很大部分属于非正式就业，总体上说工作时长缩短对全年农民工资性收入增长和全年农民增收形势不起决定性作用。

贫困地区农民收入继续更快增长。贫困地区农民收入的来源结构和全国其他地区类似，工资性收入、经营净收入和转移净收入所占比重高、贡献大。2020 年是脱贫攻坚收官之年，中国将聚焦尚未脱贫的贫困人口，巩固提升脱贫成果，更好地发挥财政兜底作用，这些针对性措施将会进一步提升转移净收入的贡献率，成为贫困地区农民增收的最多来源。为了克服新冠肺炎疫情不利影响，全社会在原来的基础上，进一步集中优质稀缺资源，加大投入，补齐贫困地区基础设施等短板，这将在贫困地区创造大量农民工就业机会，同时在复工复产进程中优先安排贫困地区和贫困家庭农民工就业，解决他们外出就业面临的实际问题，为贫困地区农民提供更多公益岗位，这些措施都有助于贫困地区农民工资性收入的增长。随着脱贫攻坚推进到最后阶段，贫困地区的产业扶贫基本上都形成了较强的生产能力。全社会通过支持和帮扶，特别是消费扶贫模式的推广，加上贫困地区自身努力开拓，农产品电子商务等新业态较快发展，贫困地区农产品销售收入将会带来经营净收入

稳步增加。估计2020年贫困地区农民人均可支配收入接近1.3万元，增加幅度和增长速度都将超过全国农民人均可支配收入。

三 加快农业农村发展

2020年，虽然面临着世界经济低迷且不确定性加大，中国经济下行压力不减等形势；面临着农业生产发展的不利因素多和农民收入增长徘徊风险高等现实难题，但是为了确保如期建成全面小康社会，历史和经济社会大局赋予了中国农业农村经济运行发展艰巨的任务，必须全面高质量完成脱贫攻坚任务，巩固脱贫成果防止返贫；加快补上农村基础设施和公共服务短板；稳定粮食生产，尽快恢复生猪生产，发展富民乡村产业，稳定农民工就业，保障重要农产品有效供给，促进农民持续增收，发挥好农业农村经济的基础性作用。农产品及食品供给是否充足，价格能否稳定运行，农民能否持续增收，贫困地区农民收入增长能否加快，是衡量农业农村经济是否健康运行和高质量发展的核心指标。

（一）加快现代农业发展

虽然近年来中国第一产业和农林牧渔业保持稳步增长，但是相比中国建成全面小康社会的高要求，相比供给侧结构性改革和国民经济高质量发展的新要求，相比开启现代化新征程的未来要求，农业在国民经济中地位必须再巩固，再提升。要切实把农业农村优先发展落实到位，切实扩大农业投资，促进农业投资快速增长，扩大农产品供给，增加农产品供给数量，提高农产品供给质量，稳定农产品和食品价格。

近年来，国内农产品产需缺口总体扩大，部分农产品产需缺口扩大较快，国内农产品价格和食品价格较大幅度上涨。有效保障增加农产品供给，促进食品价格高位回落，根本途径是加快农业发展，扩大农产品生产，这就需要增强农业投资驱动力，加快农业投资增长。历史上，每当中国农产品价格和食品价格较大幅度快速上涨的时候，往往都是通过较大幅度增加农业投资实现农业较快发展来平抑食品价格的。同样地，2020 年，必须大力发展农业生产，特别是畜牧业生产，保障农产品有效充足供给，促进食品价格平稳运行和高位回落。

要稳定粮食生产。中国粮食连续多年丰产增产，国内库存水平高，供给充裕，市场价格极其稳定，无论在 2019 年猪肉价格较大幅度上涨情况下，还是在 2020 年初应对新冠肺炎疫情中都发挥着真正的稳定器作用。面对全球新冠肺炎疫情蔓延带来的风险升高和不确定性增多的挑战，更要稳定粮食种植面积，在保证粮食品质前提下努力提高粮食单产水平，力争粮食好收成，这对于全面建成小康社会和决战决胜脱贫攻坚具有特殊意义。

要强化粮食省长负责制，米袋子首长负责制，确保地方抓粮积极性。要完善粮食省长负责制考核体系，根据时代的发展，把打造粮食供应链和构建稳健的粮食产销关系作为考核的重要内容之一。对于粮食主要依赖外地的省市，要考核与主产省份分担的责任情况，特别是要把与主产区建立稳固的粮食购销关系、按照相关法律法规储备足够的在主产区收购的粮食数量以及构建通畅和运转高效的物流体系等内容，作为考核指标。主销区地方政府要和中央一道，积极帮助解决粮食主产区面临的各类实际困难，让主产区更有积极性生产粮食。为了降低稻谷、小麦最低收购价政策实施压力，为了有效不断地化解粮食结构性矛盾，强化主产区粮食产业链和供应链建设考核，不断提高以销定产的比重、纳入农牧结合和种养一体比例，确保国家粮食安全保障水平不断提高。

要探索粮食生产经营者利益的新型保护与实现方式。如何在粮食价格稳定总体要求下保护和实现粮食生产经营者利益是新形势下面临的一个重要课题。要在 WTO 农业规则允许的范围内用好用足粮食支持保护政策措施，要探索新型粮食政策性保险，还要建立起职业性的粮食生产经营者队伍，根据他们的贡献和从业年限发放政府津贴，多管齐下，不让职业粮食生产经营者吃亏，让他们有积极性为全面建成小康社会的粮食安全多做贡献。

要加强病虫害防治和动物疫病防控。2020 年，中国面临草地贪夜蛾和沙漠蝗等病虫害发生的风险。尽管风险不高，但是绝不能放松警惕。要做好监测预警，备好药剂药械，一旦发生要及时开展统防统治和联防联控。2020年，中国仍然面临非洲猪瘟和高致病性禽流感等疫情风险，要千方百计做好动物防疫工作，进一步加强非洲猪瘟防控。

加快提高生猪生产能力。发展生猪生产是增加猪肉供应的最有力保障。加快扩大生猪产能，才能更好地满足全面小康社会居民对食物多样化全面营养健康的需要，才能降低猪肉进口对国内生猪生产冲击的风险，才能促进食品价格在合理水平运行，才能有效避免进口猪肉价格过高对国内的传导。增加猪肉供应，必须加快中国生猪生产能力建设。一方面，要在土地、环保、财政和金融支持等方面落实出台的各项政策措施；另一方面，要在做好非洲猪瘟防控的同时，新建或者扩建猪舍，大幅度增加生猪存栏数量。

控制住非洲猪瘟疫情，是加快提高生猪生产能力的关键，不仅事关种猪、仔猪和生猪养殖病死率，而且影响养猪户的信心和积极性。要强化动物疫病防控体系建设，提高对非洲猪瘟、禽流感等动物疫病的监测预警、预防控制、应急处置等方面的能力。

加强生猪产业供应链建设。中国养殖产业发展的基本方向是适度规模养殖、集中屠宰、冷链运输、生鲜上市。结合中国生猪产业链发展现状，要进一步健全生猪保育及饲料供应体系，疏通种猪等物流堵点，根据生猪生产地域分布和消费目标市场空间分布，促进屠宰企业优化布局，引导大型养殖企业和养猪户集中产区的经济合作组织等就地就近配套发展生猪屠宰加工业，大力发展冷链物流，改变传统的活猪运输方式，实现从传统的“运猪”到“运肉”的高效转变，以适应非洲猪瘟防控需要。同时，要在新冠肺炎疫情防控得到保障前提下允许种猪和仔猪运输，加快生猪生产能力在不同地区和各类市场主体间快速扩张。

要加快牛羊等草食动物发展。近年来，中国牛羊肉价格持续高位运行，产需缺口不断扩大，进口量持续增加。国内牛羊生产虽然稳定发展，但是在居民食物消费升级对牛羊肉需求快速增加的背景下，迫切需要加快牛羊等草食动物发展，这样才能更好地满足居民的需要，促进牛羊肉市场价格在合理水平运行。

要落实好“菜篮子”市长负责制，切实解决畜禽产品和果菜等重要“菜篮子”产品主产区的现实问题，增加养殖用地和设施农业用地，构建高效物流体系和供应链。要做好重点农产品市场调控。加强农产品市场监测，及时发挥政策性收储作用，促进市场健康运行，引导农产品生产经营者和食品供应者有序稳定上市，不参与市场炒作，不囤积居奇，不串通涨价，严厉打击操控市场、区域封锁和市场分割等破坏市场健康运行秩序的行为。

鼓励大型生猪养殖企业通过“公司＋合作组织＋农户”、托管租赁等方式，带动普通农户发展养殖业。在非洲猪瘟防控重要时期，要鼓励新型农业经营主体，特别是大型生猪养殖企业，带动中小养殖户升级改造防疫设施，健全防疫制度。基层畜牧兽医技术支撑机构和行业协会等组织要强化培训和服务，促进养殖户提升疫病防控水平。

（二）多途径增加农民收入

农民收入直接决定全面小康社会的质量。2020 年，在全球经济进一步衰退可能影响中国商品出口从而进一步影响企业对农民工就业吸纳的情况下，在国内经济下行压力缓解难度大、农民工就业不确定性上升的情况下，特别是发生的新冠肺炎疫情进一步加大了农民增收的难度，农民增收能否避免徘徊停滞，关键要看农民工资性收入能否增长，经营性净收入能否发挥更大作用。多年来，农民工资性收入在农民可支配收入中所占比重高，贡献大。在农产品价格高位运行背景下，农民家庭经营农牧业净收入对农民增收的空间明显扩大。同时，政策性转移收入的作用会进一步增强。

要为农民提供更多的就业机会。要克服新冠肺炎疫情防控对农民外出务工带来的不利影响，创新农民工流动方式，尽可能让企业和重大工程建设复产复工后农民工能够及时到位。对于不能及时到位的农民工，应支持用工单位给予农民工到岗的时间弹性。外出农民工是农民工的主要组成部分。稳定了外出农民工队伍，对于避免农民工数量减少至关重要。要探索农民工寻找就业的新方式新方法，提高农民工外出就业服务水平，引导农民工通过网络等途径寻找工作机会，减少农民工寻找工作的时间，增加农民工有效工作时长。要扩大就近就业农民工规模，为无法外出务工农民增加工资性收入提供替代来源或者新来源。

要确保农民工月收入水平继续提高。农民工月收入水平对农民增收及增加工资性收入影响最大。要为农民工提供更多的就业机会，避免农民工供给过剩，保持农民工劳务市场供求紧平衡，促进农民工就业时月收入水平不断提高。要加强农民工报酬支付管理，确保农民工能够及时兑现报酬，推动根治拖欠农民工工资难题。要加强农民工职业技能培训，为农民工获得更高报酬创造条件。

要切实促进小农户与现代农业有机衔接。全国尚有 2 亿小农户，发展现代农业，广泛参与各类有市场需求的农产品生产，不仅可以有效增加农产品供给，而且可以在合理的农产品价格水平下实现增产增收。要引导新型农业经营主体与小农户构建利益联结机制，通过土地流转及要素入股，开展产业合作，形成紧密型供应链，协调发展现代农业，增加农牧业收入。

要继续加快贫困地区农民增收。扩大农民工就业工作要重视贫困地区的特殊性，为贫困地区农民增加工资性收入创造更多的适宜性就业机会。要落实产业扶贫和易地搬迁扶贫等措施，高质量发展贫困地区各类产业。要不断开辟新的销售渠道，重点做好贫困地区特色农业产销对接、农产品电子商务和消费扶贫，实现贫困地区产业优势转化为增收优势，提高贫困地区农民家庭经营农牧业收入对农民增收的实际贡献率。要继续发挥好政策性转移收入的作用，尤其要有针对性地增加深度贫困地区农民政策性转移收入，进一步提高转移净收入对农民增收的贡献率。

（三）加大农村公共基础设施建设力度

加快补齐农村基础设施短板，是 2020 年确保如期实现全面小康“三农”领域的重点工作之一。经过多年农村水利、道路、电网改造和信息化设施等建设，绝大多数农村已经解决了饮水安全、交通出行、供电常态化和通信信号等难题，但是这些公共设施服务水平还有待进一步提高，还面临着提档升级任务，还需要加快建立运营维护和管理机制。同时，全国仍然有少部分人口的安全饮水问题尚未解决，少数贫困地区经济发展和人们出行仍然面临交通瓶颈，还有一些地方新一轮农村电网改造尚未完成，诸如此类的短板，必须加快补齐，才能确保全面建成小康社会的“成色”。

受新冠肺炎疫情在全球蔓延扩散等多种因素影响，中国经济下行压力持续加大。加大农村公共基础设施建设力度，有助于发挥投资的关键作用，有效扩大内需。为了应对新冠肺炎疫情对经济社会发展的不利影响，中国会适当提高财政赤字率，发行特别国债，扩大债券发行规模，增加财政等对基础设施的投入，降低贷款利息。在财政金融加大对实体经济支持和保障力度中，要按照农业农村优先发展总方针，切实加大农村公共设施建设力度。

要全面完成农村饮水安全巩固提升工程任务，解决脱贫攻坚战中贫困人口饮水安全保障等突出问题。要加快农村道路提档升级和村内道路建设改造。村村通要在全面完成行政村通硬化路基础上，向自然村延伸，大力支持村内道路建设和改造。推进建立农村公路长效管养机制。要全面完成农村电网改造，重点是向深度贫困地区和边境村寨电网升级改造倾斜。基本实现行政村光纤网络和第四代移动通信网络普遍覆盖。扎实推进农村环境整治，分类推进农村厕所革命，提升村容村貌。

（四）保障脆弱群体食物基本消费免受食品价格过快上涨干扰

保障居民基本营养的食物消费水平不降低，应是全面建成小康社会一条底线。中国为在生活方面容易受食品价格上涨影响的脆弱群体建立起了社会救助制度，核心是财政发放的生活补助救助与食品消费价格涨幅挂钩，及时发放价格临时补贴。这一制度对于在食品价格较大幅度上涨情况下保障贫困群体生活质量免受不利影响具有重要积极意义。近年来，由于中国一些食品价格处于高位运行，基数较大，仅仅依据上涨幅度决定发放生活补助救助款的增长速度，可能无法抵消食品价格上涨给脆弱群体带来的生活开支增加额。向脆弱群体发放生活补助救助，不仅考虑食品消费价格上涨幅度，而且应考虑新增补助救助款是否能够应对基本需要的食品消费支出增加额，

这样才能保障脆弱群体居民食物消费水平不降低。全面小康社会，消除绝对贫困，实现零饥饿，食物安全的经济保障，除考虑食品价格上涨幅度外，还应考虑应由政府指定代理人向脆弱群体供应保障基本营养的、价格可承受的主要食物，做到食品价格在较大幅度上涨情况下能够避免脆弱群体生活质量受影响。

专 题 篇

Special Reports

G.2
2019年农村居民收支与贫困人口状况

袁 璐*

摘 要： 2019年，农村居民收入较快增长，消费结构持续优化升级。农村居民人均可支配收入16021元，比上年名义增长9.6%，扣除价格因素影响，实际增长6.2%；农村居民人均消费支出13328元，名义增长9.9%，实际增长6.5%，恩格尔系数继续降低，教育文化娱乐和医疗保健支出增长较快。脱贫攻坚战取得重大进展，全国农村贫困人口继续大幅减少。

关键词： 农村居民收入 消费结构 贫困

* 袁璐，经济学硕士，就职于国家统计局住户调查办公室居民收支调查处。

根据国家统计局对全国31个省（自治区、直辖市）16万户居民家庭开展的住户收支与生活状况调查，2019年，农村居民收入较快增长，消费支出稳步增长，消费结构持续优化升级，全国农村贫困人口继续大幅减少，贫困发生率显著下降。

一　农村居民收入较快增长，城乡收入相对差距继续缩小

（一）农村居民收入较快增长

2019年，农村居民人均可支配收入16021元，比上年名义增长9.6%，扣除价格因素影响，实际增长6.2%，名义增速比上年加快0.8个百分点，实际增速比上年回落0.4个百分点。

表1　2019年全国农村居民收入情况

单位：元，%

指　标	收入水平	名义增速
人均可支配收入	16021	9.6
1. 工资性收入	6583	9.8
2. 经营净收入	5762	7.5
（1）第一产业净收入	3730	6.9
#农业	2740	5.1
#牧业	657	14.3
（2）第二、第三产净收入	2032	8.7
3. 财产净收入	377	10.3
4. 转移净收入	3298	12.9

注："#"表示其中的主要项。

资料来源：国家统计局开展的全国住户收支与生活状况调查。

1. 工资性收入较快增长

2019年，农村居民人均工资性收入6583元，增长[①]9.8%，增速比上年

① 以下如无特别说明，均为比上年名义增长。

加快0.7个百分点。主要是农民工就业人数增长0.8%，增速比上年加快0.2个百分点。农村居民人均工资性收入占人均可支配收入的比重为41.1%，比上年提高0.1个百分点。人均工资性收入对农村居民增收的贡献率为41.8%，比上年下降0.2个百分点。

2. 经营净收入增速快于上年

2019年，农村居民人均经营净收入5762元，增长7.5%，增速比上年加快0.9个百分点。人均经营净收入占人均可支配收入的比重为36.0%，比上年下降0.7个百分点。人均经营净收入对农村居民增收的贡献率为28.8%，比上年提高0.9个百分点。

第一产业经营净收入增速加快。农村居民人均第一产业经营净收入3730元，增长6.9%，增速比上年加快4.0个百分点。其中，人均农业净收入增长5.1%，比上年加快1.8个百分点；人均牧业净收入增长14.3%，比上年加快16.2个百分点。主要是2019年粮食总产量增长0.9%，创历史最高水平，以及部分农牧产品价格上涨，都拉动了农村居民经营净收入的增长。

第二、三产业经营净收入增速有所回落。农村居民人均第二、三产业经营净收入2032元，增长8.7%，增速比上年回落5.5个百分点。

3. 财产净收入增长有所放缓

2019年，农村居民人均财产净收入377元，增长10.3%，增速比上年回落2.6个百分点。其中，人均转让承包土地经营权租金净收入和人均出租房屋净收入分别增长12.3%和11.3%。农村居民人均财产净收入占人均可支配收入的比重为2.4%，比上年提高0.1个百分点。人均财产净收入对农村居民增收的贡献率为2.5%，比上年下降0.8个百分点。

4. 转移净收入增长超过两位数

2019年，农村居民人均转移净收入3298元，增长12.9%，增速比上年加快0.7个百分点。主要是精准扶贫工作持续推进，各地继续加大社会救助力度，人均社会救济和补助收入增长14.6%；医疗保障体系持续完善，报销药品目录进一步扩大，居民医保报销比例继续提高，人均报销医疗费增长16.4%；部分地区提高稻谷补贴、农机补贴等标准，农村居民人均政策性惠

农补贴增长16.5%。农村居民人均转移净收入占人均可支配收入的比重为20.6%，比上年提高0.6个百分点。人均转移净收入对农村居民增收的贡献率为26.9%，比上年提高0.1个百分点。

（二）农村居民人均收入中位数增速快于平均数

2019年，农村居民人均可支配收入中位数14389元，比上年增长10.1%，增速快于平均数0.5个百分点。农村居民人均可支配收入中位数相当于平均数的89.8%，比上年提高0.4个百分点。

（三）农村居民收入增长快于城镇居民，城乡收入相对差距继续缩小

1. 农村居民收入增长快于城镇居民

2019年，农村居民人均可支配收入16021元，名义增长9.6%，实际增长6.2%。城镇居民人均可支配收入42359元，名义增长7.9%，实际增长5.0%。农村居民人均可支配收入名义增速和实际增速分别快于城镇居民1.7个和1.2个百分点。

2. 城乡居民收入相对差距继续缩小

城乡居民收入比继续下降，2019年，城乡居民人均可支配收入之比为2.64，比上年下降0.05。

（四）农村居民内部收入差距有所改善

1. 西部地区①农村居民收入增速快于其他地区

分区域看，东部地区农村居民人均可支配收入比上年增长9.3%，中部地区增长9.6%，西部地区增长10.2%，东北地区增长9.1%。西部地区增长最快，东北地区增长最慢。以西部地区为1，东部、中部、东北地区与西

① 按东、中、西、东北分区，东部地区包括北京、天津、河北、上海、江苏、浙江、福建、山东、广东、海南。中部地区包括山西、安徽、江西、河南、湖北、湖南。西部地区包括内蒙古、广西、重庆、四川、贵州、云南、西藏、陕西、甘肃、青海、宁夏、新疆。东北地区包括辽宁、吉林、黑龙江。

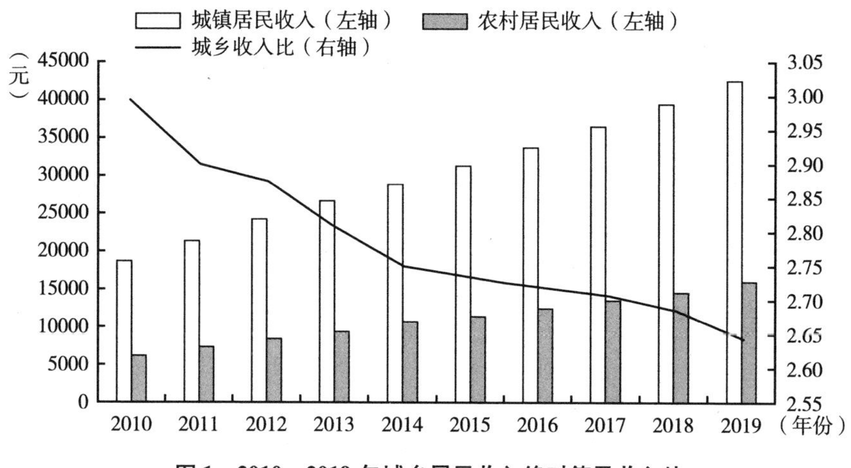

图1　2010～2019年城乡居民收入绝对值及收入比

资料来源：国家统计局开展的全国住户收支与生活状况调查。

部地区农村居民人均可支配收入之比分别为1.53∶1、1.17∶1和1.18∶1，西部地区与其他地区的差距均缩小。

表2　2018～2019年按东部、中部、西部和东北地区分组的农村居民人均可支配收入

年份	东部地区（元）	中部地区（元）	西部地区（元）	东北地区（元）	东、西部地区农村居民人均可支配收入之比（西部＝1）	中、西部地区农村居民人均可支配收入之比（西部＝1）	东北、西部地区农村居民人均可支配收入之比（西部＝1）
2018	18286	13954	11831	14080	1.55	1.18	1.19
2019	19989	15290	13035	15357	1.53	1.17	1.18
2019年同比名义增长(%)	9.3	9.6	10.2	9.1	—	—	—

资料来源：国家统计局开展的全国住户收支与生活状况调查。

2. 高、低收入组相对差距有所缩小

按农村居民人均可支配收入从低到高进行五等份分组，低收入组和中间偏下收入组农村居民收入增速较快，分别为16.3%和14.6%；中间收入组和中间偏上收入组农村居民收入增速居中，分别为11.6%和9.3%；高收入

组农村居民收入增速最慢，为5.9%。全国农村高、低收入组居民人均可支配收入之比为8.46∶1，比上年下降了0.83。

3. 农村低收入组居民收入增长明显

2019年，各地持续落实精准扶贫、精准脱贫方略，因地制宜、精准施策，聚焦脱贫质量，不断加大扶贫力度，为高质量打赢脱贫攻坚战、如期全面建成小康社会打下坚实基础。农村居民低收入组人均可支配收入增长16.3%，比上年加快5.3个百分点，增速高于全国农村居民6.7个百分点。

二　农村居民消费支出稳步增长，消费结构持续优化升级

（一）农村居民消费支出稳步增长

2019年，农村居民人均消费支出13328元，名义增长9.9%（见表3），实际增长6.5%。其中，农村居民人均服务性消费支出5290元，名义增长13.9%，快于居民人均消费支出增速4.0个百分点；服务性消费支出占消费支出比重为39.7%，比上年提高1.4个百分点。农村居民各项消费支出持续稳步增长，其中教育文化娱乐、医疗保健支出增长较快。

表3　2019年农村居民消费支出变化情况

单位：元，%

指　标	消费水平	名义增速
人均消费支出	13328	9.9
#服务性消费	5290	13.9
食品烟酒	3998	9.7
衣着	713	10.1
居住	2871	7.9
生活用品及服务	764	6.0
交通通信	1837	8.7
教育文化娱乐	1482	13.8
医疗保健	1421	14.6
其他用品及服务	241	10.6

注：“#”表示其中的主要项。

资料来源：国家统计局开展的全国住户收支与生活状况调查。

1. 食品烟酒支出增长9.7%

2019年，农村居民人均食品烟酒支出3998元，增长9.7%。其中，受猪肉价格大幅上涨带动畜禽肉类价格明显上升影响，农村居民人均食品支出增长7.4%，增速比上年加快3.2个百分点。

2. 衣着支出增长10.1%

2019年，农村居民人均衣着支出713元，增长10.1%，农村居民的个性化着装需求得到进一步满足。

3. 居住支出增长7.9%

2019年，农村居民人均居住支出2871元，增长7.9%。其中，人均住房维修及管理支出增长9.8%。

4. 生活用品及服务支出增长6.0%

2019年，农村居民人均生活用品及服务支出764元，增长6.0%。其中，农村居民对个人生活品质的追求不断增强，包括化妆品消费在内的人均个人用品支出增长23.8%；包括家政服务在内的人均家庭服务支出增长11.1%。

5. 交通通信支出增长8.7%

2019年，农村居民人均交通通信支出1837元，增长8.7%。其中，随着交通网络建设更加便捷高效，农村居民出行更为便利，人均交通支出增长11.2%；人均通信支出增长2.1%。

6. 教育文化娱乐支出增长13.8%

2019年，农村居民人均教育文化娱乐支出1482元，增长13.8%。其中，由于教育培训行业日益规范成熟，农村居民教育投资理念不断增强，人均教育支出增长16.8%；人均文化娱乐支出增长3.3%。

7. 医疗保健支出增长14.6%

2019年，农村居民人均医疗保健支出1421元，增长14.6%。其中，人均医疗服务支出增长20.3%。主要是异地就医直接结算更加便利，更多药品纳入医保，大病保险和医疗救助制度进一步完善，推动农村居民享受更多优质医疗服务。

8. 其他用品及服务支出增长10.6%

2019 年，农村居民人均其他用品及服务支出 241 元，增长 10.6%。

（二）恩格尔系数继续降低，消费结构持续优化升级

2019 年，农村居民人均消费支出中，恩格尔系数继续降低，教育文化娱乐、医疗保健等发展型消费占比提高。

1. 食品消费支出比重(恩格尔系数)继续降低

2019 年，农村居民人均食品烟酒支出占比（恩格尔系数）为 30.0%，比上年下降 0.1 个百分点。

2. 发展型消费占消费支出比重提高

2019 年，农村居民人均教育文化娱乐支出占比为 11.1%，比上年提高 0.4 个百分点；医疗保健支出占比为 10.7%，比上年提高 0.5 个百分点。

三　农村贫困人口减少1109万人

（一）农村贫困人口减少，贫困发生率下降

按现行国家农村贫困标准①测算，2019 年全国农村贫困人口 551 万人，比上年减少 1109 万人，下降 66.8%；贫困发生率 0.6%，比上年下降 1.1 个百分点。

1. 东、中、西部地区②农村减贫速度均超上年

2019 年西部地区农村贫困人口 323 万人，比上年减少 593 万人，下降 64.7%，减贫速度比上年加快 20.8 个百分点；贫困人口占全国农村贫困人

① 国家农村贫困标准为：2010 年价格每人每年 2300 元。

② 按东、中、西分区，西部地区包括内蒙古、广西、重庆、四川、贵州、云南、西藏、陕西、甘肃、青海、宁夏、新疆。中部地区包括山西、吉林、黑龙江、安徽、江西、河南、湖北、湖南。东部地区包括北京、天津、河北、辽宁、上海、江苏、浙江、福建、山东、广东、海南。

口的58.7%，比上年上升3.5个百分点；贫困发生率1.1%，比上年下降2.1个百分点。

中部地区农村贫困人口181万人，比上年减少416万人，下降69.7%，减贫速度比上年加快23.4个百分点；贫困人口占全国农村贫困人口的32.9%，比上年下降3.1个百分点；贫困发生率0.6%，比上年下降1.2个百分点。

东部地区农村贫困人口47万人，比上年减少100万人，下降68.3%，减贫速度比上年加快17.1个百分点；贫困人口占全国农村贫困人口的8.5%，比上年下降0.3个百分点；贫困发生率0.1%，比上年下降0.3个百分点。

2. 各省份贫困发生率均下降至2.2%及以下

2019年，各省份贫困发生率普遍下降至2.2%及以下。其中，贫困发生率在1%以上的省份有7个，包括广西、贵州、云南、西藏、甘肃、青海、新疆；贫困发生率在0.5%～1%的省份有7个，包括山西、吉林、河南、湖南、四川、陕西、宁夏；贫困发生率在0.5%以下、贫困现象在统计上呈现为不显著状态的省份有17个，包括北京、天津、河北、内蒙古、辽宁、黑龙江、上海、江苏、浙江、安徽、福建、江西、山东、湖北、广东、海南、重庆。

3. 部分省份扶贫任务仍然较重

2019年，农村贫困人口在50万人以上的省份有5个，包括河南、广西、四川、贵州、云南；农村贫困发生率在1.5%以上的省份有4个，包括贵州、云南、甘肃、新疆，其中甘肃的农村贫困发生率仍为2.2%。

（二）贫困地区农村居民人均可支配收入增速继续高于全国农村增速

2019年贫困地区农村居民人均可支配收入11567元，比上年名义增长11.5%，扣除价格因素影响，实际增长8.0%，实际增速比全国农村快1.8个百分点。

从收入来源看，贫困地区农村居民人均工资性收入 4082 元，比上年增长 12.5%；人均经营净收入 4163 元，增长 7.1%；人均财产净收入 159 元，增长 16.5%；人均转移净收入 3163 元，增长 16.3%。

从增收贡献看，工资性收入对贫困地区农村居民增收的贡献率为 38.0%，经营净收入的贡献率为 23.0%，财产净收入的贡献率为 1.9%，转移净收入的贡献率为 37.1%。

从不同分组看，集中连片特困地区农村居民人均可支配收入 11443 元，增长 11.5%；国家扶贫开发工作重点县农村居民人均可支配收入 11524 元，增长 12.1%。

G.3

2019年农业生产与价格运行状况分析

张珍琴*

摘　要： 2019年农业生产总体平稳。粮食产量创历史新高，连续5年保持在1.3万亿斤以上；受非洲猪瘟疫情等因素影响，生猪生产下降，市场供应减少，带动牛羊生产稳定增长，家禽生产较快增长；水产品产量稳中略减。粮食市场供给充足，价格总体稳定，畜禽产品价格普遍上涨。农业供给侧结构性改革持续推进，农业生产结构进一步调整优化。

关键词： 粮食产量　价格　农业生产结构

2019年各地区各部门认真贯彻落实党中央、国务院关于农业农村发展的重大决策部署，牢牢把握稳中求进工作总基调，深入实施乡村振兴战略，毫不放松抓好粮食生产，积极推进农业供给侧结构性改革，2019年农业生产总体平稳，农业生产结构进一步优化，农业基础地位巩固，对国民经济持续健康发展和社会大局稳定发挥了“压舱石”作用。

一　2019年粮食生产与价格运行状况分析

（一）粮食产量创历史新高，价格总体稳定

1. 粮食产量变化情况及其突出特点

2019年全国粮食总产量13277亿斤，比2018年增加119亿斤，增长

* 张珍琴，国家统计局农村司统计师，研究方向农业农村统计调查。

0.9%，创历史最高水平，连续5年保持在1.3万亿斤以上。

分季节看，夏粮和秋粮增产，早稻减产①。2019年，全国夏粮产量2832亿斤，比上年增加56亿斤，增长2.0%；秋粮产量9919亿斤，比上年增加110亿斤，增长1.1%；早稻产量525亿斤，比上年减少46亿斤，下降8.1%。

分品种看，除稻谷产量有所减少外，其他主要粮食作物产量均有所增加。2019年，全国谷物产量12274亿斤，比上年增加73亿斤，增长0.6%。其中，稻谷产量4192亿斤，比上年减少50亿斤，下降1.2%；小麦和玉米产量分别为2672亿斤和5215亿斤，比上年分别增加43亿斤和72亿斤，分别增长1.6%和1.4%。豆类产量426亿斤，比上年增加42亿斤，增长11.0%；其中大豆产量362亿斤，比上年增加43亿斤，增长13.3%。薯类产量577亿斤，比上年增加3.6亿斤，增长0.6%。

分地区看，内蒙古和东北地区粮食增产较多。2019年全国有17个省（区、市）粮食增产，14个省（区、市）粮食减产。内蒙古和东北地区共计增加116亿斤，占全国粮食增加量的97.2%。增产较多的省（区）有吉林、辽宁、内蒙古，粮食产量分别增加49亿斤、48亿斤和20亿斤。其中吉林、辽宁2018年因灾减产较多，2019年恢复性增产。

2. 粮食增产因素分析

粮食单产提高是粮食增产的决定性因素，2019年全国粮食作物单产381公斤/亩，每亩产量比上年增加6.6公斤，增长1.8%。2019年全国粮食播种面积17.41亿亩（15亩=1公顷，全书同），比上年减少1462万亩，下降0.8%。粮食单产提高的主要原因如下。

一是农业气候对粮食生产总体有利。夏粮作物生长期间，小麦主产区光、温、水等条件匹配较好，麦田墒情适宜，有利于夏粮作物生长。秋收粮食作物生长期间，全国大部农区热量适宜，降水充沛，光照正常，有利于秋收粮食作物形成丰产群体。整体来看，全年气候条件较为适宜，有利于粮食作物生长发育，占全年粮食产量96%的夏粮和秋粮单产均较上年有所提高。

① 由于小数点进位原因，本文中存在分项数据加总与合计数略有差异情况。

2019年全国夏粮单产358公斤/亩，比上年增加11.7公斤/亩；秋粮单产388公斤/亩，比上年增加5.6公斤/亩。

二是抗灾救灾措施得力，农业灾情影响有限。从全国看，2019年大部分地区没有出现大范围灾情，尤其是东北地区的西部等传统旱区降雨充沛，旱情是近几年来最轻的。尽管以“利奇马”为代表的几次台风给局部地区造成影响，但也给旱情较重的地区带来了降水。7月下旬以后，长江中下游地区湖北、湖南、安徽、江西等地旱情持续发展，出现较为严重的伏秋连旱，给局部地区双季晚稻等秋粮作物生产带来一定的影响。各地区按照党中央、国务院的决策部署，积极开展抗灾救灾，加之10月湖北、湖南等地出现有效降水，旱情对全国秋粮生产影响较有限。

3. 农业生产结构优化

2019年，各地在保障粮食生产能力不降低的同时，稳步推进耕地轮作休耕试点工作，调减低质低效作物种植，扩大优质高效作物种植规模，因地制宜发展经济作物，全国粮、经、饲种植结构进一步优化。

一是农业种植结构不断优化。油菜籽、花生、蔬菜等经济作物播种面积较往年有所增加。稻谷种植结构继续调整优化，品质更好、单产更高的中稻面积增加。大豆播种面积1.40亿亩，比上年增长10.9%，大豆振兴计划实现良好开局。

二是农业区域布局不断优化。江淮赤霉病高发区、华北地下水超采区和西南条锈病菌源区通过休耕和轮作等措施调减冬小麦播种面积；非优势区的稻谷、玉米播种面积持续调减，生产进一步向优势区域集中。

三是粮食品种结构不断优化。全国优质专用小麦种植比例提高，优质稻谷种植面积扩大。

4. 粮食价格变动情况

2019年中国粮食价格总体稳定，部分产品价格有所波动。从生产者价格来看，2019年谷物生产者价格比上年上涨0.3%，其中小麦上涨0.1%，玉米上涨2.0%，稻谷下降3.5%；豆类上涨0.1%，其中大豆上涨0.1%；薯类上涨4.7%。从200个农产品主产县集贸市场价格来看，2019年小麦集贸市场平均价格为 2.57 元/公斤，比上年下降 0.4%；玉米平均价格为 2.01 元/公斤，上涨 1.0%；籼稻平均价格为 2.76 元/公斤，下降 1.8%，粳稻平均价格为 3.13 元/公斤，下降 2.5%；大豆平均价格 6.02 元/公斤，上涨 0.5%。

5. 粮食生产投入费用和收益情况

据国家统计局对全国种植粮食的农业生产经营单位、规模种植户和普通农户的抽样调查，2019 年全国粮食亩均生产投入费用①增加，亩均收益②（未扣除人工费用、土地费用和固定资产折旧）因单产提高略有增加。

受化肥、农药等农业生产资料价格上涨影响，粮食生产投入费用不断增加。2019 年全国粮食亩均生产投入费用为 384 元，比上年增长 1.5%。在主要投入项目中，2019 年全国粮食亩均种子投入费用为 62 元，增长 2.1%；亩均化肥投入费用为 139 元，增长 1.2%；亩均农药投入费用为 36 元，增长 7.7%；2019 年全国粮食亩均外雇机械作业费用为 97 元，下降 0.8%。

2019 年全国平均每亩粮食总收入③为 1014 元，增长 0.8%。扣除生产投入费用，全国粮食亩均收益（未扣除人工费用、土地费用和固定资产折旧）为 631 元，增长 0.3%。

（二）小麦增产，价格基本平稳

1. 小麦产量变动情况及其特点

2019 年全国小麦产量 2672 亿斤，比上年增产 43 亿斤，增长 1.6%。2019 年小麦播种面积略减，但得益于单产增加，小麦产量增加。

播种面积略减。2019 年全国小麦播种面积 3.56 亿亩，比上年减少 809

① 生产投入费用，是指农业生产过程中所消耗的货物和服务的价值，包括物质投入和生产服务支出两部分，不包括人工费用、土地费用和固定资产折旧。物质投入是指在生产过程中因消耗各种农业生产资料而发生的支出费用。生产服务支出是指生产过程中各部门对农业生产提供服务而发生的支出费用。

② 收益，为总收入扣除生产投入费用之后的余额。

③ 总收入，为主产品产值和副产品产值之和，不包括各项补贴。

万亩，下降2.2%。主要是由于各地积极推进农业供给侧结构性改革，调整优化农业生产结构，江淮赤霉病高发区、华北地下水超采区和西南条锈病菌源区等低产地块通过休耕和轮作等措施调减小麦播种面积。

单产恢复性增长。2019年全国小麦单产375公斤/亩，每亩产量比上年增加14.3公斤，增长3.9%。因农业气候条件整体有利，尤其是冬小麦生长期间，麦区大部时段光温匹配，麦田墒情总体适宜，灾情相对较轻，加上各地区防治措施及时有效，病虫害发生率普遍低于上年，单产较上年呈恢复性增长态势。

小麦品质较好。由于生长期内气候条件较好，加之病虫害较轻，2019年小麦整体质量较高，品种明显好于上年。优质专用小麦增加。据农业农村部统计，全国优质强筋弱筋小麦占比达到33%，比上年提高3个百分点。

2. 小麦价格变动情况

2019年小麦增产，市场供给充足，价格总体平稳。从生产者价格来看，2019年小麦生产者价格总水平比上年稳中略涨0.1%。分季度看，第二季度小麦生产者价格略高于上年同期，上涨0.1%，第一、三和四季度同比分别下降0.6%、1.9%和0.2%。从200个农产品主产县集贸市场月度价格变动情况来看，2019年小麦集贸市场价格相对平稳，价格在2.53元/公斤至2.60元/公斤小幅波动。1~5月小麦集贸市场价格基本稳定，6月新麦上市后，价格有所回落，7月后总体保持稳中略涨态势。2019年12月，全国小麦集贸市场平均价格为2.58元/公斤，同比下降0.8%（见图1）。

3. 小麦生产投入费用和收益情况

2019年全国冬小麦亩均生产投入费用略增，但因单产提高带动收益保持较快增长。2019年全国冬小麦亩均生产投入费用为409元，比上年增长1.5%。其中，物质投入费用为281元，增长3.0%；生产服务支出费用为127元，下降1.7%。在主要投入项目中，2019年全国冬小麦亩均种子投入费用为71元，增长2.6%；化肥投入费用为154元，增长0.4%；农药投入费用为28元，增长4.6%；外雇机械作业费用为112元，下降1.3%。2019

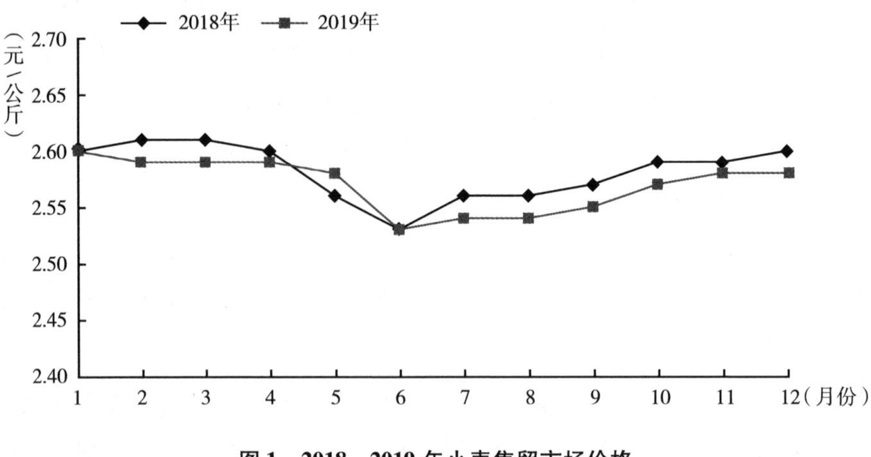

图 1　2018～2019 年小麦集贸市场价格

资料来源：《中国农产品价格调查年鉴 2019》和国家统计局集贸市场价格调查结果。

年全国冬小麦亩均总收入为 968 元，比上年增长 5.7%。扣除生产投入费用，全国冬小麦亩均收益（未扣除人工费用、土地费用和固定资产折旧）为 559 元，增长 9.1%。

（三）稻谷减产，价格下跌

1. 稻谷产量变动情况及其特点

2019 年全国稻谷产量为 4192 亿斤，比上年减少 50 亿斤，下降 1.2%。其中，早稻和双季晚稻减产，分别比上年减产 46 亿斤和 27 亿斤；中稻和一季晚稻增产，比上年增产 23 亿斤。

播种面积减少是稻谷减产的主要因素。2019 年稻谷播种面积 4.45 亿亩，比上年减少 744 万亩，下降 1.6%。其中，早稻播种面积 6675 万亩，比上年减少 512 万亩，下降 7.1%；双季晚稻 7461 万亩，比上年减少 448 万亩，下降 5.7%；中稻和一季晚稻 30404 万亩，比上年增加 216 万亩，增长 0.7%。主要是南方地区“双季稻改单季稻”，进一步缩减了品质较差、单产较低的早稻和双季晚稻播种面积，品质更好、单产更高的中稻和一季晚稻面积有所增加。

稻谷单产略增，2019 年全国稻谷单产 471 公斤/亩，每亩产量比上年增加 2.2 公斤，增长 0.5%。其中，早稻生长期间农业气象条件整体偏差，2019 年全国早稻单产 393 公斤/亩，每亩产量比上年减少 4.3 公斤，下降 1.1%；中稻和一季晚稻单产 504 公斤/亩，与上年持平；双季晚稻单产 403 公斤/亩，每亩产量比上年增加 6.0 公斤，增长 1.5%。

2. 稻谷价格变动情况

2019 年稻谷库存充裕，市场供需相对宽松，价格总体低迷。从生产者价格来看，2019 年稻谷生产者价格比上年下降 3.5%。分季度看，第一至四季度生产者价格均低于上年同期，降幅分别为 5.0%、6.6%、1.3% 和 2.0%。从 200 个农产品主产县集贸市场月度价格变动情况来看，2019 年籼稻集贸市场价格在 2.75 元/公斤至 2.78 元/公斤低位运行，除 10 月和 11 月与上年同期持平外，其他各月价格均低于上年同期。2019 年 1～4 月籼稻集贸市场价格同比降幅为 3% 左右，5 月后降幅逐渐收窄（见图 2）。2019 年粳稻集贸市场价格总体呈下跌趋势，由 1 月的 3.16 元/公斤下跌至 12 月的 3.09 元/公斤。与上年同期相比，粳稻集贸市场各月价格均低于上年同期，同比降幅由 1 月的 1.3% 逐渐扩大到 7 月的 3.7%，2019 年 12 月，粳稻集贸市场价格同比下降 2.5%（见图 3）。

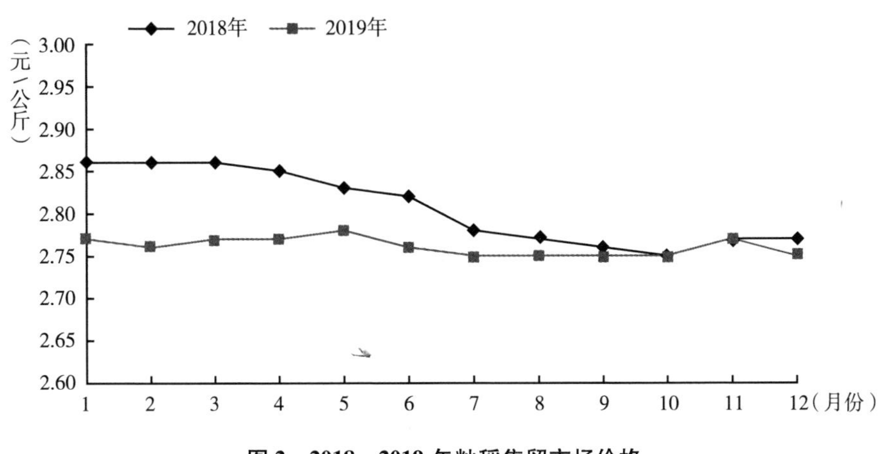

图 2　2018～2019 年籼稻集贸市场价格

资料来源：《中国农产品价格调查年鉴 2019》和国家统计局集贸市场价格调查结果。

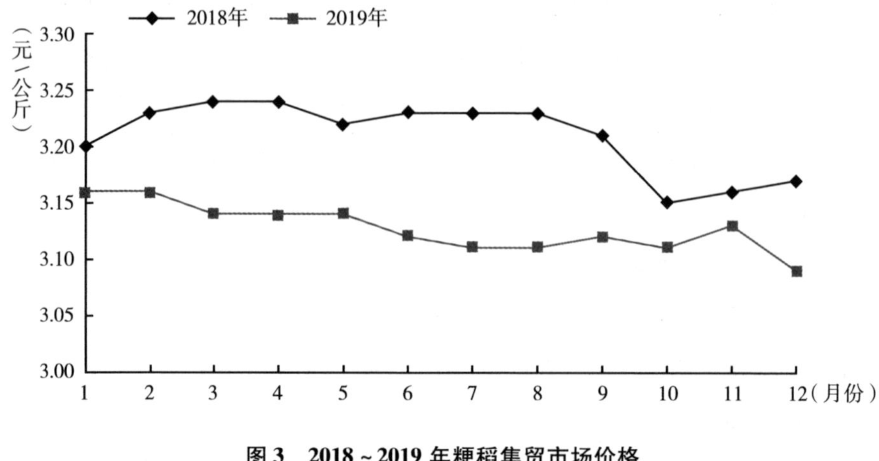

图3　2018～2019 年粳稻集贸市场价格

资料来源：《中国农产品价格调查年鉴 2019》和国家统计局集贸市场价格调查结果。

3. 稻谷生产投入费用和收益情况

2019 年全国稻谷亩均生产投入费用 473 元，比上年增长 2.2%。其中，物质投入费用 319 元，增长 4.7%；生产服务支出费用 154 元，下降 2.5%。在主要投入项目中，2019 年全国稻谷亩均种子投入费用 65 元，增长 5.2%；化肥投入费用 142 元，增长 1.4%；农药投入费用 64 元，增长 7.7%；外雇机械作业费用 130 元，下降 3.1%。

2019 年全国稻谷亩均总收入 1299 元，比上年下降 4.6%。扣除生产投入费用，2019 年全国稻谷亩均收益（未扣除人工费用、土地费用和固定资产折旧）为 826 元，下降 8.2%。稻谷收益下降主要是由稻谷售价下降、农业生产资料价格上涨所致。

（四）玉米增产，价格总体上涨

1. 玉米产量变动情况及其特点

2019 年全国玉米产量为 5215 亿斤，比上年增产 72 亿斤，增长 1.4%。玉米单产提高是玉米增产的决定性因素。由于种植结构调整，玉米播种面积进一步调减。

播种面积减少。2019 年全国玉米播种面积 6.19 亿亩，比上年减少 1269 万亩，下降 2.0%。2019 年非优势产区玉米播种面积进一步调减，东北地区尤其是黑龙江积极响应国家号召，调整种植结构，减少了玉米种植，改种大豆。在玉米生产大省中，黑龙江、山东、河南等省份玉米播种面积均减少 100 万亩以上，三省玉米播种面积合计减少 974 万亩，占全国玉米调减面积的近 8 成，其中，黑龙江省玉米播种面积减少 665 万亩，占全国玉米调减面积的一半以上。

玉米单产提高。2019 年农业气象条件总体有利于玉米生长，玉米单产 421 公斤/亩，每亩产量比上年增加 14.1 公斤，增长 3.5%。

2. 玉米价格变动情况

2019 年玉米价格先升后降，总体上涨。从生产者价格来看，2019 年玉米生产者价格比上年上涨 2.0%。分季度看，第一至四季度生产者价格均高于上年同期，涨幅分别为 2.9%、1.9%、1.3% 和 2.5%。从 200 个农产品主产县集贸市场月度价格变动情况来看，受中美经贸摩擦和草地贪夜蛾虫害等影响，玉米市场行情看涨，玉米价格 4 月后开始持续上涨至 8 月，9 月后随着新玉米陆续上市，价格开始下跌。与上年同期相比，除 3 月、4 月、5 月和 12 月外，其他各月均高于上年同期，2019 年 8 月价格同比涨幅达到 3.0%，随后开始下降，2019 年 12 月玉米集贸市场价格比上年同期下降 0.5%（见图 4）。

3. 玉米生产投入费用和收益情况

2019 年全国玉米亩均生产投入费用 335 元，比上年增长 1.2%。其中，物质投入费用 255 元，增长 0.4%；生产服务支出费用 79 元，增长 4.1%。在主要投入项目中，2019 年全国玉米亩均种子投入费用 57 元，比上年下降 1.7%；化肥投入费用为 145 元，增长 1.4%；农药投入费用为 21 元，增长 13.2%；外雇机械作业费用为 69 元，增长 4.5%。

2019 年全国平均每亩玉米总收入为 902 元，比上年增长 5.6%。扣除生产投入费用，全国平均每亩玉米收益（未扣除人工费用、土地费用和折旧）为 567 元，增长 8.3%。

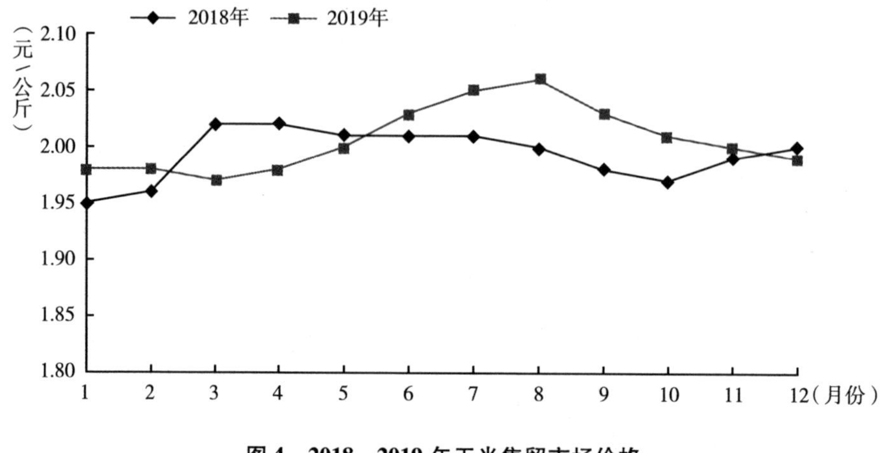

图4 2018～2019年玉米集贸市场价格

资料来源:《中国农产品价格调查年鉴2019》和国家统计局集贸市场价格调查结果。

(五)大豆增产,价格稳中略涨

1. 大豆产量变动情况及其特点

2019年是实施大豆振兴计划的开局之年,各地相继出台了一系列扶持政策,促进大豆生产大幅增长。2019年全国大豆产量362亿斤,比上年增加43亿斤,增长13.3%。其中,内蒙古、辽宁、吉林、黑龙江四省(区)大豆增产38亿斤,占全国大豆增产的88.3%,尤其是黑龙江大豆增产25亿斤,占全国大豆增产的57.7%。

2019年内蒙古和东北三省等地大豆播种面积快速增加,成为大豆产量增加的主导因素。2019年全国大豆播种面积1.4亿亩,比上年增加1382万亩,增长10.9%。内蒙古、辽宁、吉林、黑龙江四省(区)大豆面积增加量占全国增加量的9成以上,黑龙江省大豆面积增加1068万亩,占全国增加量的77.3%。2019年全国大豆单产129公斤/亩,每亩产量比上年增加2.7公斤,增长2.2%。

2. 大豆价格变动情况

2019年大豆市场价格稳中略涨。从生产者价格来看,2019年大豆价格总水平比上年略涨0.1%。分季度看，第一季度大豆生产者价格比上年同期下跌0.3%，第二季度和第三季度大豆生产者价格同比分别上涨3.6%和0.9%，新豆上市后价格有所下跌，第四季度大豆生产者价格同比下跌3.2%。从集贸市场月度价格变动来看，3月后大豆价格持续上涨，至7月后开始略有回落。与上年同期相比，2~4月大豆集贸市场价格低于上年同期，5月后大豆价格均高于上年同期。2019年12月，大豆集贸市场价格为6.04元/公斤，同比上涨0.7%（见图5）。

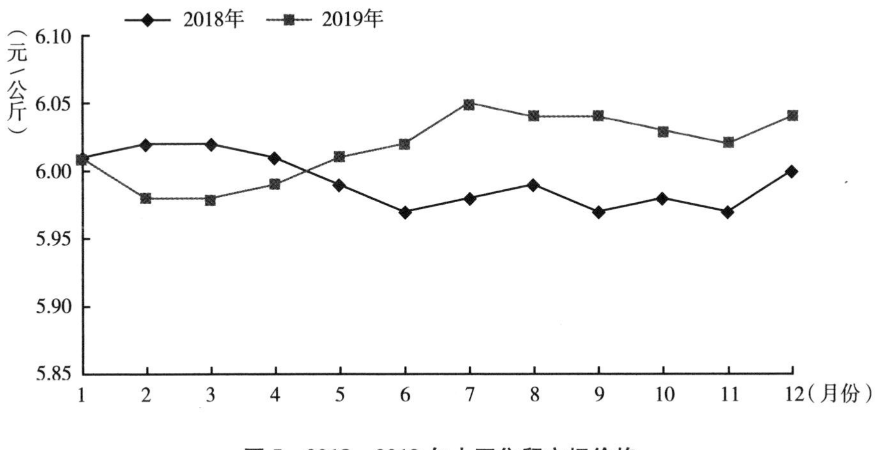

图5　2018~2019年大豆集贸市场价格

资料来源：《中国农产品价格调查年鉴2019》和国家统计局集贸市场价格调查结果。

二　2019年经济作物生产与价格运行状况分析

（一）棉花减产，价格先稳后降

1. 棉花产量变动情况及其特点

2019年全国棉花产量589万吨，比上年减少21万吨，下降3.5%。其中，新疆棉花产量500万吨，比上年减少10.8万吨，下降2.1%；占全国棉花总产量的比重为84.9%，较上年提高1.2个百分点，新疆棉花优势产区地位更加巩固。

棉花种植面积略降。2019 年全国棉花种植面积为 5009 万亩，比上年减少 23 万亩，下降 0.5%。分地区看，棉花种植进一步向优势区域新疆棉区集中，国家对新疆地区实施棉花目标价格补贴政策，调动了棉农的种植积极性，使新疆棉花种植面积稳定增加。2019 年中国最大产棉区新疆的棉花种植面积比上年增加 74 万亩，增长 2.0%，占全国的比重达 76.1%，较上年提高 1.8 个百分点。其他棉区受种植效益和农业结构调整等因素的影响，棉花种植面积持续减少，2019 年比上年减少 97 万亩，下降 7.5%。

棉花单产下降。在棉花生长关键期，风沙、高温、冰雹、低温冻害等自然灾害在主要产棉区新疆、河北、江西、山东、湖北等地时有发生，对棉花单产造成了一定影响。2019 年全国棉花单产为 117.6 公斤/亩，比上年减少 3.7 公斤/亩，下降 3.1%。其中，棉花主产区新疆棉花单产为 131.3 公斤/亩，比上年减少 5.5 公斤/亩，下降 4.0%。

2. 棉花价格变动情况

2019 年棉花市场价格先稳后降。从生产者价格来看，2019 年棉花生产者价格①总水平比上年下降 2.2%。分季度看，第一季度上涨 1.4%，第二季度下降 0.7%，第四季度下降 8.0%。从集贸市场月度价格变动来看，1～6 月棉花价格稳中略升，7 月后受中美经贸摩擦升级影响，棉花消费需求下降，棉花价格开始不断下降，12 月棉花价格略有回升。2019 年 12 月，棉花（籽棉）集贸市场价格为 6.71 元/公斤，比上年同期下跌 5.1%（见图 6）。

（二）油料增产，价格总体上涨

1. 油料产量变动情况及其特点

2019 年全国油料产量 3495 万吨，比上年增加 61 万吨，增长 1.8%。2019 年油料播种面积为 19400 万亩，比上年增加 91 万亩，增长 0.5%。2019 年油料单产为 180 公斤/亩，每亩比上年增加 2.3 公斤，增长 1.3%。

---

① 棉花生产者价格受生产季节性影响，第三季度无数据。

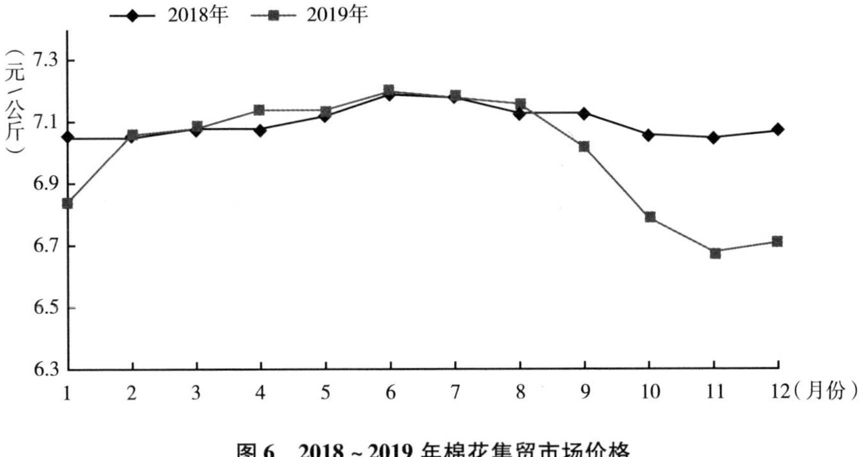

图6　2018～2019 年棉花集贸市场价格

资料来源：《中国农产品价格调查年鉴 2019》和国家统计局集贸市场价格调查结果。

2. 油料价格变动情况

2019 年油料市场价格总体保持上涨态势。从生产者价格来看，2019 年油料生产者价格比上年增长 5.2%。分季度看，第一至四季度生产者价格均高于上年同期，同比分别上涨 1.0%、2.3%、5.3% 和 2.4%。从集贸市场月度价格变动情况看，2019 年主要油料作物中花生仁价格持续走强，4 月后价格均高于上年同期。2019 年 12 月，花生仁集贸市场价格为 12.98 元/公斤，比上年同期上涨 9.9%，比 1 月上涨 9.4%（见图 7）。2019 年主要油料作物中油菜籽集贸市场价格总体上涨，除 10 月价格略低于上年同期外，其他各月价格均高于上年同期。2019 年 12 月，油菜籽集贸市场价格为 5.43 元/公斤，同比上涨 0.6%（见图 8）。

（三）糖料增产，价格下跌

1. 糖料产量变动情况及其特点

2019 年全国糖料产量为 12204 万吨，比上年增加 266 万吨，增长 2.2%。2019 年全国糖料播种面积为 2426 万亩，比上年减少 9 万亩，下降 0.4%；糖料单产为 5031 公斤/亩，每亩比上年增加 128 公斤，增长 2.6%。

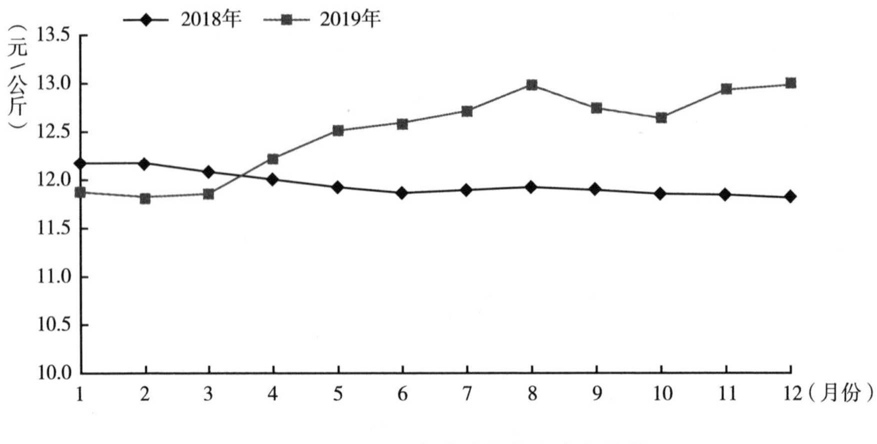

图7　2018~2019年花生仁集贸市场价格

资料来源：《中国农产品价格调查年鉴2019》和国家统计局集贸市场价格调查结果。

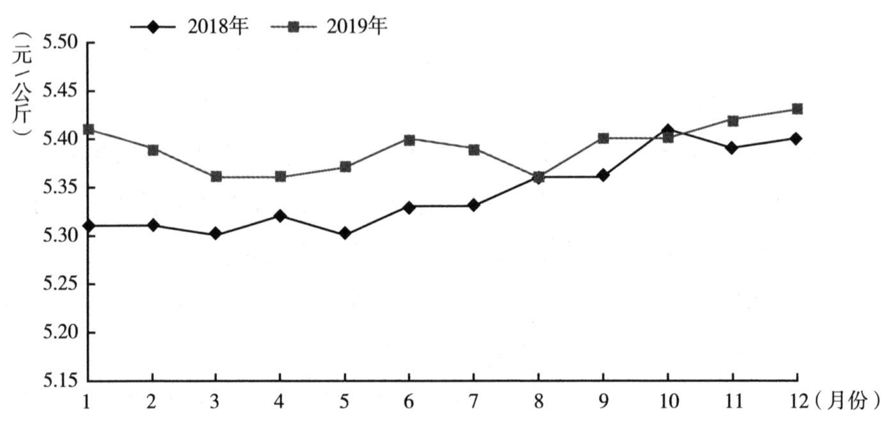

图8　2018~2019年油菜籽集贸市场价格

资料来源：《中国农产品价格调查年鉴2019》和国家统计局集贸市场价格调查结果。

2. 糖料价格变动情况

2019年糖料价格下跌。2019年糖料生产者价格①比上年下降2.3%。其

① 糖料生产者价格受生产季节性影响，第三季度无数据。

中，甘蔗生产者价格比上年下降2.4%；甜菜同比下降2.0%。分季看，第一、二和四季度分别下降3.0%、1.5%和3.0%。

三 2019年畜、禽、水产品生产与价格运行状况分析

（一）生猪生产下降，价格大幅上涨

1. 生猪生产情况及其特点

生猪出栏和猪肉产量下降。受非洲猪瘟疫情等因素影响，2019年中国生猪产能大幅下滑。2019年全国生猪出栏54419万头，比上年减少14963万头，下降21.6%；猪肉产量4255万吨，减少1148万吨，下降21.3%。

第四季度末生猪存栏同比下降，环比止跌回升。党中央、国务院高度重视生猪生产，出台了一系列保供稳价的政策措施，各地狠抓政策落实积极恢复生产。2019年第四季度末全国生猪存栏31041万头，同比减少11776万头，下降27.5%；但比第三季度末增加366万头，环比增长1.2%。

2. 生猪价格变动情况

受生猪生产下降、市场供应减少的影响，2019年生猪价格大幅上涨。从生产者价格来看，2019年生猪生产者价格比上年上涨50.5%。分季度看，第一季度比上年同期下降8.8%，第二至四季度同比涨幅分别为28.1%、49.3%和109.5%。从集贸市场月度价格变动情况来看，2019年，生猪价格持续上涨，6月后生猪价格开始快速攀升至10月36.62元/公斤的历史高点，11月生猪价格首次出现明显回落，12月又小幅上升。2019年12月，生猪集贸市场价格为32.63元/公斤，比上年同期上涨141.5%，比1月上涨161.2%，比10月最高点回落10.9%（见图9）。

（二）牛羊生产稳定增长，价格高位上涨

1. 牛羊生产情况及其特点

2019年中国牛羊生产稳定增长，产品产量有所增加。2019年全国肉牛

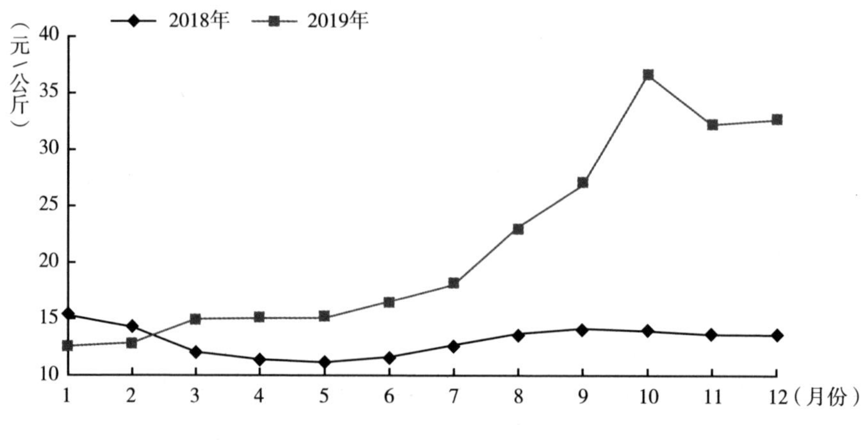

图9　2018～2019年生猪集贸市场价格

资料来源:《中国农产品价格调查年鉴2019》和国家统计局集贸市场价格调查结果。

出栏4534万头,比上年增加136万头,增长3.1%;牛肉产量667万吨,增加23万吨,增长3.6%;牛奶产量3201万吨,增加127万吨,增长4.1%。2019年末全国牛存栏9138万头,同比增加223万头,增长2.5%。

2019年全国羊出栏31699万只,比上年增加688万只,增长2.2%;羊肉产量488万吨,增加12万吨,增长2.6%。2019年末全国羊存栏30072万只,同比增加359万只,增长1.2%。

2. 牛羊价格变动情况

生猪市场供应的减少,拉动了居民对牛羊肉需求的增加,2019年活牛和活羊市场价格高位运行,稳步上涨。从生产者价格来看,2019年活牛生产者价格比上年上涨12.5%。分季度看,第一至四季度生产者价格均高于上年同期,同比分别上涨3.8%、2.8%、11.6%和22.7%,涨幅不断扩大。从集贸市场月度价格变动情况来看,2019年活牛集贸市场各月价格均高于上年同期,1～6月活牛价格相对平稳,7～10月后活牛价格阶段性快速上涨,11月后价格涨幅趋缓。2019年12月,活牛集贸市场价格为34.49元/公斤,比上年同期上涨17.2%,比1月上涨15.5%(见图10)。

2019年活羊生产者价格比上年上涨14.3%。分季度看,第一至四季度比上年同期分别上涨13.0%、8.4%、14.2%和15.6%。从集贸市场月度价格变动情况来看，1～6月活羊集贸市场价格基本稳定，价格在31.88元/公斤至32.67元/公斤小幅波动，7月后活羊价格开始一路上扬，11月后价格涨幅趋缓。2019年12月，活羊集贸市场价格为37.0元/公斤，比上年同期上涨16.1%，比1月上涨13.3%（见图11）。

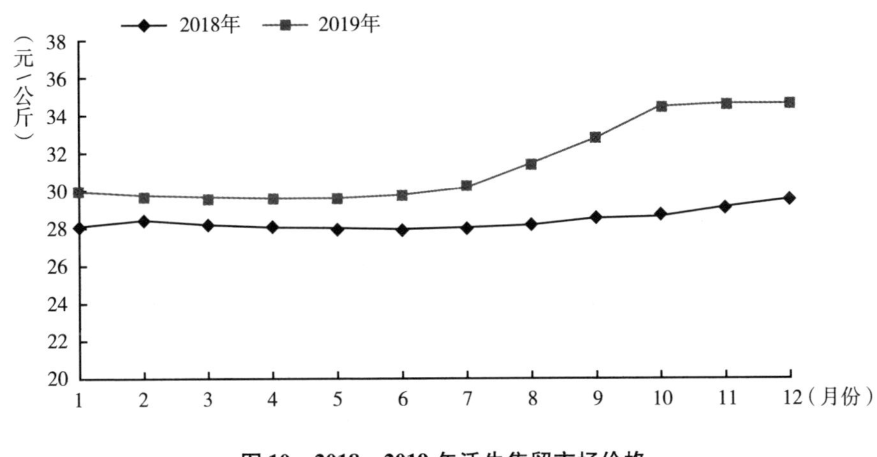

图10　2018～2019年活牛集贸市场价格

资料来源：《中国农产品价格调查年鉴2019》和国家统计局集贸市场价格调查结果。

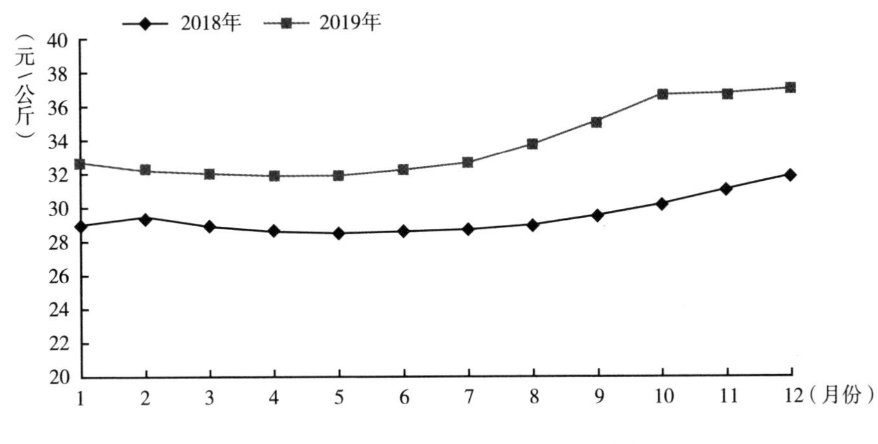

图11　2018～2019年活羊集贸市场价格

资料来源：《中国农产品价格调查年鉴2019》和国家统计局集贸市场价格调查结果。

（三）家禽生产较快增长，价格总体上涨

1. 家禽生产情况及其特点

2019 年家禽养殖效益向好，家禽饲养规模持续扩大。2019 年全国家禽出栏 146.41 亿只，比上年增加 15.51 亿只，增长 11.9%；禽肉产量 2239 万吨，增加 245 万吨，增长 12.3%；禽蛋产量 3309 万吨，增加 181 万吨，增长 5.8%。2019 年末全国家禽存栏 65.22 亿只，同比增加 4.85 亿只，增长 8.0%。

2. 家禽、禽蛋价格变动情况

2019 年家禽市场价格持续上涨，禽蛋价格呈先抑后扬、总体上涨的态势。从生产者价格来看，2019 年家禽和禽蛋生产者价格比上年同期分别上涨 7.8% 和 2.1%。分季度看，第一至四季度家禽生产者价格均高于上年同期，涨幅分别为 1.6%、5.4%、9.5% 和 13.3%。第一季度禽蛋生产者价格同比下跌 7.3%，第二至四季度禽蛋生产者价格分别上涨 1.8%、3.2% 和 9.5%。

活鸡和鸡蛋价格总体上涨。从集贸市场月度价格变动情况来看，2019 年 1～6 月活鸡集贸市场价格稳中略升，7～10 月开始快速上涨，4 个月累计上涨了 21.5%，11 月后价格有所回落。2019 年 12 月，活鸡集贸市场价格 23.07 元/公斤，比上年同期上涨 16.6%（见图 12）。2019 年 2 月、3 月和 6 月，鸡蛋集贸市场价格呈季节性下降趋势，7 月开始随着需求增加，鸡蛋价格明显上涨，11 月后价格逐渐回落。2019 年 12 月，鸡蛋集贸市场价格 11.18 元/公斤，同比上涨 8.3%（见图 13）。

（四）水产品产量稳中略减，价格略降

1. 水产品生产情况

2019 年全国水产品总产量 6450 万吨，比上年略降 0.1%。其中，养殖水产品产量 5050 万吨，增长 1%；捕捞水产品产量 1400 万吨，下降 5%。

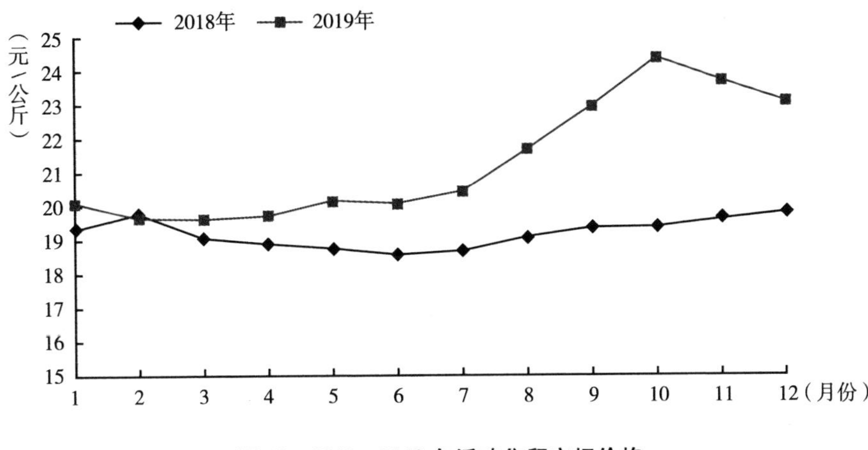

图 12　2018～2019 年活鸡集贸市场价格

资料来源：《中国农产品价格调查年鉴 2019》和国家统计局集贸市场价格调查结果。

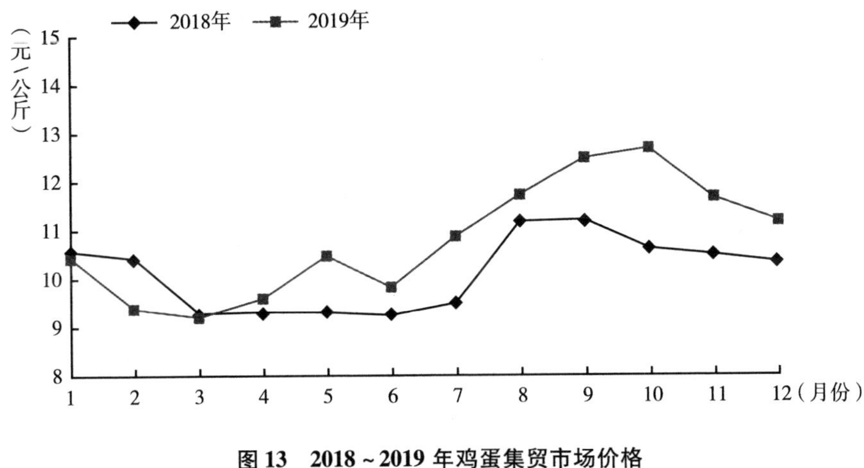

图 13　2018～2019 年鸡蛋集贸市场价格

资料来源：《中国农产品价格调查年鉴 2019》和国家统计局集贸市场价格调查结果。

2. 水产品价格变动情况

2019 年水产品市场价格略有下降。2019 年水产品生产者价格比上年下降0.6%。其中，海水养殖产品下降2.8%，海水捕捞产品上涨0.6%，淡水养殖产品下降 0.2%。分季度看，第一季度和第四季度分别下降 2.8% 和 0.3%，第二季度和第三季度分别上涨 0.4% 和 1.2%。

G.4
2019年种植业经济形势及2020年展望

张瑞娟*

摘　要： 2019年是粮食产量丰收年，虽然谷物播种面积适度调减，但谷物单产普遍提高，谷物总产量增长0.6%。其中稻谷减产，小麦、玉米和大豆均增产。2019年棉花总播种面积下降0.5%，棉花总产量降幅达3.5%。2019年油料作物播种面积增长0.5%，油料产量增长1.8%。2019年中国糖料作物播种面积下降0.4%，产量增长2.2%。贸易方面，粮食作物和经济作物均处于净进口状态。价格方面，2019年较2018年，稻米、小麦、棉花和糖料下跌，大豆、玉米和油料上涨。从成本收益变化看，种植业人工成本普遍下降。预测2020年，稻谷和小麦的产量不会大幅下降，优质品种产量会增加；玉米存在小幅减产可能。大豆和油料作物种植面积会有所增加，增产可能性较大；2020年糖料作物增产可能性较大。受新冠肺炎疫情影响，2020年粮食价格会有一定幅度上涨，受国内外价差扩大、国内生产成本增加等因素影响，种植业进口压力依然较大。

关键词： 粮食作物　经济作物　种植业

* 张瑞娟，管理学博士，中国社会科学院农村发展研究所副研究员，研究方向为农业经济理论与政策。

一　2019年种植业生产情况

（一）粮食作物

2019 年，各级政府积极贯彻落实农业农村优先发展总方针，继续稳定和完善粮食生产支持政策，推动“藏粮于地、藏粮于技”落实落地，强化粮食安全省长责任制考核，充分调动地方抓粮和农民种粮的积极性。通过完善农业支持保护制度，强化高质量绿色发展导向，深入推进粮食作物绿色优质高效行动。通过加快突破农业关键核心技术，构建新型农业经营体系和服务体系，促进小农户与现代农业发展的有机衔接等，实现了粮食作物增产增效。通过加强灾情和病虫害监测预警机制，积极应对可能发生的自然灾害，强化了粮食作物抗风险能力等。2019 年，在打好一系列政策“组合拳”的基础上，全国粮食总产量达 66384 万吨，比 2018 年增加 595 万吨，增长 0.9%，创历史最高水平，且粮食作物品质逐渐提升，种植结构更加优化，优质优价体系已初步建立。

1. 分品种种植情况

从产量变化看，2019 年，全国谷物产量 61368 万吨，比上年增加 364 万吨，增长 0.6%。其中，稻谷产量下降，其他品种产量均增加。稻谷产量 20961 万吨，比上年减少 252 万吨，下降 1.2%；小麦产量 13359 万吨，比上年增加 215 万吨，增长 1.6%；玉米产量 26077 万吨，比上年增加 360 万吨，增长 1.4%；豆类产量 2132 万吨，比上年增加 212 万吨，增长 11.0%；薯类产量 2883 万吨，比上年增加 18 万吨，增长 0.6%（见表 1）。

从播种面积变化看，粮食作物总播种面积呈下降趋势，从 2018 年的 117038 千公顷下降到 2019 年的 116060 千公顷，下降 0.8%。谷物播种面积下降是粮食作物播种面积下降的主要原因，尤其是三大主粮播种面积下降幅度较大。其中，小麦播种面积下降幅度最大，减少 536 千公顷，下降幅度达 2.2%，小麦播种面积下降的主要原因是华北地区、西南地区等通过休耕轮

表 1　2018～2019 年主要粮食作物产量及变化情况

单位：万吨，%

品种	2019 年	2018 年	2019 年比 2018 年变化情况
粮食	66384	65789	0.9
1. 谷物	61368	61004	0.6
其中：稻谷	20961	21213	-1.2
小麦	13359	13144	1.6
玉米	26077	25717	1.4
2. 豆类	2132	1920	11.0
3. 薯类	2883	2865	0.6

资料来源：《中国统计年鉴 2019》《国家统计局关于 2019 年粮食产量数据的公告》。

作进行了一定调减；玉米播种面积下降 850 千公顷，下降幅度达 2.0%，玉米播种面积下降主要受补贴政策、气候变化及市场不确定性影响，在三省一区，玉米播种面积下降较多，主要受玉米、大豆生产者补贴差价以及玉米改大豆轮作补贴的影响；稻谷播种面积下降 499 千公顷，下降幅度达 1.7%，稻谷播种面积的下降主要受调减低质低效早稻种植、双季稻改单季稻等影响。受大豆振兴计划等一系列补贴措施的激励，豆类播种面积出现大幅回调，增加 889 千公顷，2019 年较 2018 年增长 8.7%（见表 2）。

表 2　2018～2019 年主要粮食作物播种面积及变化情况

单位：千公顷，%

品种	2019 年	2018 年	2019 年比 2018 年变化情况
粮食	116060	117038	-0.8
1. 谷物	97847	99671	-1.8
其中：稻谷	29690	30189	-1.7
小麦	23730	24266	-2.2
玉米	41280	42130	-2.0
2. 豆类	11075	10186	8.7
3. 薯类	7142	7180	-0.5

资料来源：《中国统计年鉴 2019》《国家统计局关于 2019 年粮食产量数据的公告》。

单产方面，受良好气候、抗灾救灾得力、育种技术、农业经营体系和服务体系不断完善等因素影响，2019 年粮食作物的单产普遍提高，总体增产 99 公斤/公顷，增产幅度达 1.8%。其中，谷物增产最高，增产 152 公斤/公顷，增产幅度达 2.5%。谷物增产主要是小麦和玉米增产导致，小麦增产 213 公斤/公顷，增幅达3.9%，玉米增产212 公斤/公顷，增幅达3.5%，稻谷增产 32 公斤/公顷，增幅较小，为 0.5%。豆类和薯类单产均有一定幅度增长，豆类增产 40 公斤/公顷，薯类增产 46 公斤/公顷，增长幅度分别为 2.1% 和 1.2%（见表 3）。

表 3　2018～2019 年主要粮食作物单产及变化情况

单位：公斤/公顷，%

品种	2019 年	2018 年	2019 年比 2018 年变化情况
粮食	5720	5621	1.8
1. 谷物	6272	6120	2.5
其中:稻谷	7059	7027	0.5
小麦	5630	5417	3.9
玉米	6316	6104	3.5
2. 豆类	1925	1885	2.1
3. 薯类	4037	3991	1.2

资料来源:《中国统计年鉴 2019》《国家统计局关于 2019 年粮食产量数据的公告》。

2. 分季节种植情况

从分季节种植情况来看，各地推进农业供给侧结构性改革效果显著，休耕轮作及调减低质低效产能初见成效，2019 年夏粮播种面积为 26354 千公顷，较 2018 年调减 348.9 千公顷，下降 1.3%。虽然播种面积有所下降，但 2019 年单产达 5373 公斤/公顷，较 2018 年增产 174.7 公斤/公顷，增长 3.4%，夏粮单产的提高与良好气候条件、种植技术、优质品种等有一定关系，尤其是有利的气候条件。因单产增长较多，2019 年夏粮总产量达 14160 万吨，较 2018 年增长 2.0%。

受气候不佳、双季稻改单季稻等因素影响，2019 年早稻面积在 2018 年下滑的基础上进一步下滑，2019 年早稻播种面积为 4450 千公顷，较 2018 年下降 341.3 千公顷，下降幅度较大达 7.1%。受不良天气影响，2019 年早稻单位面积产量为 5902 公斤/公顷，较 2018 年下降 1.1%，受播种面积和单产双重下降的影响，2019 年早稻产量为 2627 万吨，较 2018 年减产 8.1%。

每年秋粮占粮食总产量七成以上，秋粮的产量对全年粮食产量影响较大，2019 年秋粮产量占全国总产量的 73.5%。从播种面积变化看，2019 年秋粮播种面积为 85259 千公顷，较 2018 年下降 285 千公顷，下降幅度为 0.3%，从下降幅度看，三大季度粮食作物，秋粮播种面积下降幅度最小。受良好天气、品种调优等因素影响，2019 年秋粮单产为 5817 公斤/公顷，较 2018 年增加 83.2 公斤/公顷，增长 1.5%。虽 2019 年秋粮播种面积有小幅度下降，但基于单产增长较多，2019 年秋粮总产量为 49597 万吨，较 2018 年增长 1.1%（见表 4）。

表 4　2019 年主要粮食作物分季节生产及较 2018 年变化情况

品种	播种面积（千公顷）	较 2018 年变化（%）	单位面积产量（公斤/公顷）	较 2018 年变化（%）	总产量（万吨）	较 2018 年变化（%）
夏粮	26354	-1.3	5373	3.4	14160	2.0
早稻	4450	-7.1	5902	-1.1	2627	-8.1
秋粮	85259	-0.3	5817	1.5	49597	1.1

资料来源：《中国统计年鉴 2019》《国家统计局关于 2019 年粮食产量数据的公告》。

3. 分地区种植情况

从分地区种植情况来看，2019 年粮食主产区的总产量达 52370 万吨，比 2018 年增产 600 万吨，增幅达 1.2%，粮食主产区产量占比从 2018 年的 78.7% 增长到 2019 年的 78.9%，可见，粮食主产区的区位优势更加明显。2019 年，粮食主产区中粮食播种面积增加的有五个省份，分别是黑龙江（0.9%）、吉林（0.8%）、辽宁（0.1%）、内蒙古（0.6%）和四川（0.2%）。粮食主产区中粮食产量增加的有九个省份，分别是辽宁（10.9%）、河南（0.7%）、山东（0.7%）、安徽（1.2%）、吉林（6.7%）、河北（1.0%）、江苏（1.3%）、内蒙古（2.8%）和四川（0.1%）。

2019年产销平衡区的总产量为11195万吨，比2018年减产39万吨，产销平衡区产量占比从2018年的17.1%下降到2019年的16.9%。可见，2019年粮食产销平衡区的粮食生产能力有所下降。从播种面积和产量看，被划分到粮食产销平衡区的11个省份粮食播种面积均出现不同程度下降，下降最多的是宁夏，达8.0%；其次是甘肃，达2.4%；再次是广西，达2.0%。从产量看，只有云南（0.5%）、新疆（1.5%）、陕西（0.4%）、甘肃（1.0%）、青海（2.9%）、西藏（1.0%）六个省份出现一定程度增产。

2019年粮食主销区（7个省份）的总产量为2820万吨，比2018年增产33万吨，粮食主销区粮食产量占比从2018年的4.2%增长到2019年的4.3%。可见，2019年粮食主销区的粮食生产能力略有增加。从播种面积和产量看，广东（0.5%）和浙江（0.1%）的粮食播种面积略有增加，其他省份均下降。从产量看，2019年粮食主销区产量的增长主要是广东（3.9%）和天津（6.2%）两个省份产量增长较多，其他省份均出现不同程度下降，尤其北京和上海，产量下降幅度最大，分别下降14.7%和7.7%。

表5 2018~2019年粮食生产区域格局变化情况

单位：万吨，%

类　别	2018年		2019年	
	产量	占全国粮食产量比重	产量	占全国粮食产量比重
粮食主产区	51770	78.7	52370	78.9
粮食产销平衡区	11234	17.1	11195	16.9
粮食主销区	2787	4.2	2820	4.3

资料来源：《中国统计年鉴2019》《国家统计局关于2019年粮食产量数据的公告》。

表6 2019 年 31 个省份粮食生产情况及变化

省份	播种面积		总产量	
	面积(千公顷)	同比增长(%)	产量(万吨)	同比增长(%)
黑龙江	14338	0.9	7503	-0.1
河南	10735	-1.6	6695	0.7
山东	8313	-1.1	5357	0.7
安徽	7287	-0.4	4054	1.2
吉林	5645	0.8	3878	6.7
河北	6469	-1.1	3739	1.0
江苏	5381	-1.7	3706	1.3
内蒙古	6828	0.6	3653	2.8
四川	6279	0.2	3498	0.1
湖南	4616	-2.8	2975	-1.6
湖北	4609	-4.9	2725	-4.1
辽宁	3489	0.1	2430	10.9
江西	3665	-1.5	2157	-1.6
云南	4166	-0.2	1870	0.5
新疆	2204	-0.7	1527	1.5
山西	3126	-0.4	1362	-1.3
广西	2747	-2.0	1332	-3.0
广东	2161	0.5	1241	3.9
陕西	2999	-0.2	1231	0.4
甘肃	2581	-2.4	1163	1.0
重庆	1999	-0.9	1075	-0.4
贵州	2709	-1.1	1051	-0.9
浙江	977	0.1	592	-1.2
福建	822	-1.4	494	-1.0
宁夏	677	-8.0	373	-5.1
天津	339	-3.1	223	6.2
海南	273	-4.6	145	-1.4
青海	280	-0.4	106	2.9
西藏	184	-0.5	105	1.0
上海	117	-10.0	96	-7.7
北京	47	-15.5	29	-14.7

资料来源：《中国统计年鉴 2019》《国家统计局关于 2019 年粮食产量数据的公告》。

（二）经济作物

2019 年，各地继续深入推进农业供给侧结构性改革，调减低质低效作物种植，因地制宜发展经济作物，粮、经、饲、草的种植结构进一步优化。2019 年棉花总播种面积为 334 万公顷，较 2018 年下降 1.5 万公顷，降幅达 0.5%。2019 年的棉花总产量为 589 万吨，比 2018 年下降 21 万吨，降幅达 3.5%。受新疆地区棉花目标价格补贴政策的影响，新疆棉区区位优势明显，其播种面积和产量进一步提高。2019 年新疆棉区播种面积达 254 万公顷，占全国棉花总播种面积的 76.1%，比 2018 年增加 4.9 万公顷，增长幅度达 1.9%。新疆棉区棉花产量为 500.2 万吨，占全国棉花总产量的 84.9%，较 2018 年增加 1.2%。受种植效益和农业结构调整等因素的影响，其他棉区棉花播种面积比 2018 年减少 6.4 万公顷，下降 7.5%。其中，长江流域棉区种植面积比 2018 年减少 3.2 万公顷，下降 8.7%。黄河流域棉区种植面积比 2018 年减少 2.8 万公顷，下降 6.2%。受灾害性气候的影响，2019 年全国棉花单产有所下降，2019 年全国棉花单产为 1763.7 公斤/公顷，比上年减少 55.6 公斤/公顷，下降 3.1%。新疆棉区单产下降 4.0%。长江流域棉区单产下降 4.6%；黄河流域棉区单产下降 3.0%。[①]

除 2018 年油料产量下降 1% 以外，2006 ~ 2019 年，中国油料产量实现 12 年增长。2019 年，油料播种面积为 1293 万公顷，比 2018 年增长 0.5%，油料产量为 3495 万吨，比 2018 年增产 61 万吨，增长 1.8%。2019 年油料单产为 180 公斤/亩，比 2018 年增长 1.3%。

受糖料作物种植成本收益变化影响，自 2012 年以来中国糖料作物的播种面积一直呈下降趋势。2019 年中国糖料作物播种面积达 162 万公顷，比 2018 年下降 0.4%。在连续三年减产后，2017 ~ 2019 年连续三年增产，2019 年产量达 12204 万吨，比 2018 年增长 2.2%（见表 7）。在播种面积下降的基础上，糖料作物产量的增长主要是其单产一直在增加，2019 年糖料单产为 5031 公斤/亩，比上年增加 128 公斤/亩，增长 2.6%。

---

① 国家统计局：《2019 年全国棉花产量小幅下降，新疆种植面积扩大》，http：//m.cnr.cn/news/20191218/t20191218_ 524902830.html。

表 7　2019 年经济作物生产及变化情况

项　目	播种面积		产量	
	面积(万公顷)	同比增长(%)	产量(万吨)	同比增长(%)
油　料	1293	0.5	3495	1.8
棉　花	334	-0.5	589	-3.5
糖　料	162	-0.4	12204	2.2

资料来源：《中华人民共和国 2019 年国民经济和社会发展统计公报》。

二　2019年种植业贸易情况

（一）粮食作物贸易情况

从粮食进口情况看，2019 年中国谷物进口数量达 1791.8 万吨，比 2018 年下降 12.6%。下降的原因主要是大米、大麦和高粱的进口量出现大幅下降。2019 年大米进口量为 254.6 万吨，比 2018 年下降 17.3%；大麦进口量为 592.9 万吨，比 2018 年下降 13.0%；高粱进口量为 83.2 万吨，进口量下降最多，比 2018 年下降 77.2%；2019 年，小麦和玉米的进口量出现较大幅度增长，玉米进口量为 479.3 万吨，进口量增加最多，比 2018 年增长 36.0%；小麦进口量为 348.8 万吨，比 2018 年增长 12.5%。作为玉米替代品的玉米酒糟（DDGs）在玉米进口量增长的情况下，其 2019 年进口量出现下降，降幅为 4.9%。2019 年，木薯的进口量为 283.8 万吨，较 2018 年下降 40.9%。即使受中美贸易摩擦影响，2019 年大豆进口量在 2018 年的基础上还是有了小幅增长，进口量达 8851.1 万吨，较 2018 年增长 0.6%（见表 8）。

从粮食进口国看，2019 年稻米主要进口来源国是巴基斯坦（占进口总量的 23.7%）、泰国（占 22.3%）、缅甸（占 21.4%）、越南（占 18.8%）、柬埔寨（占 8.8%）、老挝（占 2.8%）；小麦的主要进口来源国是加拿大（占 47.7%）、法国（占 13.8%）、哈萨克斯坦（占 12.1%）；玉米的主要进口来源国是乌克兰（占 86.4%）、美国（占 6.6%）；大豆的主要进口来源国是巴西（占65.1%）、美国（占19.2%）、阿根廷（占9.9%）。

从粮食出口情况看，2019年出口谷物323.6万吨，增幅较大，较2018年增长26.8%。主要出口增长来自玉米、大米和小麦。玉米出口2.6万吨，比2018年增长1.1倍，大米出口274.8万吨，比2018年增长31.4%，小麦出口31.3万吨，比2018年增长9.7%。大麦和高粱出口下降较多，分别下降95.5%和15.3%。从出口国主要构成看，大米的出口国主要是埃及（占出口总量的16.2%），科特迪瓦（占11.2%）、土耳其（占8.3%）、朝鲜（占5.9%）、韩国（占5.4%）。小麦出口目的地主要是朝鲜（占出口总量的71.4%）①。

表8　2019年主要粮食进出口情况

单位：万吨，%

品种	进口		出口	
	数量	同比增长	数量	同比增长
谷物	1791.8	-12.6	323.6	26.8
小麦	348.8	12.5	31.3	9.7
玉米	479.3	36.0	2.6	110.0
大米	254.6	-17.3	274.8	31.4
大麦	592.9	-13.0	0.03	-95.5
高粱	83.2	-77.2	4.1	-15.3
玉米酒糟(DDGs)	14.1	-4.9	—	—
木薯	283.8	-40.9	—	—
大豆	8851.1	0.6	—	—

资料来源：中华人民共和国农业农村部官方网站公布《2019年我国农产品进出口情况》。

（二）经济作物贸易情况

从经济作物进口情况看，除食用油籽进口数量下降外，其他品种进口数量均出现不同程度上涨。2019年食用油籽进口量为9330.8万吨，较2018年下降1.3%，其中油菜籽进口下降最多，进口量为273.7万吨，下降42.5%。2019年，棉花进口数量达193.7万吨，比2018年增长19%。食糖进口数量达

① 农业农村部：《农产品供需形势分析月报》，2020年1月。

339 万吨，比 2018 年增长 21.3%。食用植物油进口数量为 1152.7 万吨，比 2018 年增长 42.5%，食用植物油各品种进口量普遍增加，其中，增长幅度最大的是葵花油和红花油，两种油进口量增长 74.8%，其次是豆油，增长 50.3%，再次是棕榈油，增长 41.8%，最后是菜油，增长 24.6%（见表 9）。

从经济作物进口国看，棉花进口国主要是巴西（占进口总量的 26.4%）、澳大利亚（占 20.5%）、美国（占 18.7%）、印度（占 12.5%）。油菜籽进口主要来自加拿大（占 86.1%）和俄罗斯（占 6.9%）。棕榈油进口主要来自印度尼西亚（占 69.6%）和马来西亚（占 30.2%）。食糖进口主要来自巴西（占 41%）、泰国（占 21.8%）和古巴（占 12.6%）。①

表 9　2019 年主要经济作物进口情况

单位：万吨，%

品种	数量	同比增长
棉花	193.7	19.0
食糖	339.0	21.3
食用油籽	9330.8	-1.3
其中:油菜籽	273.7	-42.5
食用植物油	1152.7	42.5
其中:棕榈油	755.2	41.8
菜油	161.5	24.6
葵花油和红花油	122.9	74.8
豆油	82.6	50.3

资料来源：中华人民共和国农业农村部官方网站公布《2019 年我国农产品进出口情况》。

三　2019年种植业市场变化情况

（一）粮食作物的市场价格变化情况

1. 稻米市场价格变化情况

从稻谷最低收购价政策层面看，与 2018 年相比变化不大。2019 年国家

① 农业农村部：《农产品供需形势分析月报》，2020 年 1 月。

继续在稻谷主产区实行最低收购价政策。综合考虑粮食生产成本、市场供求、国内外市场价格和产业发展等因素，2019 年生产的早籼稻（三等，下同）、中晚籼稻和粳稻最低收购价格分别为每 50 公斤 120 元、126 元和 130 元，保持 2018 年水平不变。

从 2019 年国内外稻米价格变化看，2019 年国内稻米平均价格为 2.02 元/斤，国际稻米平均到岸价格为 1.74 元/斤，国内价格比国际价格高 16.2%。从价格变化看，2019 年国内稻米平均价格比 2018 年低 0.04 元/斤，下跌 1.9%。从变化趋势看，受稻米库存充裕、市场总体供给宽松等因素影响，2019 年 1 ~8 月稻米价格一直走低，从 1 月的 2.04 元/斤下降到 8 月的 1.96 元/斤，9 月和 10 月稻米价格出现大幅反弹，尤其是 10 月在部分省份启动 2019 年中晚稻最低收购价执行预案后，价格上扬达到全年最高点 2.14 元/斤，之后又持续下跌至 12 月的 1.95 元/斤（见图 1）。

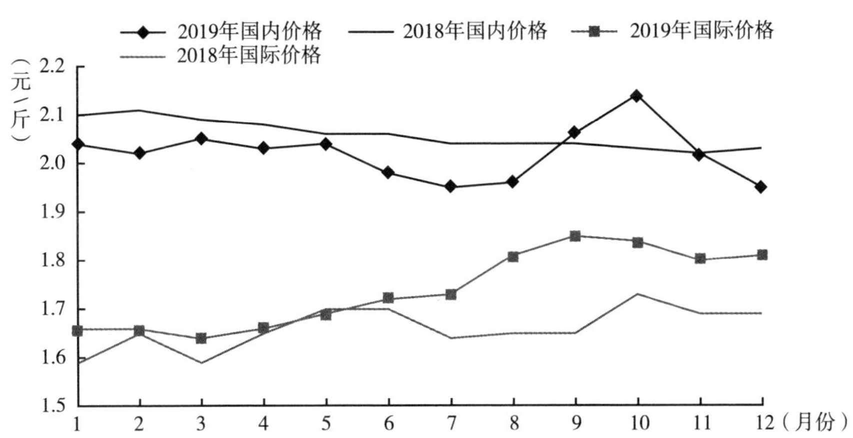

图 1　2018 ~2019 年 1 ~12 月稻米国内外价格变化情况

资料来源：农业农村部《农产品供需形势分析月报》，2020 年 1 月，下同。

2. 小麦市场价格变化情况

从小麦最低收购价政策层面看，2019 年小麦最低收购价较 2018 年发生变化。2019 年国家继续在小麦主产区实行最低收购价政策。综合考虑粮食生产成本、市场供求、国内外市场价格和产业发展等因素，2019 年生产的

小麦（三等）最低收购价为每50公斤112元（1.12元/斤），比2018年下调3元。

从2019年国内外小麦价格变化看，2019年国内小麦平均价格为1.38元/斤，国际小麦平均到岸价格为1.12元/斤，国内价格比国际价格高23.1%。从价格变化看，受最低收购价下调、丰产丰收等因素影响，2019年国内小麦平均价格比2018年低0.06元/斤，下跌4.3%。从变化趋势看，丰收前受供给量减少的影响，2019年1~6月小麦价格较为坚挺，一直维持在1.41元/斤及以上，最高点在5月达1.46元/斤，最低点是6月为1.41元/斤。之后随着小麦丰产丰收，小麦价格持续走低，从7月的1.35元/斤，下跌至10月的1.31元/斤后，2019年10月公布了2020年小麦最低收购价保持不变，给市场起了一定提振作用，在11月和12月小麦价格出现小幅反弹，两个月价格均为1.34元/斤（见图2）。

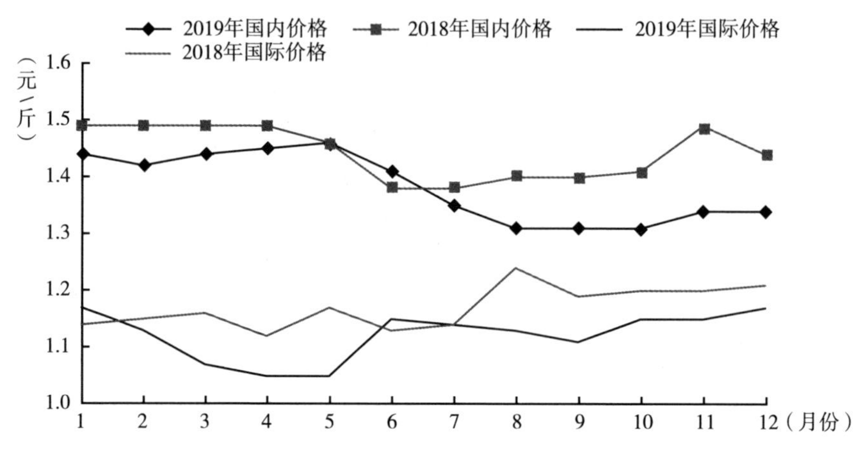

图2　2018~2019年1~12月小麦国内外价格变化情况

3. 玉米市场价格变化情况

从玉米政策层面看，2019年继续在三省一区实施玉米生产者补贴政策。2019年内蒙古玉米生产者补贴水平为100元/亩。黑龙江在2018年基础上适当提高玉米生产者补贴标准，玉米补贴不超过70元。2019年，吉林的玉米生产者补贴水平为86元/亩，较2018年下调8元/亩。2019年，辽宁省玉米生产者补贴金额为70元/亩左右。各地实际发放补贴金额会根据当地具体情况进行调整。

自玉米取消临时收储政策，实施生产者补贴以来，玉米价格市场化改革见成效。2019年，国内玉米平均价格为0.98元/斤，国际玉米平均到岸价格为1.13元/斤，国内价格比国际价格低11.9%。受中美贸易摩擦和虫害影响，2019年国内玉米平均价格较高，比2018年高0.02元/斤，上涨2.4%。从价格变化看，全年玉米国内价格处于起伏波动状态。最高价出现在5月、8月和11月，达1元/斤。最低价出现在3月和4月，达0.94元/斤。整年玉米价格从1月的0.99元/斤降低到3月和4月的0.94元/斤后，在5月出现较大反弹达1元/斤，后又在7月下跌至0.98元/斤，8月反弹至1元/斤，之后又下跌至10月的0.97元/斤，11月反弹至1元/斤后，12月又下跌至0.98元/斤。从价格频繁上下起伏变化看，玉米价格已经完全由"政策市"转到"市场市"（见图3）。

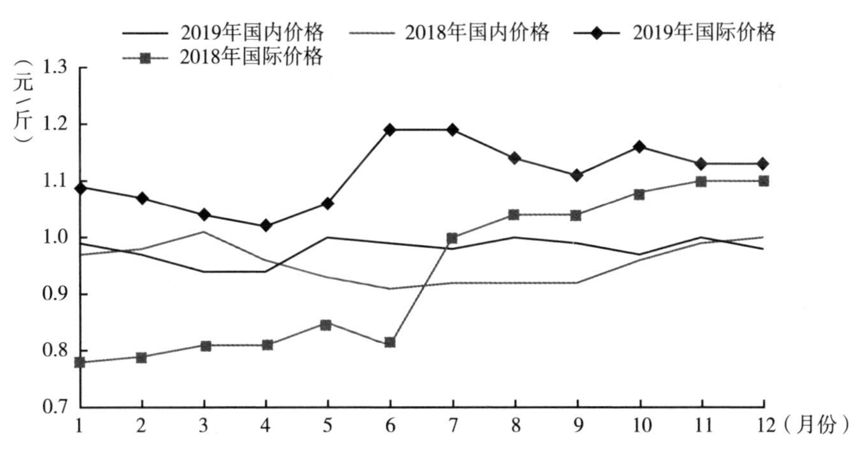

图3　2018~2019年1~12月玉米国内外价格变化情况

4. 大豆市场价格变化情况

从大豆政策层面看，2019年继续在三省一区实施大豆生产者补贴政策。2019年内蒙古大豆生产者补贴水平为235元/亩，比玉米高135元/亩。黑龙江大豆生产者补贴每亩高于玉米生产者补贴200元以上，大豆生产者补贴

每亩不超过270元。吉林的大豆生产者补贴水平为265元/亩，较2018年提高41元/亩。辽宁的大豆生产者补贴每亩高于玉米生产者补贴200元左右。大豆生产者补贴金额为270元/亩左右，各地实际发放补贴金额会根据当地具体情况进行调整。

2019年，国内大豆价格稳中略涨。国内大豆平均价格为2.1元/斤，比2018年高0.02元/斤，涨幅1.0%。国际大豆平均价格为1.6元/斤，国内价格比国际价格高0.4元/斤左右，高出27.4%。从价格变化看，2019年1~5月大豆价格较为稳定，稳定在2元/斤到2.01元/斤。6月之后价格进入波动上升阶段，从6月的2.06元/斤上涨至12月的2.11元/斤，六个月上涨0.05元/斤，涨幅达2.4%。

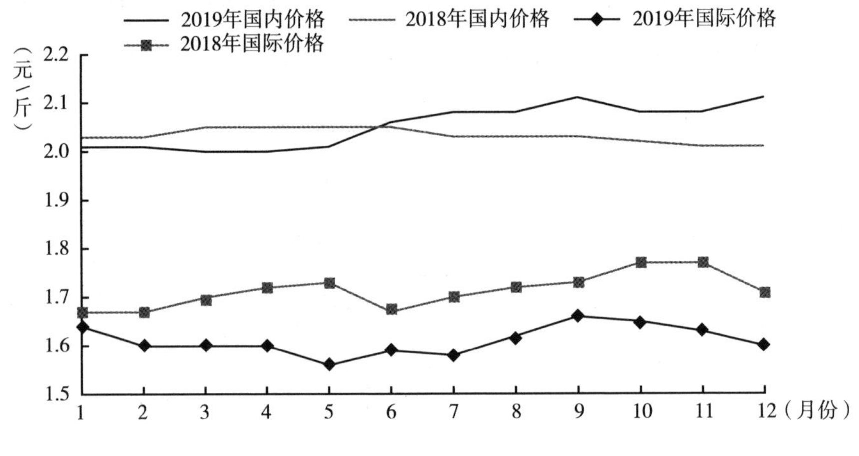

图4　2018~2019年1~12月大豆国内外价格变化情况

（二）经济作物的市场价格变化情况

1. 棉花市场价格变化情况

2019年，国内棉花价格整体呈下降趋势。国内棉花平均价格为14257.8元/吨，比2018年下降1617.7元/吨，跌幅达10.2%。国际棉花平均到岸价格为14708元/吨，国际价格比国内价格高450.3元/吨，高出3.1%。从价格变化看，2019年1~4月棉花价格较为稳定，稳定在15500元/吨以上，4

月达到最高价15660元/吨。5月之后棉花价格进入快速下跌阶段，从5月的15069元/吨下跌至10月的12723元/吨，跌幅达15.6%，之后又出现一定幅度反弹，上涨至12月的13154元/吨，涨幅较小，为3.4%。从2018年和2019年两年国内外棉花价格变化趋势看，棉花国内市场价格与国际市场价格联动性较强（见图5）。

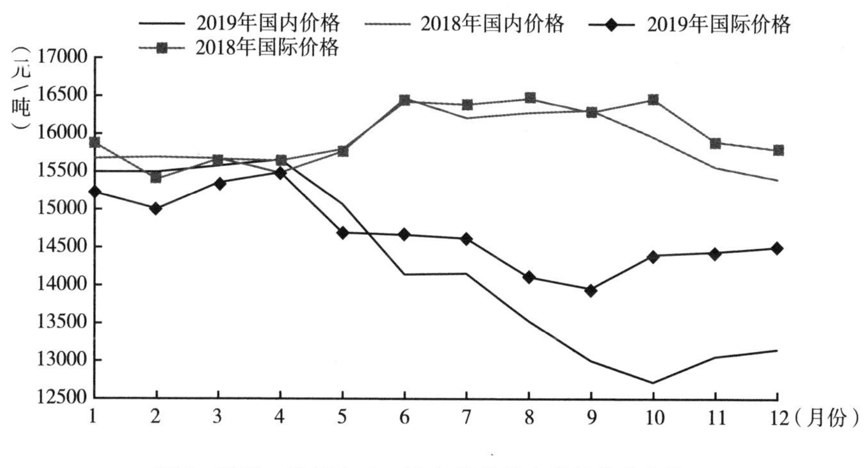

图5　2018～2019年1～12月棉花国内外价格变化情况

2. 油料市场价格变化情况

2019年，国内油料价格整体呈先涨后降再涨趋势。国内油料平均价格为2.9元/斤，比2018年增长0.1元/斤，涨幅为3.7%。国际油料平均到岸价格为3.0元/斤，国内价格比国际价格低0.1元/斤，低3.3%。从价格变化看，国内油料价格从1月的2.7元/斤增长至2月的2.9元/斤[①]后开始下跌，持续下跌至6月的2.6元/斤，下跌幅度达9.8%。之后从7月开始油料价格大幅上涨，从7月的2.6元/斤上涨至12月的3.3元/斤，涨幅达28.2%（见图6）。从国内外棉花价格变化趋势看，2019年油料的国内市场价格与国际市场价格联动性较强。

① 2月数据为2.85元/斤，因保留一位小数，而图6中为实际数据2.85元/斤，因而文中与图中略有差异，本篇报告其他地方同。

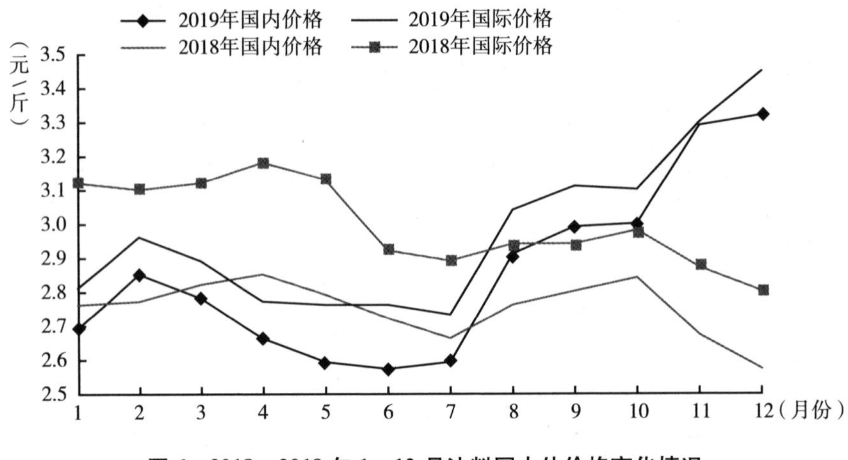

图6 2018～2019年1～12月油料国内外价格变化情况

3. 食糖市场价格变化情况

2019年，国内食糖价格整体呈上涨趋势。国内食糖平均价格为5396.7元/吨，比2018年下跌24.2元/吨，跌幅为4.5%。国际食糖平均到岸价格为3376.6元/吨，国内价格比国际价格高2020.1元/吨，高59.8%。从价格变化看，国内食糖价格从1月的4980元/吨，增长至10月的5889元/吨，涨幅达18.3%。10月食糖价格上涨的主要原因是榨季初期，市场食糖现货供应量有限。之后开始小幅下跌至12月的5610元/吨（见图7）。

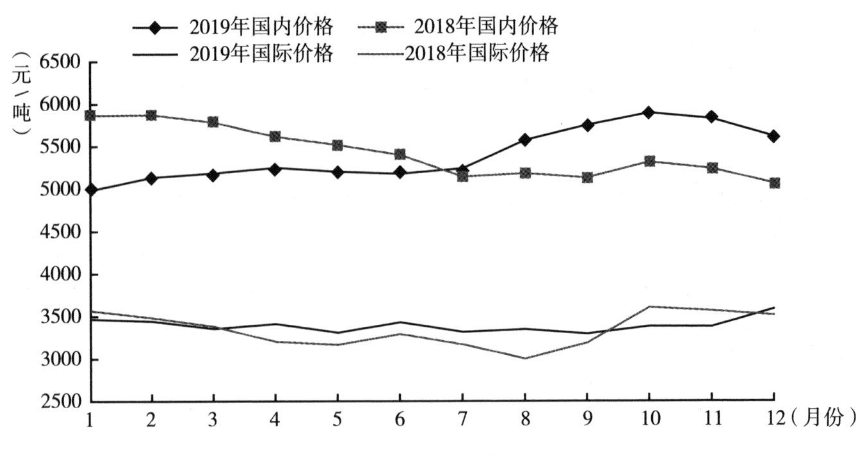

图7 2018～2019年1～12月食糖国内外价格变化情况

（三）种植业成本收益变化情况

1. 稻谷成本收益变化情况

2015～2018年，稻谷种植总成本从1202.1元/亩增加到1223.6元/亩，上涨1.8%。其中，物质与服务费用上涨7.5%，人工成本下跌6.8%，土地成本上涨9.5%，可见，土地成本的上涨是种植稻谷成本上涨的最主要原因。从现金收益看，2015～2018年种植稻谷的现金收益从784.1元/亩下降到639.9元/亩，减少144.2元/亩，降幅18.4%。从成本利润率的变化看，种植稻谷的成本利润率从14.6%下降到5.4%。可见，自2015年以来，种植稻谷的成本利润率在直线下滑（见表10）。

表10　2015～2018年稻谷成本收益变化情况

单位：元/亩，%

年份	总成本	物质与服务费用	人工成本	土地成本	现金成本	现金收益	成本利润率
2015	1202.1	478.7	508.6	214.8	593.4	784.1	14.6
2016	1201.8	484.5	495.3	221.9	604.2	739.6	11.8
2017	1210.2	498.0	482.9	229.3	624.9	717.9	11.0
2018	1223.6	514.7	473.9	235.1	649.6	639.9	5.4

资料来源：历年《全国农产品成本收益资料汇编》。

2. 小麦成本收益变化情况

2015～2018年，小麦种植总成本从984.3元/亩增加到1012.9元/亩，上涨2.9%。其中，物质与服务费用上涨7.1%，人工成本下降3.7%，土地成本上涨6.1%，可见，物质与服务费用的大幅上涨是种植小麦成本上涨的最主要因素。从现金收益看，2015～2018年种植小麦的现金收益从542.9元/亩下降到358.8元/亩，下降33.9%。从成本利润率的变化看，种植小麦的成本利润率从1.8%下降到-15.7%（见表11）。

表 11　2015 ~2018 年小麦成本收益变化情况

单位：元/亩，%

年份	总成本	物质与服务费用	人工成本	土地成本	现金成本	现金收益	成本利润率
2015	984. 3	420. 2	364. 4	199. 7	458. 8	542. 9	1. 8
2016	1012. 5	434. 6	371. 0	206. 9	474. 8	455. 6	-8. 1
2017	1007. 6	438. 7	361. 9	207. 1	481. 7	532. 0	0. 6
2018	1012. 9	450. 3	350. 8	211. 9	494. 7	358. 8	-15. 7

资料来源：历年《全国农产品成本收益资料汇编》。

3. 玉米成本收益变化情况

2015 ~2018 年，玉米种植总成本从 1083. 7 元/亩下降到 1044. 8 元/亩，下降3. 6%。其中，物质与服务费用上涨2. 0%，人工成本下降7. 5%，土地成本下降4. 7%，可见，在种植玉米的三大成本中，人工成本和土地成本都在下降，尤其人工成本下降最多。从现金收益看，2015 ~2018 年种植玉米的现金收益从 523 元/亩减少到 446. 4 元/亩，减少 76. 6 元/亩，减幅14. 6%。从成本利润率的变化看，种植玉米的成本利润率从 -12. 4% 下降到 -15. 6%（见表 12）。

表 12　2015 ~2018 年玉米成本收益变化情况

单位：元/亩，%

年份	总成本	物质与服务费用	人工成本	土地成本	现金成本	现金收益	成本利润率
2015	1083. 7	376. 2	468. 7	238. 8	426. 6	523. 0	-12. 4
2016	1065. 6	369. 6	458. 1	237. 9	424. 7	341. 2	-28. 1
2017	1026. 5	375. 0	441. 2	210. 3	425. 0	425. 7	-17. 1
2018	1044. 8	383. 8	433. 5	227. 5	435. 1	446. 4	-15. 6

资料来源：历年《全国农产品成本收益资料汇编》。

4. 棉花成本收益变化情况

2015 ~2018 年，棉花种植总成本从 2288. 4 元/亩下降到 2275. 2 元/亩，下降0. 6%。其中，物质与服务费用上涨21. 8%，人工成本下降13. 9%，土地成本上涨15.9%。从现金收益看，2015～2018年种植棉花的现金收益从493.9元/亩增加到777.3元/亩，增加283.4元/亩，增幅达57.4%。从成本利润率的变化看，种植棉花的成本利润率从－40.3%增长到－20.3%。自棉花实施目标价格以来，尤其是2015年以来，种植棉花的成本利润率虽然是负值，但却在不断上升（见表13）。

表13　2015～2018年棉花成本收益变化情况

单位：元/亩，%

年份	总成本	物质与服务费用	人工成本	土地成本	现金成本	现金收益	成本利润率
2015	2288.4	620.4	1387.8	280.3	873.0	493.9	－40.3
2016	2306.6	610.7	1393.7	302.2	881.1	937.3	－21.2
2017	2330.8	670.1	1353.7	307.0	964.8	895.7	－20.2
2018	2275.2	755.6	1194.9	324.7	1037.0	777.3	－20.3

资料来源：历年《全国农产品成本收益资料汇编》。

5. 油料作物成本收益变化情况

2015～2018年，两种油料作物（油菜籽和花生）种植总成本从1152.4元/亩增加到1164.7元/亩，上涨1.1%。其中，物质与服务费用上涨6.8%，人工成本下降1.8%，土地成本上涨0.5%。从现金收益看，2015～2018年种植油料作物的现金收益从706.3元/亩减少到696.1元/亩，减少10.2元/亩，减少1.4%。从成本利润率的变化看，种植油料作物的成本利润率从－7.1%上升到－6.9%（见表14）。

表14　2015～2018年两种油料作物（油菜籽和花生）平均成本收益变化情况

单位：元/亩，%

年份	总成本	物质与服务费用	人工成本	土地成本	现金成本	现金收益	成本利润率
2015	1152.4	334.6	630.9	186.9	364.4	706.3	－7.1
2016	1167.6	342.5	637.5	187.6	373.8	763.6	－2.6
2017	1167.4	351.6	626.9	189.0	385.8	706.5	－6.4
2018	1164.7	357.2	619.6	187.9	388.6	696.1	－6.9

资料来源：历年《全国农产品成本收益资料汇编》。

6. 糖料作物成本收益变化情况

2015～2018年，两种糖料作物（甘蔗和甜菜）种植总成本从1911.7元/亩增加到2115.1元/亩，上涨10.6%。其中，物质与服务费用上涨15.7%，人工成本上涨9.8%，土地成本上涨0.7%，可见，种植糖料作物的各项成本都有了一定程度的增加。从现金收益看，2015～2018年种植糖料作物的现金收益从1016.6元/亩增加到1157.2元/亩，增加140.6元/亩，增幅13.8%。从成本利润率的变化看，种植糖料作物的成本利润率在增加，从2015年的9.7%增加到2018年的12.3%（见表15）。

表15 2015～2018年两种糖料作物（甘蔗和甜菜）平均成本收益变化情况

单位：元/亩，%

年份	总成本	物质与服务费用	人工成本	土地成本	现金成本	现金收益	成本利润率
2015	1911.7	693.7	939.4	278.6	1068.3	1016.6	9.7
2016	1973.0	733.6	965.4	273.9	1115.2	1104.6	11.6
2017	2048.8	790.9	983.4	274.5	1198.1	1135.3	13.3
2018	2115.1	802.8	1031.7	280.6	1221.5	1157.2	12.3

资料来源：历年《全国农产品成本收益资料汇编》。

四 2020年种植业生产和市场展望

（一）种植业生产展望

粮食生产方面。2020年2月28日，国家发改委等部门联合发布了《关于公布2020年稻谷最低收购价格的通知》。2020年国家继续在稻谷主产区实行最低收购价政策，综合考虑粮食生产成本、市场供求、国内外市场价格和产业发展等因素，2020年生产的早籼稻（三等）、中晚籼稻和粳稻最低收购价格分别为每50公斤121元、127元和130元，除粳稻保持2019年同等水平，早籼稻（三等）和中晚籼稻均比2019年高1元。2019年10月，国家发改委等部门联合发布了《关于公布2020年小麦最低收购价格的通知》，2020年小麦（三等）最低收购价为每50公斤112元，保持2019年水平不变。受WTO起诉影响，2020年小麦和稻谷实行限量收购，限定2020年小麦收购总量为3700万吨，限定2020年稻谷收购总量为5000万吨（籼稻2000万吨、粳稻3000万吨）。早籼稻一般在3月底4月初播种，受新冠肺炎疫情影响，3月刚刚进入复工复产阶段，对农资、劳动力等生产资料供应产生一定影响。早籼稻的产量会受到一定影响，有下降趋势。国家在发生重大疫情情况下，采取了一系列稳粮措施，从稻谷最低收购价政策执行价格提高角度看，如不发生重大自然灾害，中晚籼稻产量受影响不大，应该保持不变或小幅增长。在疫情逐渐向好、各地逐渐复工复产的前提下，2020年冬小麦减产可能性不大，受最低收购价限量收购政策影响，低质低效小麦种植面积和产量会下降，优质小麦种植面积和产量会增加。最低收购价限量收购政策的调整，会进一步推动稻谷和小麦生产向更高品质的方向转变。受大豆振兴计划影响，大豆补贴力度大幅加大，明显高于玉米，2020年玉米的播种面积会进一步下调，产量有可能会出现小幅下降，但是优质玉米种植面积会增加。大豆的播种面积会进一步增加，产量也会进一步提高。

经济作物生产方面。农业农村部印发《2020年种植业工作要点》（以下简称《要点》），《要点》中提出保持棉油糖合理自给水平，力争2020年棉花种植面积稳定在5000万亩，油料种植面积稳定在1.9亿亩，糖料种植面积稳定在2400万亩。加快推广陆地中长绒棉、“双低、双高”油菜和国产自育甘蔗优新品种等。可见，受农业供给侧结构性改革持续推进的影响，经济作物种植品种的区位优势会更加明显。预测2020年国内油料种植面积和产量会继续增加，新疆地区植棉优势会进一步凸显。受国内外糖料作物价格高涨影响，2020年糖料作物种植面积和产量会进一步增加。

（二）种植业市场展望

1. 粮食价格方面

受新冠肺炎疫情、稻谷最低收购价格提高、限量收购政策等因素影响，

2020年的稻谷价格上涨的可能性较大，质量高、品质优的稻谷种植面积会增加，价格优势会更加明显；受新冠肺炎疫情影响，2020年的小麦产量有可能出现波动，价格增加可能性较大，优质小麦的价格优势也会更加凸显；受补贴政策影响，2020年玉米的产量会出现一定幅度下降，2020年玉米价格上浮的可能性很大；由于国家对大豆补贴力度和支持力度的加大，2020年大豆产量增加的可能性较大，因此，国内大豆价格上浮的可能性不大。

2. 经济作物价格方面

2020年棉花产量有可能进一步下跌，新疆地区植棉面积会保持不变或继续增加，其他地区植棉意愿不强，2020年棉花价格上行的可能性较大；2019年油料价格大幅增长，预测2020年随着油料产量的增长，食用植物油价格上涨的可能性不大；受国内外形势影响，2020年国内食糖价格会上行。

（三）种植业贸易展望

1. 粮食贸易方面

考虑到新冠肺炎疫情对全球农业生产造成的重大影响，稻谷、小麦、玉米进口和出口压力均较大，保障重要农产品自给自足是应对突发事件的核心和关键。受结构性需求、国内生产成本较高、产量较低等因素影响，大豆大量进口的趋势依然存在。

2. 经济作物贸易方面

受新冠肺炎疫情的影响，经济作物的贸易也会受到影响。预测2020年国外对纺织品需求下降，棉花进口量下行的可能性较大；受结构性需求、国内外价差等因素的影响，食用植物油的进口还是会保持稳定或增加态势。受国内食糖需求量较高、国内外价差、国内外生产成本差异等因素影响，2020年食糖进口量的增加趋势将比较明显。

G.5

2019年林业经济状况分析与2020年展望

蒋宏飞　张海鹏*

摘　要： 本文分析了2019年中国林业投资和造林、林业生产、林产品贸易和林产品市场状况，并对2020年林业生产和林产品市场的发展趋势进行了展望。2019年，林业投资规模保持增长趋势，生态建设与保护投资比重进一步提高。全国造林面积超过1亿亩，人工造林面积保持全球第一。林业总产值出现负增长，第三产业份额继续提升。国内木材产量跃上新台阶，林业高质量发展取得新进展。林产品进出口贸易额达1573亿美元，其中木质林产品占比超过70%。木质林产品的进口以木浆、原木和锯材等产品为主；出口以纸制品和木质家具为主，原木、锯材、刨花板、木质家具等产品出口呈下降态势。林产品市场整体上处于萎缩状态，绝大多数产品市场也处于萎缩状态，并继续分化。国内木材价格下跌，但相对平稳。展望2020年，造林面积仍将保持在1亿亩以上，林业第三产业比重进一步提高；林产品进出口贸易增长趋缓，林产品出口形势严峻；国内木制品价格将保持稳定，林业高质量发展须持续发力。

关键词： 林业生产　林产品市场　林产品贸易

* 蒋宏飞，博士，中国林业科学研究院林业科技信息研究所助理研究员，主要研究领域为林产品国际贸易；张海鹏，博士，中国社会科学院研究员，主要研究领域包括城乡关系、资源与环境经济、林业经济理论与政策。

2019年是全面建成小康社会的关键性一年，当年中央一号文件安排了一系列必须完成的硬任务，其中多处涉及林业。中央一号文件明确提出，要全面保护天然林。加强“三北”地区退化防护林修复。扩大退耕还林还草，稳步实施退牧还草，积极发展林特花卉苗木等产业，深化集体林权制度和国有林区林场改革，这些“硬任务”既包括生态建设，也包括产业发展。林业围绕这些“硬任务”在不断提高自身发展水平的同时，也为经济社会发展提供了更加坚实的资源和生态保障。

一　2019年林业投资和造林分析

1. 林业投资规模保持增长趋势，生态建设与保护投资比重进一步提高

2019年，中央财政对林业的资金投入约为1371.3亿元，比2018年增长11.02%。近年来，国家资金（包括中央和地方财政投资）一直保持较高的增长速度，而社会资金增速相对趋缓，导致国家资金在林业资金总额中的比重持续上升。2012年，林业国家资金与社会资金的比例约为37∶63，到2018年这一比例调整为50∶50。从各渠道的投资增速来看，2019年林业国家资金与社会资金投入仍大致相当，稳定的资金来源为林业发展提供了坚实的基础。国家资金和社会资金的投资倾向显著不同，国家资金主要用于林业生态建设与保护领域①，而社会资金则更多投向林业产业发展领域，也就是说，资金来源结构在很大程度上决定了投资结构。2019年，林业产业发展投资和生态建设与保护投资所占比重相当，均维持在40%左右。

2. 全国造林面积保持在1亿亩以上，人工造林面积保持全球第一

2019年，全国共安排造林面积1亿亩，实际完成造林面积1.06亿亩，再次超额完成年度计划，与2018年实际完成造林面积相比略有下降

① 1978年以来，国家对天然林保护、退耕还林还草、“三北”防护林、京津风沙源治理等重大生态工程累计投资超过1万亿元，极大改善了全国的森林资源状况。

（见图1）。2019年，重点生态工程造林面积有所下降，比2018年下降7.91%，占全国造林面积的比重降至31.84%，创下1998年以来的最低点。2019年，天然林保护工程、退耕还林工程、“三北”及长江流域等防护林建设工程和京津风沙源治理工程分别约完成造林面积400万亩、1285万亩、1320万亩和371万亩，分别占林业重点生态工程完成造林面积的11.85%、38.07%、39.09%和10.99%，退耕还林工程和“三北”及长江流域等防护林建设工程是重点生态工程造林的主体，两者合计占到3/4以上。

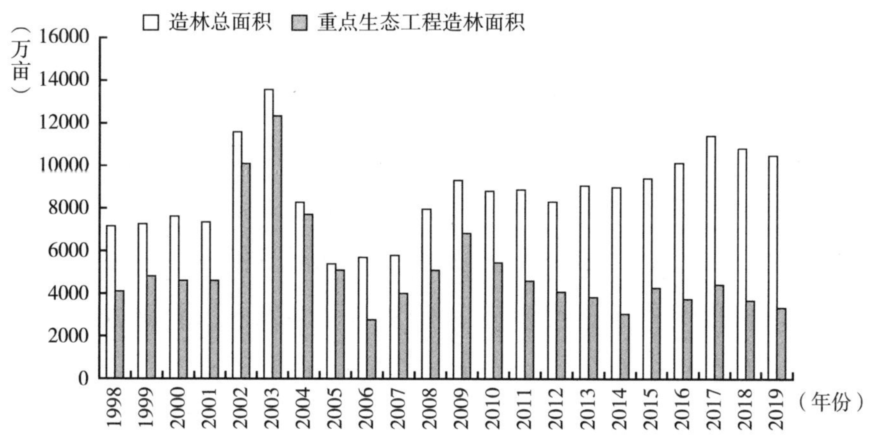

图1　1998～2019年中国造林面积

资料来源：1998～2016年来自《中国林业统计年鉴》；2017年来自《2017年全国林业发展统计公报》；2018年来自《2018年全国林业和草原发展统计公报》。

人工造林是全国造林的首要手段。2019年，全国人工造林面积达5475万亩，占全部造林面积的51.63%，比2018年略有增长。人工造林历来是中国最主要的造林方式，特别是改革开放40多年来，全国人工造林面积大幅增长，截至2019年，人工造林超过12亿亩，成为全世界人工造林最多的国家，为人类应对气候变化作出了积极贡献。近年来，随着新封山育林、退化林修复等造林面积的不断增长，人工造林面积占全国造林总面积的比重虽有所下降，但仍占据半壁江山。

二 2019年林业生产分析

林业总产值出现负增长，第三产业份额继续提升。2019 年，中国林业总产值达 7.56 万亿元（现价），相比 2018 年减少 0.07 亿元。虽然林业产业受国内外经济形势影响出现负增长，但以森林旅游为主的第三产业仍然保持快速发展的势头。近年来，森林旅游始终保持着较快的增长速度，为了进一步优化森林旅游发展环境，党中央、国务院在 2019 年出台了一系列政策措施。6 月，中共中央办公厅、国务院办公厅印发《关于建立以国家公园为主体的自然保护地体系的指导意见》，要求在自然保护地控制区内划定适当区域开展生态旅游等活动，构建高品质、多样化的生态产品体系。7 月，中共中央办公厅、国务院办公厅印发《天然林保护修复制度方案》，要求在不破坏地表植被、不影响生物多样性保护前提下，可在天然林地适度发展生态旅游等产业。12 月，第十三届全国人民代表大会常务委员会第十五次会议修订发布《中华人民共和国森林法》，以法律的形式明确了森林旅游的地位，规定“在符合公益林生态区位保护要求和不影响公益林生态功能的前提下，经科学论证，可以合理利用公益林林地资源和森林景观资源，适度开展林下经济、森林旅游等”。这些法律政策文件为森林旅游长期发展奠定了坚实的制度基础。国务院办公厅分别在 2019 年 8 月和 9 月印发的《关于进一步激发文化和旅游消费潜力的意见》和《关于促进全民健身和体育消费，推动体育产业高质量发展的意见》当中，对森林旅游发展提出了明确的要求并制定了具体的措施。在国家政策的大力支持下，林业部门通过积极培育包括森林体验、森林养生、森林康养、自然教育、户外运动、冰雪旅游、森林步道等新业态新产品，加大森林旅游宣传推介力度等，使森林旅游游客量继续大幅增长。2019 年，全国森林旅游游客量超过 18 亿人次，比 2018 年增长 12.5%，占国内旅游总数的比重为 30% 左右；创造社会综合产值 1.75 万亿元，比 2018 年增长 16.7%，森林旅游已经成为中国林业的支柱产业[①]。

① 国家林业和草原局林草种苗司：《2019 年中国森林旅游 10 件大事》，中国林业网，http：//www.forestry.gov.cn/lczms/13/20200118/223050151550021.html。

国内木材产量跃上新台阶，林业高质量发展取得新进展。2019 年，全国木材产量达 9028 亿立方米，比 2018 年增长 2.46%，这是改革开放以来中国木材产量首次突破 9000 亿立方米大关。在全面停止天然林商品性采伐的背景下，近年来木材产量持续增长主要得益于南方集体林区人工林木材供应量的上升，特别是广西的桉木为保障中国木材安全作出了积极贡献。2019 年，林业高质量发展也迈上新台阶。全国经济林种植总面积超过 6 亿亩，各类经济林产品总量达 1.81 亿吨，经济林第一产业实现年产值达 1.45 万亿元；全国林下经济产值达 8155 亿元，经济林和林下经济产业已成为山区经济发展的优势产业、种植业结构调整的特色产业、农民脱贫致富的支柱产业和大众创业的新兴产业。为了解决由经济林和林下经济发展带来的产销对接难问题，国家林业和草原局与阿里巴巴集团签署战略合作协议，依托其旗下的电商平台，探索建立大宗经济林产品电商交易平台，打造产品现代供应链体系、追溯体系、评价体系，培育成熟稳定的经济林和林下经济产品消费市场，以“互联网 +”推动经济林和林下经济供给侧结构性改革。

三 2019年中国主要林产品贸易

2019 年，中国林产品进出口贸易总体平稳。林产品进出口贸易额为 1572.81 亿美元，比 2018 年减少 4.84%；林产品进出口贸易以木质林产品为主，占比达 70.09%。木质林产品的出口额为 604.72 亿美元，比 2018 年减少 1.67%；进口额为 497.71 亿美元，比 2018 年减少 14.78%。

（一）木材和木制品进口

2019 年，中国木质林产品进口以木浆、原木和锯材等为主。进口产品中，木炭和单板等进口数量增长较为明显，木片、锯材、胶合板、木浆和印刷品呈现进口数量和进口额变化趋势相背离的现象，其他木质林产品进口均呈现下降趋势。

1. 木材进口

2019 年，中国木材进口以原木和锯材为主，占木质林产品进口总额的 36.21%；原木和锯材的进口额与 2018 年相比大幅下降，木片和木炭进口额明显增长。2019 年，国际木材市场因运输成本增加、部分木材输出国禁伐和限制原木出口等因素，对中国木质林产品进口造成一定影响。越南低价木质家具对中国木质家具出口和内销形成冲击，降低了木质家具和胶合板这两个木材消费大户的产量，进而缩减对进口木材的消费量，终结了中国多年来进口木材大幅度增长的历史。

2019 年，中国进口原木 6056.97 万立方米，同比增长 1.48%；进口额为 94.34 亿美元，同比减少 14.12%。在原木进口中，针叶原木占原木进口额的 59.80%，阔叶原木占原木进口额的 40.19%；针叶原木进口 4525.75 万立方米，较 2018 年增长 8.76%，阔叶原木进口 1531.22 万立方米，较 2018 年减少 15.27%。国内基建投资稳步增长，促进了 2019 年针叶材进口的增长。同时，受房地产市场低迷、家具类市场需求不足的影响，阔叶材进口增速下降明显。

中国原木进口来源地依然呈现多元化集中的格局。2019 年，来自新西兰、俄罗斯、澳大利亚、美国和德国 5 国的木材进口量占中国原木进口总量的 64.73%。其中，来自新西兰和俄罗斯的进口量占比分别为 29.28% 和 12.50%，是中国原木进口第一和第二大来源国。新西兰辐射松在基建、装饰装修、家具等各方面得到中国市场的接受和认可，2019 年从新西兰进口原木 1773.52 万立方米，同比增长 2.05%，进口均价为每立方米 128.41 美元，同比减少 8.95%。俄罗斯远东地区对原木（含云杉、白杉和达里尔落叶松）出口制定了关税配额，导致该地区未加工木材出口量的下降，2019 年自俄罗斯进口原木 755.26 万立方米，同比下降 27.97%。从澳大利亚进口原木 522.32 万立方米，同比增加 11.53%。在中美贸易摩擦背景下，中国出台了反制清单，提高了美国除松木和小材之外的高档阔叶木材的进口关税，从美国进口的优质木材数量减少。2019 年从美国进口原木 445.65 万立方米，同比减少 28.68%，进口单价同比减少 12.47%。自 2019 年 9 月起，受甲虫疫情影响，德国云杉大量低价出口，出口量达到10年内最高水平。2019年中国从德国进口原木达423.83万立方米，同比增长466.02%。随着国内红木行业出现的企业关停并转风潮，红木原木进口逐年减少，2019年进口了56.08万立方米，进口额5.82亿美元，同比分别减少30.49%和24.05%。从上述国家的进口以针叶原木和温带阔叶原木为主，中国主要的热带阔叶原木进口来自巴布亚新几内亚，2019年进口211.15万立方米，同比减少16.51%。

2019年，中国进口锯材3811.42万立方米，同比增加4.04%；进口额为85.91亿美元，和进口数量的变化趋势相背离，同比减少15.20%。其中，针叶锯材进口占锯材进口额的57.28%，阔叶锯材进口占锯材进口额的42.72%；针叶锯材进口2488.0万立方米，较2018年增加15.03%，阔叶锯材进口1188.6万立方米，较2018年减少19.21%。中国锯材进口来源地呈多元化且更加集中的格局。来自俄罗斯、加拿大、泰国、瑞典和美国5国的锯材进口量占中国锯材进口总量的78.21%。随着"一带一路"中欧班列的发展，大批量俄罗斯木材进入中国市场，板材出口是目前俄罗斯木材企业产品出口结构中的优先方向。2019年，从俄罗斯进口的锯材占中国锯材进口总量的48.13%，并且以阔叶锯材进口为主，进口量达1834.43万立方米，同比增长7.39%。来自加拿大的锯材进口占中国锯材进口总量的11.98%，以针叶锯材进口为主，作为对美国材的补充，2019年进口量达456.54万立方米，同比增加6.52%。从泰国进口的锯材以阔叶锯材为主，主要为橡胶木，用于家具、木门和其他木制品的生产，由于国内外经济大环境影响，橡胶木需求大幅下降，国内部分进口商减少了进口量，2019年自泰国进口的锯材占中国锯材进口总量的9.42%，进口量达359.21万立方米，同比减少19.07%。受虫害影响，瑞典大量低价出售木材，自瑞典进口的锯材量大幅增长，2019年占中国锯材进口总量的4.40%，进口量达167.51万立方米，同比增长135.69%。从美国进口的锯材以温带阔叶锯材为主，主要用于高档家装、家具、地板和木门等，中美贸易摩擦引发的一系列不确定性问题直接影响美国向中国出口阔叶锯材的情况，2019年自美国进口的锯材量占到中国进口总量的4.28%，进口量达163.15万立方米，同比减少42.59%。

2019 年，中国木片进口 1258.26 万吨，同比减少 2%，进口金额 23.97 亿美元，同比增加 5.84%；木炭进口 41.18 万吨，进口金额 9885.85 万美元，同比分别增加 38.15% 和 12.61%。中国木片进口高度集中，进口前 4 位贸易伙伴的排位与 2018 年一致，其市场份额依次为越南 49.93%、澳大利亚 28.67%、智利 9.85%、泰国 6.29%，合计占进口总额的 94.73%。

2. 木制品进口

2019 年，中国木制品进口以木浆和纸制品为主，分别占木质林产品进口总额的 34.40% 和 10.58%。除单板进口增长显著以外，纤维板、刨花板、木质家具、废纸和木框架等木制品的进口均出现不同程度的下降。

相比 2018 年，2019 年中国人造板中单板进口增长，纤维板、刨花板进口呈现下降趋势。其中，单板进口 93.25 万吨，1.9 亿美元，同比分别增长 29.74% 和 22.53%。与 2018 年一致，单板主要从越南、俄罗斯和泰国等国进口，全年从三国的进口量占比分别达到 58.64%、19.26% 和 9.80%。由于中国中高密度纤维板的产品质量和数量进一步提高，许多产品的质量可以满足出口产品生产的要求，所以进口量增幅连年下降。2019 年，中国纤维板进口 18.05 万吨，1.31 亿美元，比 2018 年分别减少 5.23% 和 7.27%。2019 年，中国纤维板主要进口国家包括德国、新西兰、澳大利亚、印度尼西亚和比利时，来自这几个国家的进口量分别占纤维板进口总量的 20.0%、18.0%、11.32%、8.82% 和 7.18%，其中来自澳大利亚和印度尼西亚的进口上浮明显。

为了向美国出口板式家具，许多家具企业要进口质量较高的刨花板达到美国甲醛释放量的强制性标准，随着近年美国木质家具的出口下降及中国刨花板质量和产量的大幅提高，中国刨花板进口也随之下降。2019 年，刨花板进口量达 67.35 万吨，2.34 亿美元，比 2018 年分别减少了 2.74% 和 3.39%。与 2018 年一致，刨花板主要进口来源地仍集中在泰国、罗马尼亚、马来西亚和巴西，来自该四国的进口量分别占刨花板进口总量的 23.51%、19.65%、17.47% 和 12.89%。由于实木复合地板、装修和木质家具对优质胶合板需求增加，中国胶合板进口量增加，2019 年中国胶合板进口 17.91

万立方米，比2018年增加9.91%；进口额1.27亿美元，和进口数量的变化趋势相背离，同比减少18.36%。与2018年一致，胶合板主要进口来源地仍集中在俄罗斯、马来西亚和印度尼西亚三个国家，来自该三国的进口量分别占胶合板进口总量的17.94%、7.75%和6.65%。

随着国内商品房销售增幅下降，对木质家具需求下降，2019年中国木质家具进口达1027.41万件（其中木坐具占27.45%，木家具占72.55%），比2018年减少16.11%；进口额10.64亿美元（其中木坐具占28.05%，木家具占71.95%），比2018年减少15.25%。与2018年一致，意大利和越南仍是中国最主要的家具进口国，两国在木坐具进口市场中分别占48.56%和13.52%；木家具进口主要集中在意大利、德国、越南、波兰等国家，来自该四国的进口额占比分别为32.21%、15.74%、12.22%和9.10%。

2019年，在中国纸类产品的进口中，废纸和纸制品进口呈进一步减少的趋势，木浆和印刷品的进口数量和进口额的年变化呈相背离的现象，美国是主要进口国。长期以来非木纤维一直是中国造纸的重要原料，但非木浆废弃污染问题严重。随着国内环保要求的提高，中国在2007~2016年经历了从主要生产非木浆到主要生产木浆的转变。当前，木浆和废纸成为中国两大主要造纸原料，以木浆进口为主，中国造纸高度依赖于木浆，已是全球第一大木浆进口国。2019年，中国木浆进口2719.89万吨，比2018年增长9.72%，进口额171.21亿美元，比2018年减少13.16%；废纸进口1036.35万吨，进口额19.43亿美元，比2018年分别减少39.13%和54.75%。2019年中国木浆进口前五位贸易伙伴的市场份额依次为巴西24.50%、加拿大16.31%、印度尼西亚13.08%、智利9.09%、美国7.81%，与2018年的前五国进口比重和排位大体一致；废纸进口集中度较高，与2018年的主要进口国一致，来自美国、日本和英国的进口量占中国进口总量的73.60%，来自三国的进口额占比分别达到44.49%、15.88%和13.24%。2019年纸制品进口639.26万吨，进口额为52.65亿美元，同比分别减少0.65%和15.12%。纸制品进口前几位贸易伙伴的市场份额依次为美国14.72%、日本10.89%、瑞典9.97%、印度尼西亚8.39%、台澎金马关税区 8. 23%。印刷品进口 5. 94 万吨，同比减少 4. 02%；进口额为 23. 62 亿美元，同比增长 13. 88%。印刷品进口前 3 位贸易伙伴排名与 2018 年一致，市场份额依次为美国 23. 41%、新加坡 22. 26%、英国 11. 71%。

2019 年，中国木框架等木制品进口 6. 47 亿美元，同比减少 3. 16%；印度尼西亚和厄瓜多尔是木制品主要进口来源国，进口额占比分别达到 46. 38% 和 13. 77%。软木及制品进口 0. 83 万吨，进口额 4050. 41 万美元，同比分别减少 19. 16% 和 27. 81%。软木及制品进口集中度较高，按进口额统计，前三位贸易伙伴占到进口总额的 83. 36%，分别为葡萄牙 59. 21%、意大利 15. 25%、西班牙 8. 90%。

（二）木材和木制品出口

2019 年，中国木质林产品出口以纸制品和木质家具为主，分别占木质林产品出口总额的 36. 2% 和 32. 95%。木炭、木片、单板、纸制品和印刷品等产品的出口均有所增长，尤其以木炭、木片和纸制品的出口数量大幅攀升，而原木、锯材、刨花板、木质家具等产品出口呈下降态势。

1. 木材出口

中国的木材产品出口以木炭为主。尽管作为原木进口大国，但是中国也有部分原木销往海外，原木出口以阔叶原木为主；中国锯材出口规模大于原木。2019 年，中国原木、锯材出口有所下降，木片、木炭出口增长。原木出口 5. 06 万立方米，出口额 1532. 97 万美元，同比分别减少 30. 0% 和 35. 06%；锯材出口 23. 96 万立方米，出口额 1. 62 亿美元，同比分别减少 4. 08% 和 8. 61%；木片出口完成 2. 93 万吨，893. 9 万美元，比 2018 年分别增长 17. 63% 和 13. 42%；木炭出口完成 9. 33 万吨，1. 67 亿美元，比 2018 年分别增长 8. 16% 和 29. 35%。锯材出口市场主要集中于日本、美国、越南和韩国四国，市场集中度小幅提高，市场占比依次为：日本 43. 69%、美国 19. 05%、越南 10. 92%、韩国 8. 99%，其中对越南出口增长了 463. 86%。

2. 木制品出口

相比 2018 年，2019 年刨花板、纤维板出口形势不理想，胶合板出口形势尚可，单板出口增长。其中，单板出口 34.66 万吨，5.28 亿美元，同比分别增长 7.88% 和 9.44%，出口地区比较分散，主要出口集中在越南、印度、台澎金马关税区、柬埔寨等，出口量占比分别为 21.89%、18.52%、12.77% 和 11.82%。人造板出口以胶合板为主，占 2019 年人造板出口总额的 71.24%。近年来尽管国际胶合板市场的萎缩影响到中国胶合板出口情况，但由于胶合板在建筑装饰领域的广泛使用，使其依旧占据第一大出口品种地位。2019 年，中国胶合板呈现出口数量和出口金额相背离的现象：出口量 1208.95 万立方米，比 2018 年增长 6.71%；出口额 44.86 亿美元，同比下降 19.16%。中国胶合板出口地区分散，2019 年主要出口到菲律宾、英国、越南、日本和美国，分别占中国出口总量的 8.32%、5.26%、5.09%、5.06% 和 4.40%。其中美国 2018 年还是第一大出口集中地，2019 年跌至第五名，对美国的出口量占中国出口总量的比重同比下降了 7.64 个百分点，而对越南出口增长了 22.84%。

近几年，在强化木地板被美国认定为“有毒地板”后，中高密度纤维板和强化木地板的国际市场受到严重影响。2019 年，中国纤维板出口完成 163.58 万吨，9.43 亿美元，比 2018 年分别减少 8.61% 和 15.69%。其中，中国对尼日利亚、美国、沙特阿拉伯、加拿大和俄罗斯出口量占比分别达到 14.01%、11.74%、6.15%、5.69% 和 5.64%，其中，对尼日利亚出口同比增长 17.32%，尼日利亚超过美国成为中国出口第一的国家。由于国际刨花板市场萎缩，市场竞争激烈，所以中国刨花板受到影响。2019 年，中国刨花板出口完成 22.15 万吨，9602.49 万美元，比 2018 分别减少 6.71% 和 19.16%。2019 年，中国刨花板出口地区主要集中在蒙古国、阿联酋、台澎金马关税区和越南，分别占中国出口总量的 21.0%、9.39%、7.89% 和 7.67%，其中对越南出口增加明显，同比增长 235.74%。

传统木质家具出口地区出口市场低迷，部分地区对中国家具出口提出反倾销调查，对中国木质家具出口形成了一定程度上的压力。2019 年，中国木质家具总出口 3.5 亿件（个），出口总额 199.27 亿美元，比 2018 年分别

减少8.69%和13.11%。其中，木质家具总出口2.42亿件，出口额116.38亿美元，比2018年分别减少10.40%和13.72%；木质坐具总出口1.12亿件，82.90亿美元，比2018年分别减少4.76%和12.23%。木制家具出口主要集中在美国，其中：木家具对美出口8180.55万件，出口额37.80亿美元，较上年分别减少26.24%和33.68%，对美出口额占比达32.48%，较上年比重减少了9.63个百分点，其次，日本、英国、澳大利亚和中国香港等地分别占6.64%、5.86%、5.41%和5.04%；木坐具对美出口3500.31万件，出口额32.41亿美元，较上年分别减少22.28%和25.40%，对美出口额占比39.09%，英国、日本、韩国和澳大利亚等地分别以7.17%、6.20%、5.74%和5.32%的比重排其后。

2019年，中国纸类产品出口以纸、纸板及纸制品为主，占纸类产品出口总额的84.24%，占木质林产品出口总额的36.40%，美国是主要出口市场。2019年，纸类产品出口全线上涨，其中的废纸和纸制品出口大幅攀升。2019年木浆出口量为11.60万吨，出口额为1.34亿美元，同比分别增长16.13%和1.94%；废纸出口量为0.08万吨，出口额为27.12万美元，同比分别增长31.14%和21.42%；纸制品出口量为1032.73万吨，出口额为220.10亿美元，同比分别增长31.14%和21.42%；印刷品出口104.41万吨，39.83亿美元，同比分别增长了2.73%和4.44%。纸、纸板及纸制品出口区域较分散，按出口量统计，前四位出口贸易伙伴市场占比依次为美国8.86%、日本6.61%、越南5.50%、中国香港5.18%；印刷品的出口相对集中，前三位出口贸易伙伴的出口额占比依次为美国37.78%、中国香港15.69%、英国8.58%，与2018年的前三位出口贸易伙伴进口比重和排位大体一致。

2019年，中国木框架等木制品出口67.51亿美元，同比减少2.16%，按出口额计，前三位贸易伙伴的市场份额与2018年的比重和排位大体一致，依次为美国32.60%、日本10.68%、英国5.58%；软木及制品出口0.86万吨，2569.48万美元，同比分别增长0.21%和0.62%，与2018年一致，仍以出口到美国为主，占到中国软木及制品出口总量的29.10%。

四 2019年中国主要林产品市场分析

（一）林产品市场基本情况

2019年，中国林产品市场整体上处于萎缩状态。2019年，FPMI① 全年平均为48，比2018年下降1.7，衰退程度有所加剧。FPMI在全年的变化趋势则与往年大致相同。受过节因素影响，春节一般是FPMI的全年最低点，2019年2月的FPMI为31.1，略高于2018年同期水平，与2016年同期大致持平，但远低于2017年同期水平。春节过后，随着企业大量复工，FPMI往往会骤然提升并出现全年高点，2019年的最高点同样出现在3月，达到63.4。FPMI经过前期的骤降骤涨，4月和5月缓慢扩张，6月开始再次落入枯荣线以下。考察FPMI历史数据，暑期是全年另一个低点，这与暑期高温、多雨等因素密切相关，2019年6月、7月和8月的FPMI分别为42.8、37.7和41.6，7月为全年第二低点。2013~2018年每年7月的FPMI分别为49.32、44.73、41.89、45.13、47.77、42.28，2019年7月显著低于往年，反映出整个林产品市场弱于往年。FPMI在9月迎来惯常的季节性反弹，达到57，FPMI在接下来的4个月始终处于枯荣线之上，呈现持续发展态势。

2019年，林业绝大多数产品市场处于萎缩状态，并继续分化。产业调查指数全年平均处于枯荣线以上的只有木制家具行业，该行业在2018年即为发展状态最好的行业，产业调查指数全年平均为52.8，而且有8个月处于枯荣线以上；2019年产业发展态势弱于2018年，产业调查指数平均值下降4.36%，处于枯荣线以上的月份也减少2个。全年产业调查指数高于枯

① 自2012年开始，国家林业局开展了中国林业采购经理人指数（Forest Purchase Management Index，FPMI）调查工作。调查以问卷的形式在网上进行，调查问卷由国家林业局经济发展研究中心和中国林业产业联合会参照国家统计局调查标准制定。FPMI是衡量林业行业发展状态的风向标，指数超过50，说明行业处于发展状态；等于50，行业为停滞状态；小于50，行业为衰退状态。

荣线的月份超过6个月的还有木门窗和细木工板行业，但受到个别月份调查指数分值的拖累，导致全年景气度不高。2019年最不景气的是指接板行业，产业调查指数全年平均为42.7，与2018年42.5的平均值大致持平，但是高于枯荣线的月份则从2个减少到0。造纸业作为2018年最不景气的产业，本年度大幅提升33.29%，达到46.3，但高于枯荣线的月份也仅有2个，依然处于衰退状态。胶合板的发展状态也相对较差，全年调查指数平均值仅为44.4，比2018年下降4.91%，高于枯荣线的月份从3个减少到1个，衰退状态明显（见表1）。

表1　2019年全国林业采购经理人指数及10类产业调查指数

月份	1月	2月	3月	4月	5月	6月	7月	8月	9月	10月	11月	12月
FPMI	40.9	31.1	63.4	52.1	45.9	42.8	37.7	41.6	57.0	55.6	57.8	50.0
木门窗	33.1	27.3	55.2	54.2	51.8	48.2	42.5	51.4	49.2	54.9	55.9	55.6
竹产品	47.6	41.7	62.3	54.9	45.2	41.1	36.0	35.7	49.7	55.8	56.0	56.1
胶合板	38.8	35.0	58.1	48.5	45.8	40.7	37.4	39.5	47.9	44.9	48.6	47.0
木质家具	43.4	26.3	68.6	53.8	44.4	42.5	35.9	41.7	65.6	63.3	67.0	53.5
造纸	26.3	45.6	65.6	48.1	50.0	41.9	43.1	49.4	41.3	45.6	46.9	51.3
纤维板	38.9	35.3	56.5	47.4	51.9	42.5	41.6	42.9	51.2	45.3	44.5	36.6
指接板	40.1	33.8	47.5	47.2	42.4	41.8	40.7	44.6	42.5	45.7	44.5	41.8
细木工板	40.0	33.7	65.8	53.4	50.8	47.7	34.3	39.2	56.9	51.8	52.1	40.9
刨花板	26.6	31.2	72.5	47.8	46.6	51.1	50.5	51.3	54.0	46.5	49.6	47.5
木地板	36.6	38.8	59.2	53.9	46.8	44.4	44.6	41.8	51.0	51.0	46.6	41.5
PMI	49.5	49.2	50.5	50.1	49.4	49.4	49.7	49.5	49.8	49.3	50.2	50.2

资料来源：根据《中国绿色时报》2019年1～12月发布的数据整理。

2019年，中国林产品市场波动程度依然较高。全年PMI的变异系数不到0.01，而FPMI的变异系数则接近0.20，约为前者的20倍；与2017年相比，FPMI的变异系数大约提高了1倍。2019年，大部分林业产业调查指数的变异系数与往年相比也处于较高水平，特别是木制家具行业的变异系数接近0.27，成为近年来各分类产业调查指数波动的最高水平。指接板行业的变异系数最小（见图2），而且是2016年以来各分类调查指数波动的最低水平，但这是以全年的低水平发展为代价的，是一种低水平的稳定。

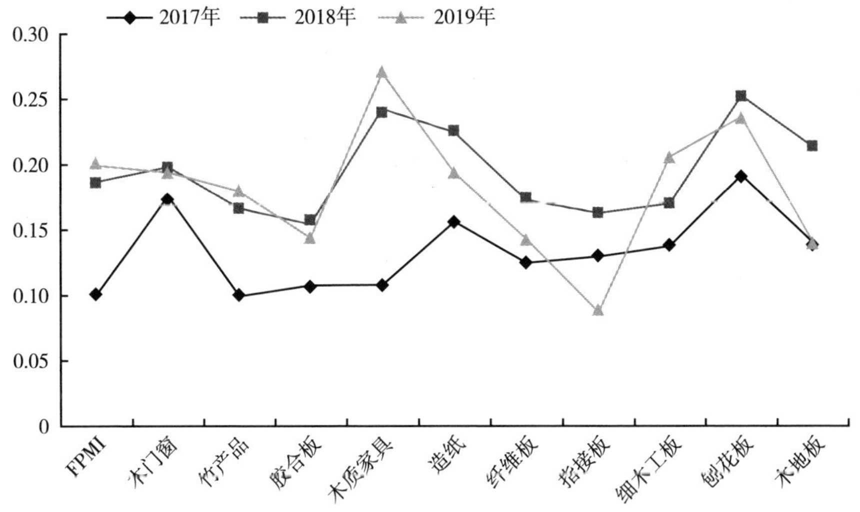

图 2　2017～2019 年林业采购经理人指数变异系数

（二）木材价格变化

2019 年，中国木材价格相对平稳，较 2018 年有所下降。“鱼珠·中国木材价格指数”① 显示，2019 年中国木材价格指数平均为 1203，比 2018 年下降 1.38%，结束了自 2016 年以来木材价格上涨的趋势。木材价格指数最低点出现在 12 月，为 1200；5 月是全年的最高点，达到 1271.6，仅比最低点高 1.35%，全年波动范围较小。除 2 月以外，2019 年上半年月度木材价格指数大致与 2018 年同期持平，下半年各月则全部低于 2018 年同期水平

① 鱼珠·中国木材价格指数是国家发改委计划编制的 12 个重要商品和服务价格指数之一。由广东省物价局和广州市物价局组织编制，华南师范大学和广东鱼珠国际木材市场共同研发，2012 年 9 月升级为国家级木材价格指数。该指数包括 1 个总指数，13 个一级分类指数，21 个二级分类指数，包括了木材行业所有商品分类。中国木材价格综合指数确定 2010 年 6 月为指数基准月，基点为 1000 点。

（见图3）。从供给看，中国木材对外依存度超过50%，国内木材价格受国际市场影响较大，2019年全球木材市场呈现供大于求的格局，导致国际市场木材价格暴跌，从而对国内木材价格上涨形成压力。从需求看，国内木材行业与房地产行业关系极为密切，2019年国内房地产市场不景气对木材市场产生重要影响，市场低迷难以支撑木材价格上涨。

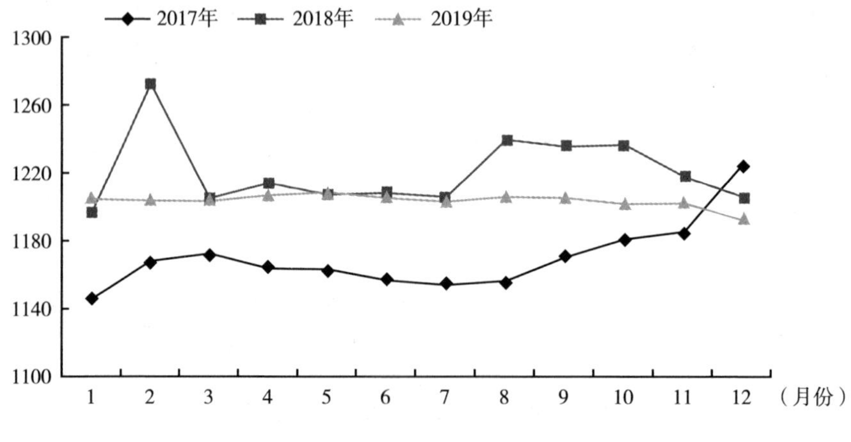

图3 2017～2019年中国木材价格指数变化

资料来源：中国木材价格指数网（www. yuzhuprice. com）。

（三）原木和锯材价格变化

2019年，原木平均价格有所下降，国内外原木价格倒挂扩大。2019年，原木平均价格指数为1078.12，比2018年平均价格指数下降2.45%。前4个月原木价格指数相对稳定，价格最高点出现在2月，从5月开始木材价格呈现持续下降的态势，全年价格最低点出现在12月。进口原木价格指数与原木价格指数基本保持同步变化。国产原木价格相当平稳，基本围绕1108上下波动，偏离不超过0.5%。全年国产原木价格始终高于进口原木价格，而且国内外价差不断扩大，国内外原木价格倒挂现象进一步强化（见图4）。

2019年，锯材平均价格比2018年下降约0.64%，国产锯材和进口锯材价差进一步缩小。国产锯材平均价格指数为1195.14，比2018年上涨

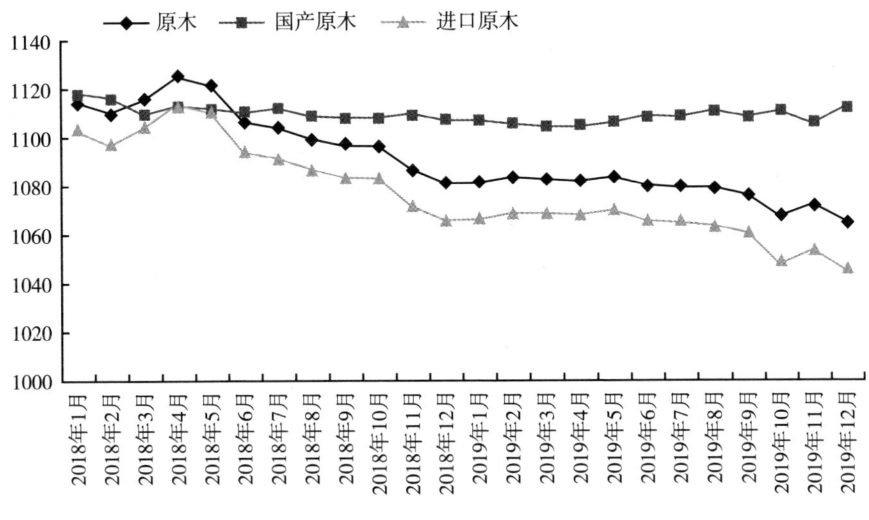

图 4　2018 ~ 2019 年中国原木价格指数变化

资料来源：中国木材价格指数网（www. yuzhuprice. com）。

6. 40%；进口锯材平均价格指数为 1287，比 2018 年下降 1. 10%；国产锯材和进口锯材平均价格指数的差与 2018 年相比，从 177. 77 缩小到 91. 66（见图 5）。

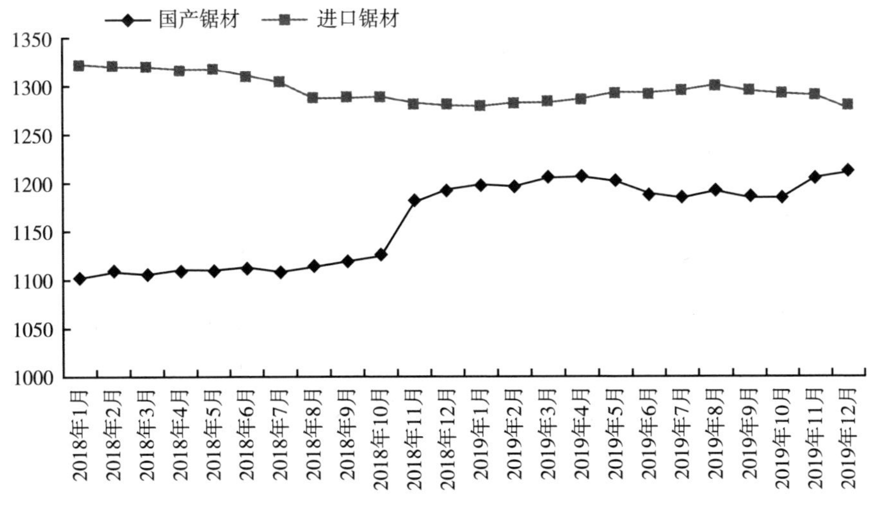

图 5　2018 ~ 2019 年中国锯材价格指数变化

资料来源：中国木材价格指数网（www. yuzhuprice. com）。

（四）人造板价格变化

2019 年，人造板价格略有下降，波动幅度明显收窄。胶合板、刨花板和纤维板价格指数涨跌不一。虽然中国是全球人造板第一生产大国，但是产品质量较低，胶合板、刨花板和纤维板（三者产量合计占人造板总产量的 80% 以上）低端产品占比均超过 80%，虽然通过供给侧结构性改革，产品质量有所提高，但部分企业随着效益改善再次扩大规模，使人造板行业进入规模扩张、盲目发展的轨道，再加之关税壁垒等造成出口困难，从而使国内人造板行业出现产能过剩①，对价格形成压力。2019 年，胶合板平均价格指数为 1043.37，比 2018 年下降 2.15%；刨花板平均价格指数为 1115.10，比 2018 年下降 0.38%；纤维板平均价格指数为 1076.84，比 2018 年上涨 0.88%。纤维板价格在 2019 年 4 月以后出现上涨，主要原因是化工原材料价格上涨，与此同时，产地降雨较多导致原材料晾晒困难供应受阻，纤维板的生产周期拉长。

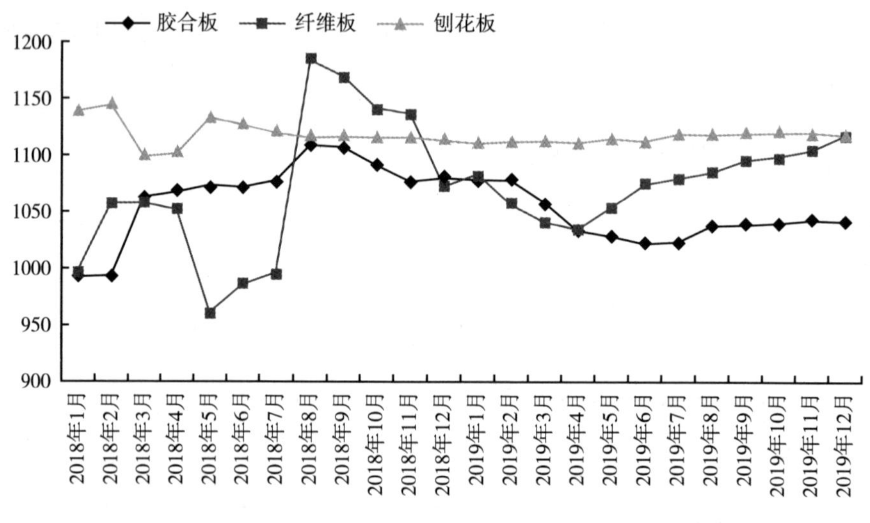

图 6　2018～2019 年中国人造板价格指数变化

资料来源：中国木材价格指数网（www. yuzhuprice. com）。

① 陈水合：《我国人造板发展谨防产能过剩》，《中国林业产业》2019 年第 4 期。

（五）木质地板价格变化

2019 年，木质地板价格有所下降。实木地板价格明显高于实木复合地板和竹地板价格。实木地板平均价格指数为 1251.81，比 2018 年下降 1.83%；实木复合地板平均价格指数为 1022.90，比 2018 年上涨 0.30%；竹地板平均价格指数为 1040.76，比 2018 年下降 0.86%（见图 7）。

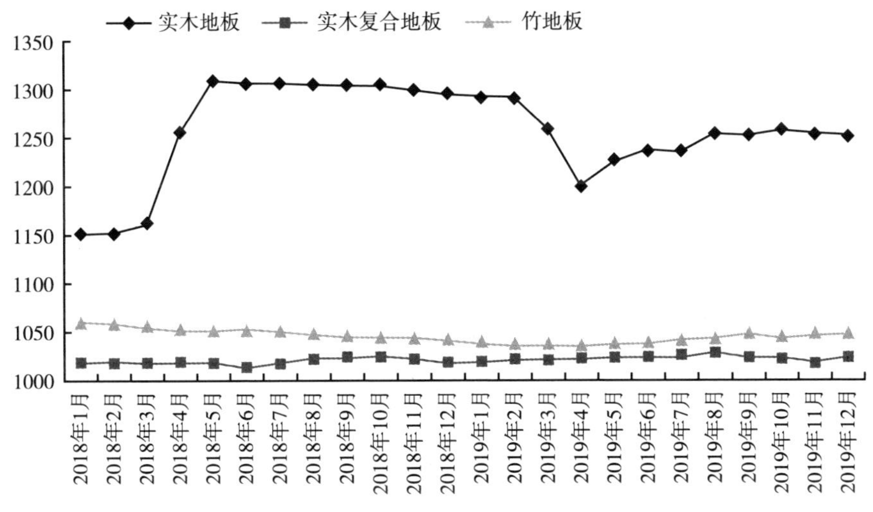

图 7　2018～2019 年木质地板价格指数变化

资料来源：中国木材价格指数网（www. yuzhuprice. com）。

（六）名贵林产品价格变化

2019 年，红木平均价格指数为 1275.97，比 2018 年下降 2.38%（见图 8）。近年来，国内红木市场处于相对疲软的状态，2017 年以来价格持续下降。2019 年初，国际红木市场上发生了几个重要事件，一是赤道几内亚禁止原木出口，中国从该国的木材进口量约占从非洲原木进口总量的 1/4；二是尼日利亚海关决定完全停止刺猬紫檀的出口，中国 65% 以上的刺猬紫檀来自该国；三是 CITES 对染料紫檀进行贸易监管，以避免其被列入极其濒

危物种名录，原料供给下降为价格上涨提供了动力。但实际情形是中国红木价格并没有出现上涨，主要原因包括房地产市场不景气，市场信心始终没有恢复，环保整治减少下游企业需求，以及汇率变化，企业利润下降等。

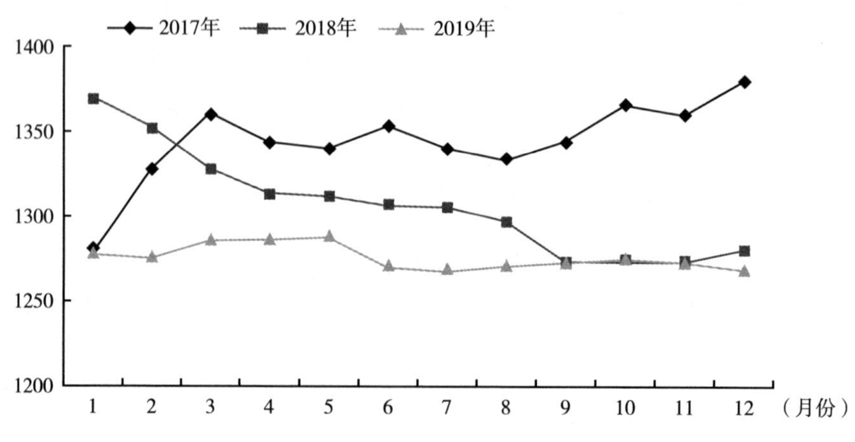

图 8　2017～2019 年中国红木价格指数变化

资料来源：中国木材价格指数网（www. yuzhuprice. com）。

五　2020年林业生产和林产品市场展望

2020 年是“十三五”规划收官之年，也是全面建成小康社会收官之年，虽然在年初经历了新冠肺炎疫情，对林业经济发展造成了重大的影响，但是生产和林产品市场长期向好的格局并没有改变，并将在抗击疫情和宏观经济全面恢复过程中迈上新的台阶。

1. 造林面积仍将保持在1亿亩以上，林业第三产业比重进一步提高

按照 2035 年美丽中国目标实现对应的森林覆盖率达到 26% 的目标，每年必须完成 1 亿亩造林任务。根据近几年的情形，2020 年 1 亿亩造林任务肯定能够完成。与此相对应，中央林业投资也将保持增长的势头。随着木材供应能力的增长，全年木材产量有望维持在 9000 亿立方米以上。2019 年林业产值出现负增长，再加之新冠肺炎疫情的影响，2020 年林业产业发展面

临较大的压力，但同时也孕育着巨大的机遇。新冠肺炎疫情虽然会对经济活动产生负面影响，但终究是一次性冲击现象，对生产要素供给和生产率都不会产生长期影响，甚至不会造成对全年的影响，疫情在需求方面造成的损失也能较快得到恢复①，可以预计，林业各产业也将得到快速恢复。政府着力补上社会发展领域特别是公共卫生领域的短板，以及为了缓解经济下行压力，会释放更多的基础设施投资，这将对建筑用材产生巨大需求。在疫情期间受到严重抑制的旅游消费必将出现报复性恢复，而强调人与自然和谐发展的森林旅游与康养业也会更受到人们的欢迎，从而推动林业第三产业产值在林业总产值中的比重继续提升。

2. 林产品进出口贸易增长趋缓，林产品出口形势严峻

国际经济复苏乏力，反全球化浪潮和贸易保护主义倾向不断加剧，中国国际贸易形势不容乐观。2020 年，受疫情影响的企业停产导致口岸货物积压严重、海外订单减少、企业交货压力大等一系列负面局势，中国林产品进出口贸易增长将进一步趋缓，相比较而言，出口面临的形势更为严峻。进口方面，木材成本上涨的压力来自三个方面。一是运费上涨。中国大多数木材的进口依赖于海运，从 2020 年 1 月 1 日开始，国际海事组织（IMO）限硫令的生效将提高海运成本，影响木材价格。二是汇率上涨。中美贸易摩擦增加了汇率波动的风险，汇率的上涨会直接拉动木材成本价格的上涨。三是原料限制。由于国内人均林业资源有限及禁伐政策带来的木材产量调减，2020 年木材进口将继续保持一个较高的水平以弥补木材供应的巨大缺口。但受出口国原木政策、国内劳动力成本等因素影响，预计 2020 年锯材进口比重将进一步增加。随着人民生活水平的提高，对绿色、环保、优质产品的追捧，进口木制品、家具等产品的增长率还将保持较高水平。另外，刨花板的价格优势及木结构建筑的发展，会促进刨花板进口量的增长。由于环保政策趋严，中国近几年木浆产能扩张停滞，未来对进口木浆的依存度将进一步提

① 蔡昉：《继续为实现今年经济社会发展目标任务而努力》，《人民日报》2020 年 2 月 12 日第 9 版。

高。随着近年来不断强化的环境保护要求，我国关停了北方大量低效能造纸企业，并严格限制了废纸进口量，未来废纸进口将进一步减少。从出口来看，2020 年中国林产品出口遇到的困难依然存在，而且呈现继续加剧的趋势。一方面，进口材成本的上涨会增加中国林产品出口的成本，降低中国林产品的国际竞争力；另一方面，受中美贸易摩擦影响，2020 年美国客户订单预计将会进一步减少。由于美国在中国木质林产品出口市场中所占比重最大，而共建“一带一路”国家等新兴市场的开发和维护需要一定时间和周期，因此短期内中国优势林产品出口将会面临一定的挑战。此外受疫情影响，东南亚一些国家的产品以低成本优势乘机抢占国际市场，加之木材加工产品国际市场萎缩的背景，预计 2020 年中国的木质家具、人造板、木地板等中高端产品出口面临压力。

3. 国内木制品价格将保持稳定，林业高质量发展须持续发力

虽然 2020 年初全球木材生产已经开始大幅削减，但是 2019 年留下的大量库存依然使全球木材市场呈现供过于求的状态，国际木材价格仍将在低位运行，从这方面来看，国内木材也没有上涨的理由。从国内来看，受疫情影响，国内木材消费受到一定程度的抑制，即使疫情过后木材消费实现报复性增长，但也不会对供需格局产生反转性的改变，因此，2020 年国内木材价格将总体上保持稳定。房地产发展在林产品市场发展中具有关键性作用，在“房住不炒”的定位下，房地产已经逐渐转向高质量发展的新阶段，林业一定要适应这一形势的变化，加快高质量发展步伐，在不断适应社会需求变化的过程中迈上新台阶。

G.6
2019年畜牧业经济形势及2020年展望

韩磊　王术坤*

摘　要： 2019年猪肉产量大幅下降，禽肉产量增长明显，牛羊肉和生鲜乳产量小幅增长。受非洲猪瘟疫情影响，2019年猪肉供需缺口较大，价格暴涨，进而推动其替代性畜产品消费需求增加，全年各畜产品价格高位运行，畜牧业养殖效益有所提高。2019年各畜产品进口量大幅增加，出口量都有不同程度减少。展望2020年，肉类产品供需整体偏紧，价格维持高位；生鲜乳供需宽松，价格有下降压力；畜产品贸易将继续呈现进口量增加与进口来源多元化并存的局面。

关键词： 畜牧业　非洲猪瘟疫情　畜产品

一　2019年畜产品生产变化

（一）畜产品总产出变化

随着居民膳食结构的不断优化，改革开放以来，中国畜牧业总产出呈现不断增长的趋势，但自2000年以来，畜牧业总产值增速放缓，畜牧业总产

* 韩磊，管理学博士，中国社会科学院农村发展研究所助理研究员，主要从事粮食安全、农产品市场、畜牧业经济等领域的研究；王术坤，管理学博士，中国社会科学院农村发展研究所助理研究员，主要从事农业政策评估、农业技术经济、畜牧业经济等领域的研究。

值占农林牧渔业总产值的比重在 2008 年达到 35.45% 的最高值后也呈现不断下降的趋势，到 2018 年该比重下降至 25.27%。当前中国肉类和牛奶总产量均进入低速增长阶段，其中肉类总产量于 2000 年前后进入低速增长阶段，尤其是 2018 年以来在非洲猪瘟疫情的影响下生猪产量下降较为严重，而牛奶总产量在 2008 年"三聚氰胺"事件以后进入徘徊阶段，近年牛奶产量基本在 2008 年的水平上下波动。

2019 年，猪牛羊禽肉总产量为 7649 万吨，比 2018 年下降 10.2%；牛奶总产量为 3201 万吨，比 2018 年增长 4.1%①。肉类分品种来看，2019 年猪肉产量为 4255 万吨，同比下降 21.3%；牛肉产量为 667 万吨，同比增长 3.6%；羊肉产量为 488 万吨，同比增长 2.6%；禽肉产量为 2239 万吨，同比增长 12.3%（见表 1）。

表 1　2019 年中国不同畜产品产量变化情况

单位：万吨，%

年份	猪牛羊禽肉	猪肉	牛肉	羊肉	禽肉	牛奶
2018	8517	5404	644	475	1994	3074
2019	7649	4255	667	488	2239	3201
2019 年同比增长	-10.2	-21.3	3.6	2.6	12.3	4.1

资料来源：国家统计局。

从各品种畜产品产量占肉类总产量的比重来看，猪肉仍然是中国消费者最主要的肉类消费品种。但是随着居民消费水平的提高，肉类消费逐渐向多元化结构转变。改革开放以来，中国猪肉的产量占比逐渐下降，但猪肉在数量上仍为第一大产量品种；牛肉和羊肉产量占比相对较低，但其产量均呈平稳增长趋势；禽肉因为价格优势产量增长更加明显，且始终为第二大产量品种，其在肉类总产量中的占比呈稳步增长态势（见图 1）。2019 年，在非洲猪瘟疫情的影响下，中国猪肉产量明显下降，全

① 2018 年，国家统计局根据第三次农业普查调整了 2006 年以来的统计数据，本报告所用数据为调整后的最新数据。由于数据的调整，相关结论与往年的分析报告不完全一致。

国猪肉产量占猪牛羊禽肉总产量的55.63%，比2018年下降7.82个百分点。作为猪肉替代品的其他肉类品种的产量出现不同程度的增加。禽肉作为最大的替代品，2019年产量占比29.27%，增加5.86个百分点；牛肉产量占比为8.72%，增加1.16个百分点；羊肉产量占比为6.38%，增加0.80个百分点。

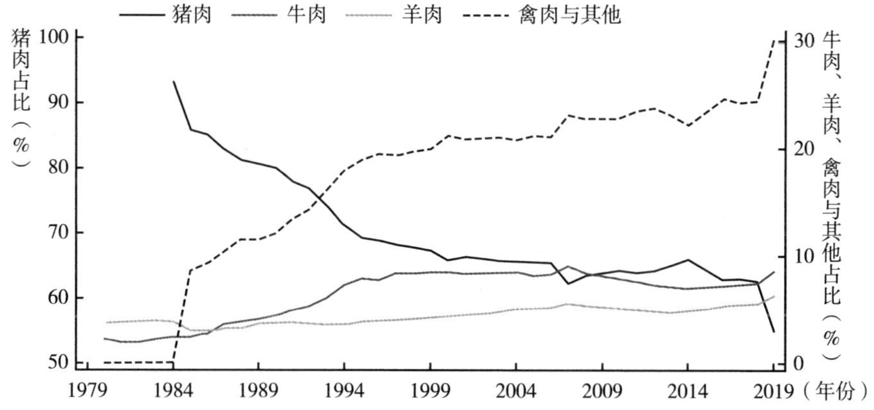

图1　1979～2019年肉类分品种产量占肉类总产量比重变动趋势

注：由于2019年肉类总产量数据尚未发布，本文在2018年和2019年“其他肉类”产量相同的假设下对2019年的肉类总产量进行了推算。

资料来源：国家统计局。

（二）畜产品区域分布变化

根据国家统计局公布的最新数据，2018年，中国肉类生产主要集中在山东、河南、四川、湖南、河北等省份，以上五省份肉类总产量占全国肉类总产量的37.07%，其中山东肉类产量最高，占全国总产量的9.91%；牛奶生产主要集中在内蒙古、黑龙江、河北、山东、河南等省份，以上五省份牛奶产量占59.66%，其中内蒙古产量最高，占全国总产量的18.40%。肉类分品种来看，2018年，猪肉生产主要集中在四川、河南、湖南、山东、湖北等省份，以上五省份产量占40.76%，其中四川产量最高，占全国总产量的9.08%；牛肉生产主要集中在山东、内蒙古、河北、黑龙江、新疆等省份，以上五省份产量占43.29%，其中山东产量最高，占全国总产量的11.86%；羊肉生产主要集中在内蒙古、新疆、山东、河北、河南等省份，以上五省份产量占54.72%，其中内蒙古产量最高，占全国总产量的22.38%（见图2）。

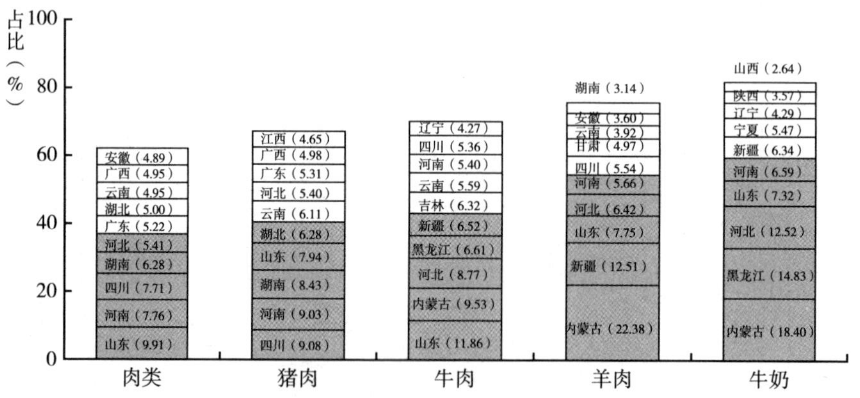

图2 2018年畜产品产量区域分布

注：本图只列出产量排名前十的省（区、市）的产量占全国总产量的比重。
资料来源：根据国家统计局数据计算得到。

以产量排名前五个省（区、市）的产量合计占全国总产量的比例来衡量集中度，2011年以来中国肉类生产集中度变化不大，基本稳定在37%左右；牛奶生产集中度呈逐年下降趋势，从2011年的68.95%下降到2018年的59.65%。与2017年相比，2018年各肉类品种生产集中度的比较情况保持不变，羊肉生产集中度仍然最高，其次是牛肉，猪肉最低。但是各个品种的集中度略有变化，2018年猪肉和羊肉生产集中度分别增长1.23个和0.44个百分点，牛肉和牛奶生产集中度分别减少0.51个和0.42个百分点。

从2017~2018年各地区产量变化情况来看，肉类产量的地区变化相对较大，而牛奶产量除海南省外其他地区变化较小（见图3）。2018年肉类产量减少0.41%，产量排名前八的地区中，山东（-1.31%）、湖南（-0.29%）、河北（-1.59%）、湖北（-1.02%）都出现了一定程度的下降。在31个省（区、市）中，2018 年共有 16 个地区肉类产量出现下降，其中北京下降幅度最大，为 33.69%；有 15 个地区产量有所上升，其中贵州上升幅度最大，为 3.50%。

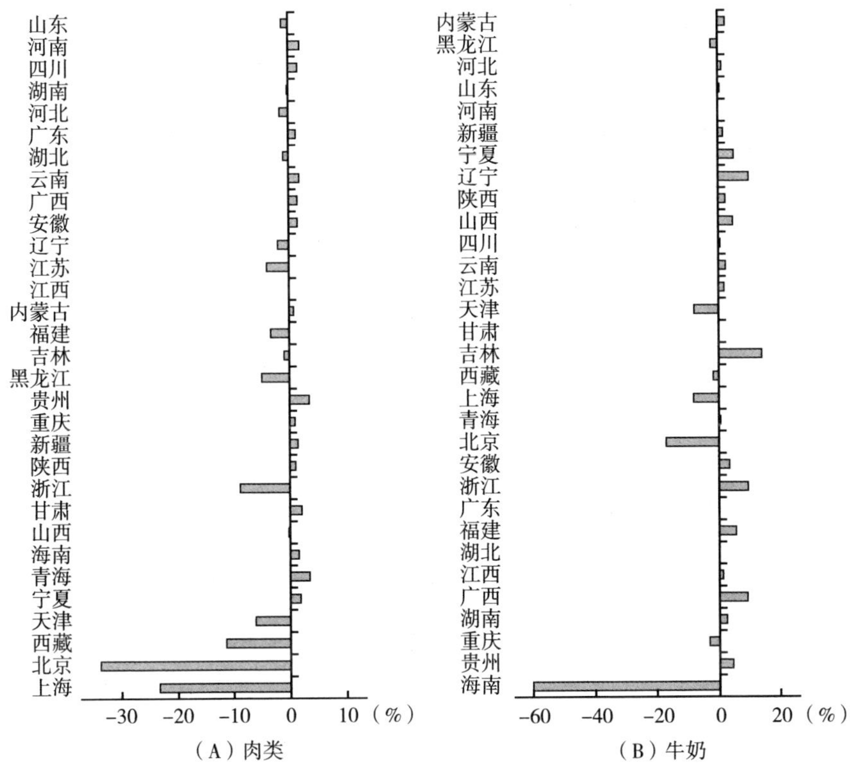

图 3　2018 年肉类和牛奶各地区产量同比变化

注：地区按 2018 年产量由高至低排序。

资料来源：根据国家统计局数据计算得到。

2018 年牛奶产量比 2017 年减少 1.18%，产量排名前八的地区中，除黑龙江和河南产量分别减少 2.00% 和 0.08% 外，其他地区产量均有所增加。在 31 个省（区、市）中，2018 年共有 23 个地区牛奶产量有所增加，其中吉林增加幅度最大，为 14.18%；有 8 个地区产量出现减少，其中产量最少的海南产量减少幅度最大，为 60.00%。

二　2019年畜产品贸易变化

（一）肉类贸易变化

与2018相比，2019年中国各肉类品种进口量和进口金额都出现不同程度的增加，与此同时，各肉类品种出口量都有所下降，除禽肉出口金额小幅上升外，其他肉类品种的出口金额都有不同程度的下降（见表2）。

表2　2019年中国肉类进出口情况

品种	年份	进口量（万吨）	进口金额（亿美元）	出口量（万吨）	出口金额（亿美元）
猪肉	2018	119.28	20.74	4.18	1.95
	2019	199.42	45.09	2.66	1.41
	2019年同比增长（%）	67.18	117.38	-36.23	-27.60
牛肉	2018	103.94	48.00	0.04	0.03
	2019	165.95	82.25	0.02	0.02
	2019年同比增长（%）	59.65	71.36	-49.29	-48.64
羊肉	2018	31.90	13.09	0.33	0.35
	2019	39.23	18.61	0.20	0.21
	2019年同比增长（%）	22.97	42.19	-40.60	-37.93
禽肉	2018	50.46	11.50	51.82	18.09
	2019	79.70	20.29	51.24	18.42
	2019年同比增长（%）	57.95	76.43	-1.12	1.82

资料来源：中国海关。

根据中国海关统计数据，2019年中国猪肉进口量和进口金额分别为199.42万吨和45.09亿美元，同比分别增长67.18%和117.38%。与此同时，中国猪肉出口量和出口金额均出现下降，分别下降36.23%和27.60%。2019年，中国猪肉进口增加及出口减少的主要原因是生猪生产受到非洲猪瘟疫情的影响。截至2019年11月21日，全国共报告发生160起非洲猪瘟疫情，扑杀生猪119.3万头①。另外，中国海关积极扩展多元化进口来源，促进了猪肉进口。2019年新增16个国家的肉产品准入，扩大了21个国家已准入肉产品的品种范围，猪肉产品准入国家达到20个。

作为猪肉替代品，其他肉类品种进口也出现了不同程度的增加。根据海关统计数据，2019年牛肉进口量为165.95万吨，同比增长59.65%，出口量为0.02万吨，减少49.29%；羊肉进口量为39.23万吨，同比增长22.97%，出口量为0.20万吨，减少40.60%；禽肉进口量为79.70万吨，同比增长57.95%，出口量为51.24万吨，减少1.12%。

（二）乳品贸易变化

根据中国海关统计数据，2019年乳制品进口总量为297.3万吨，同比增长12.8%，进口金额为111.3亿美元，同比增长10.6%（见表3）。全年乳制品净进口291.9万吨，折合原料奶1730.9万吨，同比增长7.1%。

表3　2019年乳制品进口情况

名称	进口量		进口额	
	总量（万吨）	同比增长（%）	总量（亿美元）	同比增长（%）
乳制品	297.3	12.8	111.3	10.6
液态奶	92.4	31.3	11.6	19.2
鲜奶	89.1	32.3	11.0	20.7
酸奶	3.4	9.6	0.6	-3.1
干乳制品	204.9	6.0	99.7	9.6
原料奶粉	101.5	26.6	31.2	28.6
乳清	45.3	-18.6	6.1	-4.2
奶酪	11.5	6.1	5.2	1.7
奶油	8.6	-24.5	4.7	-33.1
炼乳	3.5	26.3	0.6	14.2
婴幼儿配方奶粉	34.5	6.5	51.9	8.8

资料来源：中国海关。

① 《农业农村部就10月份生猪生产形势有关情况举行例行新闻发布会》，http：//www.moa.gov.cn/hd/zbft_news/szscxs/。

分品种来看，鲜奶和原料奶粉进口量都有较大增长，乳制品进口总量近300万吨，原料奶粉进口量首次突破100万吨，干乳制品进口量首次突破200万吨。具体来说，如下。①液态奶进口总量为92.4万吨，同比增长31.3%，进口额为11.6亿美元，同比增长19.2%。干乳制品进口量为204.9万吨，同比增长6.0%，进口金额为99.7亿美元，同比增长9.6%。与2018年相比，液态奶进口增速大幅上升，干乳制品进口增速有所放缓。②鲜奶、原料奶粉和炼乳进口大幅增长。其中，鲜奶进口量为89.1万吨，同比增长32.3%；原料奶粉进口量为101.5万吨，突破100万吨，同比增幅达到26.6%；炼乳进口量为3.5万吨，同比增长26.3%。③乳清和奶油进口量大幅下降。其中，乳清进口量为45.3万吨，同比减少18.6%；奶油进口量为8.6万吨，同比减少24.5%。④婴幼儿配方奶粉进口小幅增长。全年进口量为34.5万吨，同比增长6.5%。

三　2019年畜产品市场变化

（一）猪肉价格变化

2019年国内猪肉集贸市场价格整体上呈现先低位徘徊，后快速攀升，再小幅下降的曲线变动过程（见图4）。受非洲猪瘟疫情的影响，2019年中国生猪存栏量和能繁母猪存栏量呈持续下降趋势，根据农业农村部对400个县的监测数据，10月生猪存栏量同比下降41.4%，能繁母猪存栏量同比下降37.8%。国家统计局数据显示，2019年国内猪肉产量同比下降21.3%，年末生猪存栏量同比下降27.5%，年末生猪出栏量下降21.6%。生猪产能和猪肉供给大幅下降推动猪肉价格大幅上涨，1~12月猪肉月度平均价格从23.34元/公斤波动上涨到51.16元/公斤，上涨了约1.2倍。

具体地，猪肉价格在年初两个月走势低迷且有下降趋势，从1月初的23.77元/公斤下降到2月底的22.36元/公斤，下降了5.93%。进入3月猪肉价格先升后降，月底又降到22.36元/公斤，这是3月初猪肉价格上涨引致部分养殖场（户）提前出栏抛售导致阶段性供给增加，与前期价格处于高位引起消费低迷共同的结果。从4月开始，猪肉价格持续快速上涨，到11月初达到全年58.71元/公斤的最高价格，是全年最低价格的2.6倍。11月中下旬以来，全国猪肉价格开始下跌，到年底跌破51元/公斤，这主要是猪肉供需局面有所改变导致的。从供给方面看，一是中国在加大猪肉进口的同时加快库存猪肉出库。前三季度中国猪肉进口量同比增长44%，9月和12月中国分别投放中央储备猪肉3万吨和14万吨。二是国内压栏大猪继续上市，养殖户在猪肉价格下跌后急速出栏。三是8月以来国家在财政、金融、用地、规范禁养区划定与管理、生猪生产补贴等方面出台了一系列政策，一定程度上促进了生猪和猪肉的供给。从需求方面看，2019年下半年以来，随着猪肉价格暴涨，消费者选择鸡肉、鸡蛋等畜产品替代猪肉消费，猪肉消费低迷。

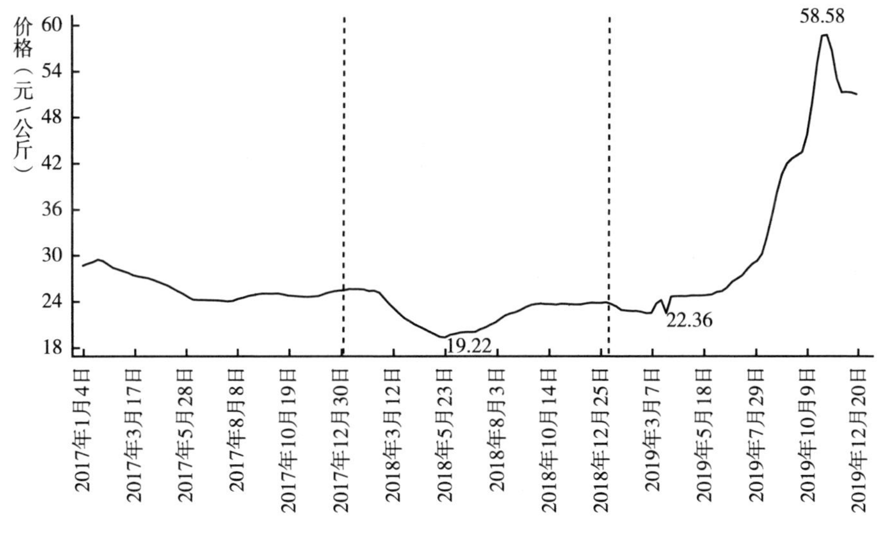

图4　2017～2019年猪肉价格走势

资料来源：农业农村部。

纵向来看，2016年6月初猪肉价格达到31.56元/公斤的高位后开始持续下滑，到2018年5月底降到19.22元/公斤的阶段性最低点，上一轮猪周期基本结束。这一阶段猪肉价格呈现持续下滑走势的主要原因在于，在之前猪肉价格一路上涨、养殖效益上升的驱动下生猪供给增加，但经济增速放缓及肉类消费多元化带来了国内猪肉消费的不振。2018 年下半年猪肉价格回暖，但在接近一年的时间内一直处在价格低位，在非洲猪瘟疫情及环保政策实施等因素共同作用下，2019 年下半年以来猪肉价格暴涨。2016 年和 2017 年猪肉价格变动表现呈现季节性，即年初因为春节消费带动价格上涨，年终价格触底反弹。但 2018 年和 2019 年与前两年的变化趋势有所不同，春节带动消费的作用有限，且价格触底反弹的时间更早，全年价格波动幅度更大。

（二）牛羊肉价格变化

2019 年，牛肉和羊肉价格走势基本一致，整体均呈现先降后升的曲线变动趋势，且年初价格高位和年中触底反弹的时间点也一致（见图 5）。牛肉和羊肉全年平均价格分别为 72.92 元/公斤和 71.96 元/公斤，同比增长 11.94% 和 15.45%。对于牛肉而言，年初价格上涨，到 2 月初达到 70.68 元/公斤的高点后价格回落，到 4 月底降到 68.25 元/公斤的最低位后开始反弹，到 11 月中旬达到 82.41 元/公斤的历史高位后开始小幅下降。对于羊肉而言，2 月初的最高价格为 71.46 元/公斤，4 月低价格回落到 68.09 元/公斤的最低点，之后持续上升到年底约 80 元/公斤的历史高位。牛肉和羊肉价格走势均表现为季节性波动，年初在春节期间消费需求增加的影响下价格上涨，年中价格先下降后上升主要受大多数居民的夏天消费少、冬天消费多的牛羊肉消费习惯影响。同时，2019 年下半年猪肉价格的大幅上涨促进了牛羊肉对猪肉的消费替代，强化了牛羊肉下半年价格上涨的趋势。

纵向来看，2014 年之前国内牛肉和羊肉价格均经历了大幅持续上涨，之后牛肉价格在基本稳定的基础上呈现周期性和季节性波动，羊肉价格呈持续下跌趋势，到 2016 年底羊肉价格才开始回升。2017 年下半年以来，国内牛肉和羊肉集贸市场价格均呈波动上涨趋势，到 2019 年底牛羊肉价格均达到历史高位。自 2015 年羊肉价格高于牛肉价格的局面被打破以来，牛肉和羊肉价差不断拉大，到 2017 年下半年开始才有缩小的趋势，到 2018 年底两者价格基本持平。2019 年初羊肉价格一度超过牛肉价格，4 月开始牛肉价格开始高于羊肉价格，两者价差呈扩大趋势，年底牛肉价格比羊肉价格高约 3%。

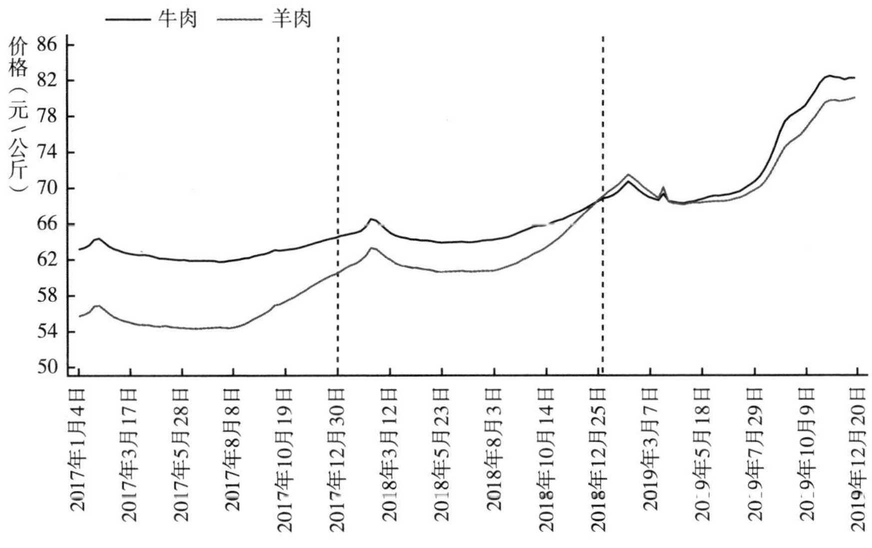

图 5　2017 ~ 2019 年牛肉和羊肉价格走势

资料来源：农业农村部。

（三）鸡肉价格变化

2019 年，国内白条鸡集贸市场价格整体呈现先小幅下降，后快速上升，再小幅下降的变动过程（见图 6）。在中国，鸡肉为仅次于猪肉的第二大肉类消费品种，2019 年在猪肉价格暴涨的情况下，猪肉和鸡肉消费的替代效应凸显，下半年鸡肉价格和猪肉价格波动走势呈现较强的一致性。全年鸡肉价格的最低点为 3 月初的 20. 03 元/公斤，最高点为 11 月初的 26. 92 元/公斤，比最低点高 34. 40%；全年平均价格为 22. 10 元/公斤，同比增长 15. 10%。1 ~ 12 月鸡肉月度平均价格从 20. 40 元/公斤上升到 25. 47 元/公斤，上涨了 24. 85%。

纵向来看，在经历了 2015 ~ 2016 年的平稳小幅波动之后，国内鸡肉价格呈现大幅波动上升趋势。2017 ~ 2019 年，年度最低价格上涨了 20. 60%，年度平均价格上涨了23.40%。2017年鸡肉波动主要受H7N9疫情的影响，2018年鸡肉价格波动主要是季节性消费变动引起的，而2019年鸡肉价格的大幅快速上涨，主要是非洲猪瘟疫情导致生猪产能下降和猪肉价格暴涨，进而增加了对鸡肉的替代需求，推高了鸡肉价格。

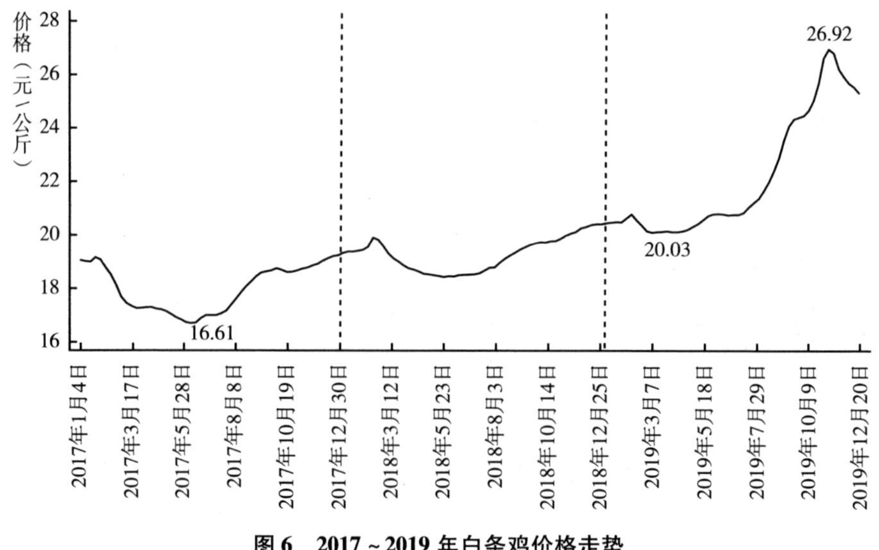

图6　2017～2019年白条鸡价格走势

资料来源：农业农村部。

（四）牛奶价格变化

2019年，国内生鲜乳价格呈现先降后升的曲线变化过程，同比增长明显（见图7）。根据农业农村部对主产省生鲜奶收购价格监测数据，2019年生鲜乳平均价格为3.65元/公斤，分别比2018年和2017年的平均价格高5.49%和4.89%。具体地，2019年1月生鲜奶平均价格为3.61元/公斤，比上年同期（3.49元/公斤）高3.44%。之后生鲜奶价格持续走低，到5月降至3.53元/公斤的年度最低值，比年初下降了2.22%。从6月开始，生鲜奶价格开始反弹并持续上升，到12月生鲜奶价格达到3.84元/公斤，比年中最低价格高8.78%，创造了2015年以来的最高价格。国家奶牛产业技术体系监测的国内近200家规模牧场的生鲜乳收购价格与农业农村部监测价格走势基本一致，但是平均水平略高，1～4 月从 3.84 元/公斤下降到 3.68 元/公斤，之后持续回升，到 12 月上升至 3.95 元/公斤。

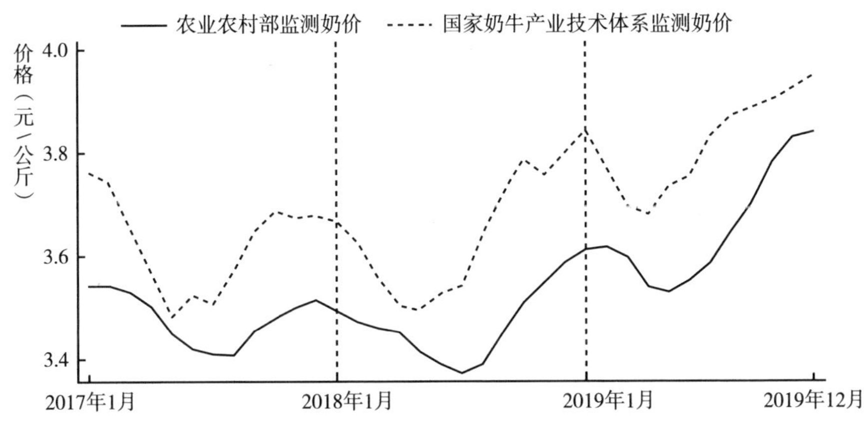

图 7　2017～2019 年主产省生鲜乳价格走势

资料来源：农业农村部、国家奶牛产业技术体系。

纵向来看，2019 年生鲜乳价格走势与 2017 年和 2018 年相似，在上半年都有一个比较明显的季节性回调。与前两年不同的是，2019 年生鲜乳价格下降持续时间较短，且价格上升幅度较大。2019 年，虽然国内生鲜乳收购价格依然高于进口奶粉折原料奶的到岸价格，但是由于国外乳制品价格和中国进口到岸价格的上升，两者的比值有大幅下降。2019 年 1～12 月，进口奶粉折原料奶的平均到岸价格从 2.40 元/公斤升至 2.93 元/公斤，国内生鲜乳收购价与进口奶粉折原料奶的到岸价格相比，从高出 37.6% 降到仅高 16.0%。这表明，中国奶业竞争力有所提升，与国际奶业竞争力的差距明显缩小。

四　2019年畜牧养殖业成本收益分析

（一）畜牧养殖业成本构成

对于生猪、肉牛、肉羊和肉鸡而言，其养殖成本主要为饲料成本、仔畜成本和人工成本；而对于奶牛而言，其养殖成本主要是饲料成本、人工成本和固定资产折旧（见表4）。以散养为例，2018 年生猪养殖总成本中，饲料成本、仔畜成本和人工成本分别占 47.41%、22.74% 和 26.62%；肉牛养殖总成本中以上三种成本分别占 19.40%、67.13% 和 11.91%；肉羊养殖总成本中以上三种成本分别占 18.09%、38.50% 和 40.13%。小规模肉鸡养殖总成本中，饲料成本、仔畜成本和人工成本分别占总成本的 68.51%、10.60% 和 13.68%。散养奶牛养殖中，饲料成本、人工成本和固定资产折旧分别占总成本的 59.60%、23.70% 和 12.06%。可见，对于生猪、肉鸡和奶牛养殖而言，占比最高的成本为饲料成本；对于肉牛养殖而言，占比最高的成本为仔畜成本；对于肉羊养殖而言，占比最高的成本为人工成本。

表 4　2018 年畜牧业养殖成本主体构成

品种	饲料成本		仔畜成本		人工成本		固定资产折旧	
	数量	占比(%)	数量	占比(%)	数量	占比(%)	数量	占比(%)
生猪	887.99	47.41	425.86	22.74	498.56	26.62	8.40	0.45
肉牛	1806.73	19.40	6252.25	67.13	1109.30	11.91	32.10	0.34
肉羊	209.31	18.09	445.43	38.50	464.26	40.13	5.66	0.49
肉鸡	2178.94	68.51	337.13	10.60	435.06	13.68	32.62	1.03
奶牛	10226.52	59.60	0.00	0.00	4066.19	23.70	2068.73	12.06

注：生猪、肉牛、肉羊和奶牛养殖成本以散养为例，单位为元/头；肉鸡养殖成本以小规模养殖为例，单位为元/百只。

资料来源：《全国农产品成本收益资料汇编（2019）》。

（二）畜牧养殖业成本的规模差异

近年来，国家采取多项措施积极推动畜牧业规模化和标准化发展，畜牧业养殖呈现散养户快速退出、大规模养殖占比持续增长的趋势。从不同养殖规模的成本比较来看，生猪和肉鸡养殖的规模效益明显，奶牛养殖却表现出规模不经济（见表5）。2018 年，生猪和肉鸡养殖单位主产品的成本随着规模的扩大而下降，生猪小规模、中规模和大规模养殖的成本分别比散养低

13.34%、16.12%和16.31%；肉鸡中规模和大规模养殖的成本分别比小规模养殖低2.11%和5.62%。对于奶牛，2018年虽然小规模养殖的单位主产品成本比散养低6.27%，但中规模和大规模养殖成本却比散养分别高5.92%和6.27%。

表5　2013～2018年不同规模养殖成本变化

品种	年份	单位主产品总成本(元/公斤)				规模养殖/散养		
		散养	小规模	中规模	大规模	小规模	中规模	大规模
生猪	2013	15.87	14.13	13.84	13.91	0.89	0.87	0.88
	2015	15.66	13.95	13.39	13.27	0.89	0.86	0.85
	2017	16.48	14.54	14.06	13.99	0.88	0.85	0.85
	2018	15.14	13.12	12.70	12.67	0.87	0.84	0.84
肉鸡	2013	—	11.12	10.85	11.40	—	0.98	1.03
	2015	—	10.98	10.66	11.67	—	0.97	1.06
	2017	—	10.58	10.70	10.92	—	1.01	1.03
	2018	—	11.39	11.15	10.75	—	0.98	0.94
奶牛	2013	2.72	2.69	2.99	3.33	0.99	1.10	1.23
	2015	2.88	2.78	3.03	3.31	0.96	1.05	1.15
	2017	2.86	2.73	3.07	3.10	0.96	1.07	1.08
	2018	2.87	2.69	3.04	3.05	0.94	1.06	1.06

注：对于肉牛和肉羊，只有散养的统计数据，因此未在本表中报告；对于肉鸡，由于没有散养的统计数据，“规模养殖/散养”指标实际是以小规模的养殖成本为基数；“—”代表数据不能获得。

资料来源：各年度的《全国农产品成本收益资料汇编》。

动态来看，畜牧业规模养殖在成本节约方面的作用还是比较明显的，随着规模的扩大，单位主产品养殖成本增幅呈下降趋势（或者下降幅度不断增大）。2013～2018年，生猪散养单位主产品成本下降4.60%，而小规模、中规模和大规模的养殖成本分别下降7.15%、8.24%和8.91%；肉鸡小规模养殖单位主产品成本上升2.43%，虽然中规模养殖成本增长幅度略高于小规模，为2.76%，但大规模养殖成本不但未增加反而下降了5.70%；奶牛散养户养殖成本增长5.51%，小规模养殖成本未发生变化，中规模养殖成本增加1.67%，而大规模养殖成本降低8.41%。

（三）畜牧养殖业盈利状况的规模差异

近年来，畜牧业养殖盈利情况波动较大，且不同畜种之间的波动趋势也不尽一致。2019 年猪粮比[①]整体呈大幅上升趋势，全年均值为 9.95，比 2018 年高 55.71%；全年猪粮比均在 6∶1 盈亏平衡线以上（见图 8），生猪养殖盈利水平大幅提高，主要是非洲猪瘟疫情引起生猪产能持续下降进而导致活猪价格大幅上涨的结果。11 月以来随着活猪价格的小幅回落，猪粮比也从 10 月底的 18.26 的高位下降到 16 左右，生猪养殖的盈利水平有所下滑。根据农业农村部畜牧业监测预警专家团队的研究，2019 年全年生猪养殖盈利高达 660 元/头。

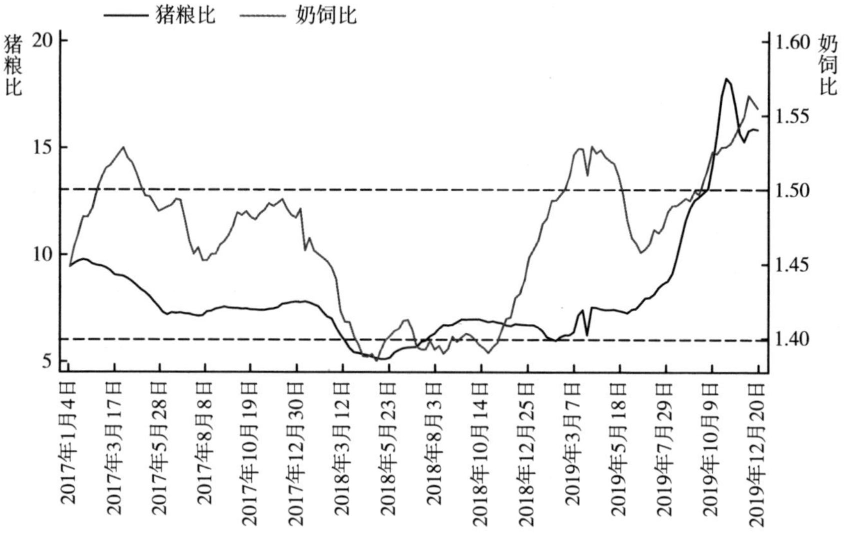

图 8　2017～2019 年猪粮比与奶饲比走势

注：图中的两条虚线分别是 6∶1 的生猪养殖盈亏平衡线（下面的虚线）和 1.5∶1 的奶牛养殖盈亏平衡线（上面的虚线）。

资料来源：农业农村部。

① 根据农业农村部畜产品与饲料周监测数据的活猪价格与玉米价格计算得到。

2019 年，国内奶牛养殖效益持续提高。根据国家奶牛产业技术体系牧场监测数据计算的生鲜奶价格与单位成本的比值，从 2018 年年均 1.10 提高到 2019 年的年均 1.15。从反映奶牛养殖经济环境的奶饲比[①]来看，2019 年下半年奶业主产省的奶饲比稳步增长，且明显高于上年同期（见图 8），2019 年末达到 1.55，已超过 1.5∶1 的盈亏平衡点。2019 年国内奶饲比的平均值为 1.54，虽然仍低于根据 IFCN 数据计算的国际平均的奶饲比，但同比增长 7.69%。

从养殖净利润的角度看，近年来，各畜种的规模经济特征也不尽相同（见表 6）。生猪养殖整体净利润呈现规模养殖高于散养，且随着养殖规模的扩大而增加的趋势；肉鸡养殖中虽然中规模和大规模养殖的净利润高于小规模养殖，但中规模养殖的利润却高于大规模养殖；奶牛规模养殖在提高净利润方面的作用并不明显，散养和小规模养殖的净利润要高于中规模和大规模养殖。

表 6　2013～2018 年不同规模养殖单位主产品净利润变化

单位：元/公斤

品种	年份	散养	小规模	中规模	大规模
生猪	2013	-0.91	0.65	1.04	1.00
	2015	-0.07	1.44	2.05	2.01
	2017	-1.48	0.52	1.11	1.24
	2018	-1.90	-0.36	0.26	0.36
肉鸡	2013	—	-0.06	0.52	-0.04
	2015	—	-0.30	1.05	0.34
	2017	—	-0.07	1.18	0.86
	2018	—	2.09	1.96	1.30
奶牛	2013	1.20	1.02	0.93	0.83
	2015	0.88	0.68	0.81	0.82
	2017	0.88	0.96	0.69	0.81
	2018	0.95	1.00	0.96	0.83

注：对于肉牛和肉羊，只有散养的统计数据，因此未在本表中报告；对于肉鸡，没有散养的统计数据，“—”代表数据不能获得。

资料来源：各年度的《全国农产品成本收益资料汇编》。

① 根据农业农村部畜产品与饲料周监测数据的主产省生鲜乳价格与玉米、豆粕价格计算得到，玉米和豆粕在饲料综合价格中的权重分别为 70% 和 30%。

五　2020年畜牧业发展展望

2019 年，受非洲猪瘟疫情的影响，国内生猪产能大幅下降，导致猪肉价格暴涨，进而推高了其他畜产品的替代性消费需求和价格。2020 年初，在新冠肺炎疫情防控的严峻形势下，加上一些地方存在防控举措过激问题，畜禽产业发展受到很大冲击，尤其是家禽与生猪养殖户补栏受到很大影响，并将导致疫情后畜禽产品基础产能与供给能力下降。预测 2020 年上半年受新冠肺炎疫情的影响，大多畜产品供给与需求均有所下降，下半年生产逐渐恢复，肉类产品供需总体偏紧，价格将处于高位，乳制品供需宽松，生鲜乳价格有下降压力，畜产品贸易将继续呈现进口量增加与进口来源多元化的局面。具体来看，如下。

猪肉是中国第一大肉类消费品种，国家将生猪的稳产保供作为 2020 年农业农村重点工作之一，农业农村部在 2019 年 12 月印发了《加快生猪生产恢复发展三年行动方案》，推动生猪生产加快恢复。在政策推动和市场拉动的共同作用下，生猪生产已实现止降回升的趋势，能繁母猪存栏量自 2019 年 10 月以来连续 4 个月恢复增长。2020 年生猪产能将会持续恢复，上半年猪肉供需偏紧，到年底有望恢复到接近常年的水平。随着猪肉供需关系的改善，全年猪肉平均价格较 2019 年有所下滑，但与往年比仍将处于高位，生猪养殖收益较好。

2019 年，在非洲猪瘟疫情的影响下，牛肉、羊肉和禽肉等猪肉替代品产量都有不同程度的增加，价格也处于高位。随着居民肉类消费转型升级及多元化消费需求进一步增加，以及 2019 年非洲猪瘟疫情对肉类消费的影响，中国居民对牛肉和羊肉的需求将更加旺盛。预测 2020 年，肉牛和肉羊的养殖积极性提高，但由于养殖周期较长，牛肉和羊肉的供给短期内增加幅度有限，牛肉和羊肉供需总体偏紧，价格仍将维持高位，肉牛和肉羊养殖效益将继续保持高位水平。在猪肉持续偏紧的情况下，鸡肉仍是猪肉的主要替代品，但受新冠肺炎疫情影响，预测 2020 年上半年鸡肉消费量总体会有所下降，肉鸡产能可能会出现阶段性过剩的情况，全产业链收益将有所下降。

预测2020年，奶牛存栏将继续增加，标准规模化和奶牛单产水平将进一步提高，生鲜乳产量将继续增长。受新冠肺炎疫情影响，国内乳制品消费受到一定的抑制，乳制品供需宽松。随着国内奶业质量管理体系的完善和国内奶业品牌竞争力的提升，消费者对国内乳品质量的信心和对国内乳品的偏好都将继续提升，各种多元化、特色化、本地化消费需求的增长也会更多通过国内生产来满足。

从畜产品贸易的角度看，一方面，为了积极拓展肉类多元化进口来源，中国2019年全年新增16个国家肉产品准入，扩大了21个国家已准入肉产品的品种范围。另一方面，2019年底国务院关税税则委员会印发通知，自2020年1月1日起，调整部分商品进口关税，其中冻猪肉进口关税税率将从最惠国税率的12%降至8%。由此预测，2020年肉类进口量将继续增加，进口来源更加多元化。2020年，生鲜乳供需宽松，市场驱动的进口需求趋于下降，但是中美贸易协定的履行可能带来进口的增长。新冠肺炎疫情在全球的蔓延，将在一定程度上对畜产品贸易产生影响，但是近年畜产品尤其是肉类产品进口量占国内产量的比重较小，因此全球疫情下贸易环境的变化对中国畜产品的供需和价格影响不会很大。

G.7
2019年渔业经济形势及2020年展望

操建华*

摘　要： 2019年，渔业以养殖业绿色发展、渔业资源养护和产业融合发展等为重点，大力推进渔业高质量发展。在生态优先前提下，渔业生产稳中有进，绿色养殖规范发展，捕捞业减量明显，休闲渔业继续增长，渔业发展质量明显提升。同时产业扶贫也有序推进。水产品市场尽管价格疲软，但供应充足，质量安全，为“菜篮子”保供稳价做出贡献。贸易顺差继续收窄。2020年，绿色发展、减量提质增效和资源保护的大趋势不会改变。面对突发的新冠肺炎疫情和复杂的国际形势，渔业将面临暂时困难，水产品产量、消费和贸易可能下滑，但不会影响市场供给。

关键词： 渔业　养殖　捕捞　水产品　COVID－19

一　2019年水产品生产情况

（一）渔业生产总体情况

1. 水产品总产量保持稳定，生产结构继续优化

2019年中国水产品总产量6450万吨，较2018年减少7.66万吨，同比

* 操建华，管理学博士，中国社会科学院农村发展研究所副研究员，研究方向为资源与环境经济。

下降0.12%。自2015年以来，中国水产品总产量增长趋缓，增长速度逐年递减（见表1）。“十三五”期间，渔业发展坚持供给侧结构性改革，提出减量、提质、增效的要求，以改革创新为动力，坚持走绿色发展道路，坚持渔业资源保护，追求渔业高质量发展。这种以生态优先、绿色发展取代一味追求产出数量增加的发展方式，符合市场经济规律和社会可持续发展需求。

从结构看，2019年养殖产品与捕捞产品的产量比达到78.3∶21.7，“养捕比”同比上年继续小幅提高，养殖产品产量占水产品总产量的比重较2015年更是提高了4.6个百分点（见表1），渔业生产结构仍在持续优化。由于禁止和限制捕捞的力度不断加大，捕捞产业必然会萎缩，养殖业在水产品保供给中的作用日益突出，通过大力发展养殖业来实现水产业的稳增长将越来越重要。

表1　2015～2019年水产品总产量及年增长速度

年份	水产品总产量(万吨)	较上年增长速度(%)	养捕比
2015	6210.97	3.48	73.7∶26.3
2016	6379.48	2.71	75.1∶24.9
2017	6445.33	1.03	76.1∶23.9
2018	6457.66	0.19	77.3∶22.7
2019	6450	-0.12	78.3∶21.7

资料来源：2015～2018年基础数据来自《2019中国渔业统计年鉴》附录2，2019年数据来自《中华人民共和国2019年国民经济和社会发展统计公报》。

2. 渔民人均纯收入上升，增速继续放缓

2019年渔民人均纯收入21108元①，比2018年增长6.15%（名义），是2019年农民人均纯收入的1.32倍，同时也延续了渔民人均纯收入的逐年上涨趋势。但是，2019年渔民人均纯收入的增长速度较2018年进一步减缓，这也是自2009年以来渔民人均纯收入增长速度最低的一年（见图1）。

① 《改革创新　持之以恒推进渔业高质量发展——渔业改革创新高质量发展推进会在京召开》，水产养殖网，2020年1月6日，http://www.shuichan.cc/news_view-396046.html。

增速放缓的直接因素是水产品总体价格持续低迷和养殖业生产成本上升。内在的原因是水产品市场供给过度，总产量已经饱和。

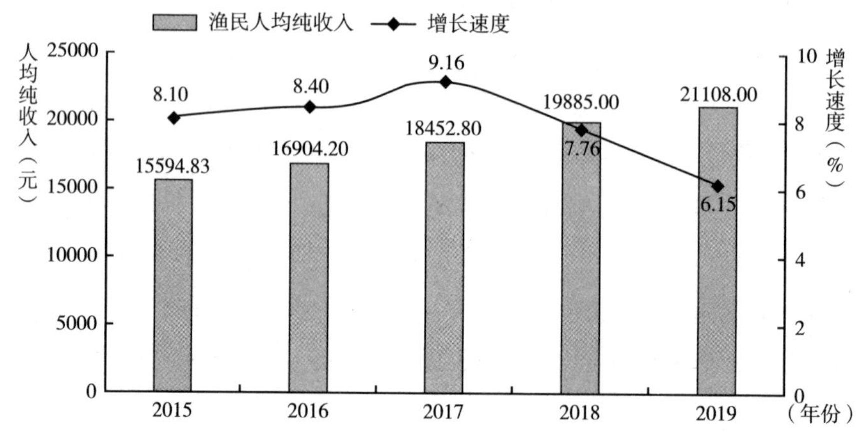

图1　2015～2019年渔民人均纯收入

资料来源：2015～2018年数据来自2016～2019年《中国渔业统计年鉴》，2019年数据来源于于康震副部长在“渔业改革创新高质量发展推进会”上的讲话。

3. 水产品的质量安全仍然保持较高水平

2019年，产地水产品兽药残留监测合格率达到99.5%，市场监测合格率达到97%①，与2018年持平。同时，全年没有重大水产品质量安全事件发生。

（二）水产养殖业生产情况

1. 水产品养殖产量小幅增长

在“以养为主”的方针指导下，中国水产养殖业持续稳定发展。2019年，中国水产品养殖产量达到5050万吨，较2018年增加58.4万吨，同比小幅增长1.18%（见图2），较“十二五”期末的2015年增长10.36%。近五年中国水产品养殖产量呈上升趋势，但增速减缓。

① 《改革创新　持之以恒推进渔业高质量发展——渔业改革创新高质量发展推进会在京召开》，水产养殖网，2020年1月6日，http://www.shuichan.cc/news_view-396046.html。

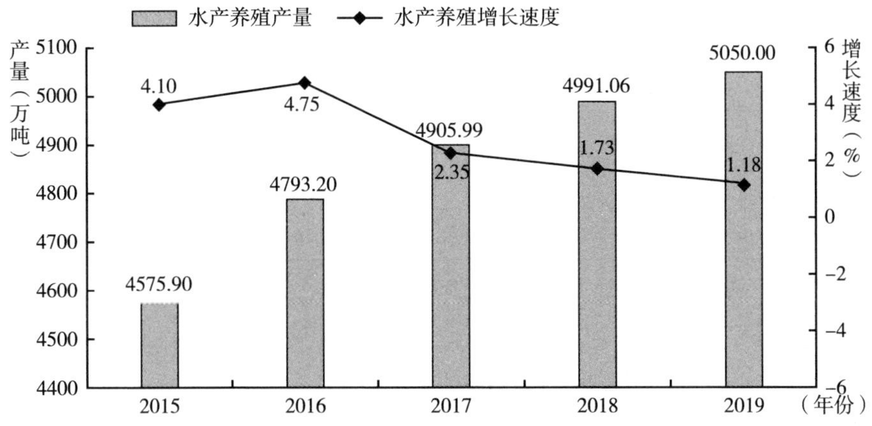

图2　2015～2019年水产品养殖产量及其增长速度

资料来源：2015～2018年数据来自《2019中国渔业统计年鉴》附录2，2019年数据来自《中华人民共和国2019年国民经济和社会发展统计公报》。

2. 养殖面积不断缩小，海水养殖比重相对增加

2019年水产养殖业的增长是在水产养殖面积被不断压缩的基础上取得的。《中国渔业统计年鉴》的相关数据显示，2018年水产养殖面积较上年减少259.51千公顷，减少3.48%。其中，淡水养殖面积减少218.50千公顷。除池塘养殖面积增加5.50%之外，湖泊、水库、河沟等的水产养殖面积全面下降，分别减少15.83%、10.75%和16.06%。2018年海水养殖面积较上年减少41.01千公顷，减少1.97%，减少幅度相对较小。由于近几年对养殖水域的环境要求不断提升，各地环保督查对水域养殖活动施压力度不减，这种面积减少的趋势应该至少持续到2019年。

从结构看，海水养殖面积占水产养殖面积的比重在上升，2018年达到28.42%，较2015年已经提升了1.04个百分点（见表2）。为了平衡渔业资源和水域环境保护与渔业经济发展之间的矛盾，近些年来农业农村部重点扶持了“海上粮仓”建设。通过鼓励发展“海洋牧场”和深水网箱养殖等，促进养殖业“蓝色转变”。海水养殖的地位正变得日益重要。

表 2　2015～2018 年水产养殖面积

单位：千公顷，%

年份	2015	2016	2017	2018
养殖面积	8465	8346.34	7449.03	7189.52
海水养殖面积	2317.76	2166.72	2084.08	2043.07
淡水养殖面积	6147.24	6179.62	5364.96	5146.46
海水养殖面积所占比例	27.38	25.96	27.98	28.42

资料来源：2016～2019 年《中国渔业统计年鉴》。

3. 海淡水养殖产量增长，品种及地区优势明显

全国渔情监测系统的统计数据显示，2019 年淡水养殖产量和海水养殖产量较上年同期继续增长。在养殖面积缩减的情况下实现产量增长，说明水产养殖单位面积的产出，尤其是淡水养殖单位面积的产出在提高，这也表明中国的水产养殖技术不断优化。

主要养殖品种依旧保持产出优势和地区优势，如在淡水养殖中，2019 年淡水养殖鱼类产量占淡水养殖产量的 80% 以上。其中：草鱼、鲤鱼和鲫鱼合计在鱼类产量中的占比优势显著。从产地看，如山东的草鱼和海带、河北和辽宁的鲤鱼、海南的卵形鲳鲹和安徽的虾鳖等品种的养殖，具有明显的地区优势。

4. 销售量增价跌，销售额下降，总体盈利

全国渔情监测系统的统计数据显示，2019 年水产养殖主要品种的销量较 2018 年增长。但是由于塘边价格总体下跌，销售额同比下降。不同水产养殖品种的价格变化差异较大：淡水鱼类跌的品种多，海水鱼类涨的品种多。对虾、青虾量价齐升，但是蟹类价格基本下降。海水贝类产品价格以涨为主。海水藻类产品中，海带和紫菜的价格都大幅度提升。2019 年的水产养殖业总体盈利。

5. 绿色养殖蓬勃发展

2019 年 1 月，农业农村部等 10 部委联合印发了《关于加快推进水产养殖业绿色发展的若干意见》，对水产养殖业的高质量发展从制度到养殖方式

提出了全面要求，促进了养殖业绿色发展。从重要养殖水域滩涂空间规划制定看，2019 年，中国有 1430 个县级人民政府发布了养殖水域滩涂规划，基本覆盖全国所有的水产养殖主导县，为水产养殖未来合理的空间布局打下坚实基础。从养殖活动看，健康养殖显著加强。2019 年，中国共升级改造池塘环保设施 86.7 万公顷，池塘循环水跑道式养殖水槽 3000 余条。共创建国家级健康养殖示范场 934 家，健康养殖示范县 10 个。为规范养殖从业者用药，农业农村部实施了《2019 年国家产地水产品兽药残留监控计划》，形成了《药物饲料添加剂退出计划（征求意见稿）》，并制定了《水产养殖用药明白纸 2019 年 1、2 号》。2019 年，27 个省份开展了水产养殖用药减量行动，其效果将在未来几年显现。从稻渔综合种养看，至 2019 年底，稻渔综合种养面积已经达到 3500 多万亩，较 2018 年增加了 300 多万亩，增长 10%。

（三）水产捕捞业生产情况

1. 水产品捕捞产量持续下降

2019 年的资源养护和捕捞业管控政策聚焦长江流域重点水域禁捕、渔业资源总量管理、涉渔“三无”船舶和“绝户网”清理取缔等。受近海捕捞渔业减船转产和内陆禁捕政策的影响，2019 年国内水产品捕捞产量进一步下滑。当年水产品捕捞产量 1400 万吨，较 2018 年下降了 66.60 万吨，同比下降 4.54%。2015 ~ 2019 年，水产品捕捞产量逐年减少，已经呈现明显的下降趋势（见图 3）。

2. 海洋捕捞产量减少，近海捕捞强度下降

2019 年，海洋捕捞水产品产量 1000 万吨，比 2018 年减少了 44.46 万吨，同比下降了 4.26%，延续了下降趋势（见图 4）。近海水域捕捞强度的下降，是 2019 年严控海洋捕捞渔船数、功率数“双控”指标以及支持渔民减船转产的政策实施的结果。截至 2019 年，中国近海累计压减渔船 20414 艘，提前完成“十三五”减船数量和压减近海捕捞产量的

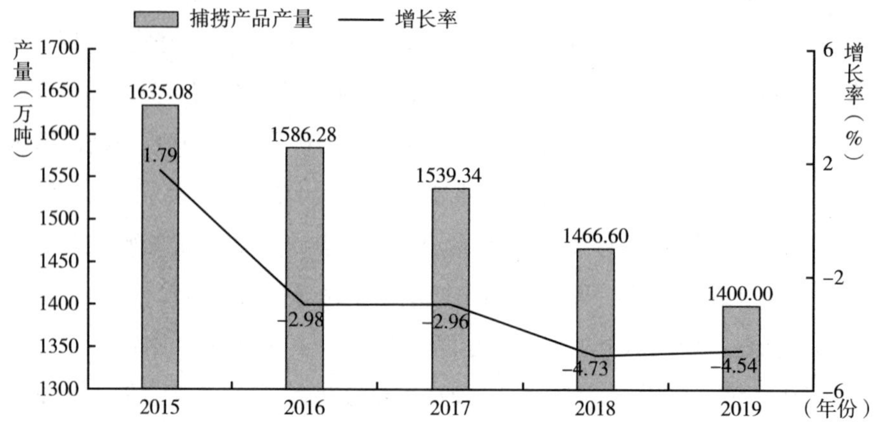

图3　2015～2019年水产品捕捞产量及其增长速度

资料来源：2015～2018年基础数据来自《2019中国渔业统计年鉴》附录2，2019年数据来自《中华人民共和国2019年国民经济和社会发展统计公报》。

目标①。同时，捕捞限额试点范围从2018年的5个扩大到沿海9个省份②。

3. 远洋渔业产出保持稳定

相关数据表明，2019年远洋产量保持在200万吨以上③，发展稳定。自2017年以来，远洋渔业产量呈上升趋势（见图5）。中国已经成为世界上具有重要影响力的远洋渔业大国。《2019中国渔业统计年鉴》数据显示，2018年，全国远洋渔船达到2654艘，较2017年增长6.54%，远洋渔业产量达到225.75万吨，船队规模和总产量均跃居世界前列。2019年的政策依然是鼓励和支持远洋渔业的发展，因此其潜在产能是不会减少的。

4. 内陆禁捕力度加大，淡水捕捞产量难增长

近五年来，内陆淡水捕捞产品产量由增转降（见图6）。根据现有数据

① 《“十三五”以来拆解渔船20414艘　海洋捕捞渔船数量压减任务提前完成》，农业网，2020年1月19日，http：//www. farmer. gov. cn/a/26/2020/0119/38819. html。

② 《全国人大常委会执法检查组建议渔业法修改列入明年立法工作计划》，水产养殖网，2019年12月27日，http：//www. shuichan. cc/news_ view－395170. html。

③ 《改革创新　持之以恒推进渔业高质量发展——渔业改革创新高质量发展推进会在京召开》，水产养殖网，2020年1月6日，http：//www. shuichan. cc/news_ view－396046. html。

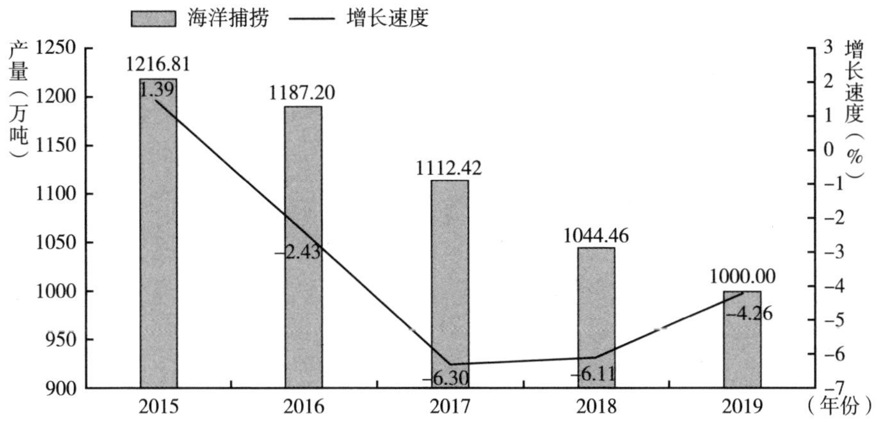

图 4　2015～2019 年海洋捕捞产量及其增长速度

资料来源：2015～2018 年数据来自《2019 中国渔业统计年鉴》附录 2，2019 年资料来源于于康震副部长在“渔业改革创新高质量发展推进会”上的讲话。

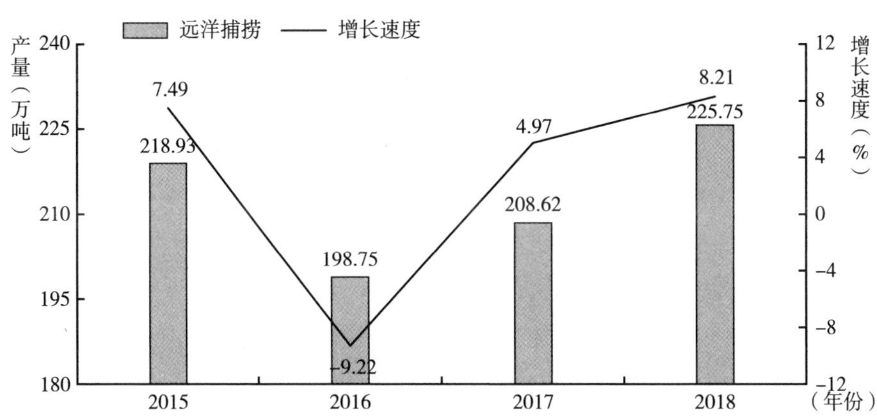

图 5　2015～2018 年远洋渔业产量及其增长速度

资料来源：《2019 中国渔业统计年鉴》附录 2。

可以推测出，2019 年淡水捕捞产量将低于 200 万吨，与 2018 年的产量同比可能持平或减少，应该很难增长，因为 2019 年内陆淡水禁止捕捞的力度在继续加大。为了进一步加强水生生物资源保护，农业农村部于 2019 年 1 月发布了《关于实行海河、辽河、松花江和钱塘江等 4 个流域禁渔期制度的通告》，从而实现中国内陆七大重点流域禁渔期制度全覆盖和主要江河湖海休禁渔制度全覆盖。长江流域首次禁止长江刀鱼、凤尾鱼、大闸蟹三种天然资源的生产性捕捞。为配合长江禁捕，国家出台了《长江流域重点水域禁捕和建立补偿制度实施方案》。截至 2019 年底，约 4.74 万艘渔船完成船证回收，约 8.32 万渔民实现转产转业或得到安置保障，长江水生生物保护区实现全面禁捕。

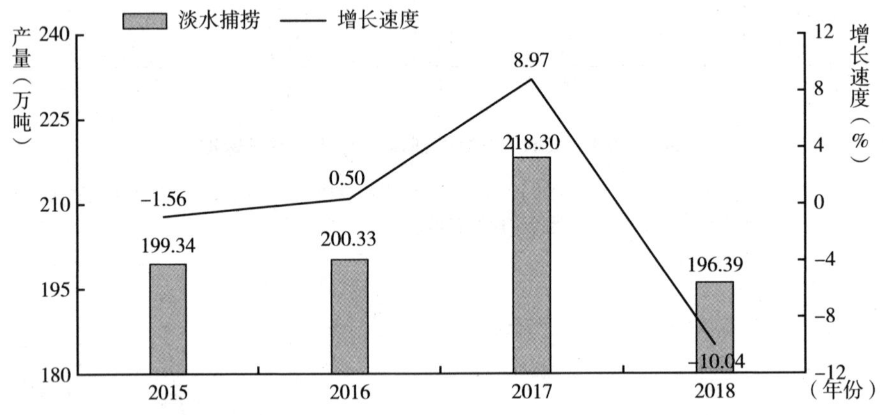

图 6　2015～2018 年淡水捕捞渔业产量及其增长速度

资料来源：《2019 中国渔业统计年鉴》附录 2。

（四）休闲渔业发展情况

休闲渔业是渔业产业融合的发展重点。2019 年，中国休闲渔业产值已经超过 940 亿元，较 2018 年增加至少 37.75 亿元，接待人数超过 2.7 亿人次，同比增长 5.8%①，延续增长态势。“十三五”期间，中国休闲渔业持续快速发展，休闲渔业产值占渔业第三产业产值的比重稳步提升，从 2015 年的 8.75% 上升到 2018 年的 12.24%（见表 3）。“休闲渔业 + 海洋牧场”“休闲渔业 + 田园综合体”等产业融合模式不断涌现。

① 《我国水产品产量保持 6450 万吨左右》，《人民日报》2020 年 1 月 16 日 06 版，http：//paper.people.com.cn/rmrb/html/2020 - 01/16/nw.D110000renmrb_ 20200116_ 5 - 06.htm。

表3　2015～2018年休闲渔业产值及其占渔业第三产业产值比重

单位：亿元，%

年份	2015	2016	2017	2018
休闲渔业产值	489.28	664.54	764.41	902.25
占渔业第三产业产值的比重	8.75	10.63	11.27	12.24

资料来源：2016～2019年《中国渔业统计年鉴》。

"休闲渔业+大水面生态渔业"正在成为休闲渔业发展的新热点。2020年1月出台的《关于促进大水面生态渔业发展指导意见》，鼓励"大水面生态渔业"与旅游业的融合。各地正在积极探索这种融合发展新业态，已经出现一大批如查干湖、千岛湖等大水面生态渔业与三产融合发展的典型。

（五）产业扶贫情况

渔业扶贫以定点扶贫地区、深度贫困地区、大兴安岭南麓片区、环京津贫困地区、新疆和西藏等地区为重点，为全国脱贫攻坚贡献渔业力量。2019年的渔业产业扶贫，首先，打造并示范推广了一批典型模式。具体包括稻渔综合种养、盐碱水渔农综合利用、集装箱循环水养鱼和冷水鱼养殖等，增收效果比较稳定。如云南哈尼梯田"稻渔鸭"绿色高产高效综合种养模式示范，带动贫困户3900户1.6万人实现增收，核心示范区年人均增收1200元。广西三江县"一季稻+再生稻+金边鲤+田螺"的稻渔模式，覆盖该县70%以上的贫困户，每亩增收3000元以上。据不完全统计，截至2019年7月，全国稻渔产业共带动20万以上贫困户脱贫①。再如，甘肃景泰的盐碱水养殖模式，辐射1600户贫困户，户均增收2400元，带动2000多名贫困人口脱贫②。其次，组织扶贫产销对接活动。2019年5月，农业农村部在广东珠海主办了全国渔业扶贫产销对接活动，160家企业参展，为全国37个贫困县（市）

① 《农业农村部：全面推进稻渔综合种养产业扶贫工作》，水产养殖网，2019年7月29日，http：//www.shuichan.cc/news_ view－387884.html。

② 《农业农村部渔业渔政管理局局长张显良调研甘肃省景泰县盐碱水养殖产业扶贫工作》，水产养殖网，2019年9月30日，http：//www.shuichan.cc/news_ view－391250.html。

的45家企业开辟了渔业扶贫展位，意向成交金额3000万元①。最后，支持新疆、西藏种业建设和开展渔业资源调查，探索适宜养殖品种并取得进展。

二 2019年水产品市场与消费分析

（一）水产品市场交易量与价格

1. 水产品市场交易量微增，交易额略降

批发市场成交的趋势是全国水产品市场交易变化的风向标。根据全国可对比的47家（1月49家）水产品批发市场的成交情况监测统计，2019年1~12月全国主要大型水产品批发市场成交量增长，成交额微降。其中，成交量为1069.37万吨，较2018年的同比增长1.43%；成交额为2255.01亿元，较2018年下降0.48%②。因此，可以判断全国的水产品的交易量和交易额也呈现同样趋势。

2. 水产品综合平均价略降，海水产品略涨，淡水产品下跌，年内价格波动不大

根据全国80家水产品批发市场成交价格情况监测统计，2019年中国水产品综合平均价格为23.14元/公斤③，较2018年的23.48元/公斤同比降低1.45%。其中，海水产品综合平均价格为42.67元/公斤，较2018年的42.53元/公斤增长0.33%；淡水产品价格为15.55元/公斤，较上年的16.19元/公斤下降3.95%④。分月度看，各类水产品价格波动幅度都不大，水产品和淡

① 《全国渔业扶贫产销对接活动在广东珠海启动》，新华网，2019年5月17日，http://www.xinhuanet.com/2019-05/17/c_1124510309.htm。

② 2019年1~12月“水产品市场价格监测简报”逐月交易量和交易额的加总。增长速度来自全国渔情监测系统。注：2019年全国渔情监测系统可对比的水产品批发市场数量比2018年减少。

③ 计算方法：2019年1~12月“水产品市场价格监测简报”中相应价格的算术平均。

④ 2018年价格数据来源于魏后凯、黄秉信主编《中国农村经济形势分析与预测（2018~2019）》，社会科学文献出版社，2019。

水产品价格总体平稳略有下降。海水产品价格波动略大，上半年涨，下半年跌，年底上扬（见图7）。水产品市场交易价格的稳定和低迷，说明产业本身需要调整，但是从稳定市场食品消费价格、抑制CPI角度看，则是有利的。

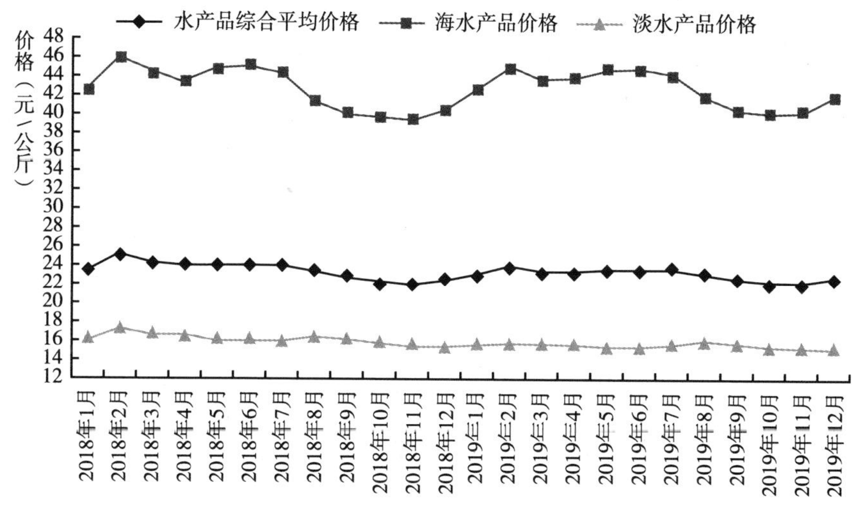

图7　水产品、海水产品和淡水产品2018～2019年1～12月价格

资料来源：2019年1～12月“水产品市场价格监测简报”。

（二）海水产品价格变动

1. 海水鱼类、贝类和头足类水产品价格基本稳定,甲壳类上涨明显

根据全国80家水产品批发市场成交价格情况监测统计，2019年中国海水养殖监测品种涨多跌少。其中海水鱼类、贝类和头足类产品的市场价格比较稳定。海水甲壳类产品市场价格上涨，总体涨势明显。海水藻类价格下跌，同比跌幅较大。

从品种看，①海水鱼类监测品种有一半价格上涨，但因为小黄鱼、银鲳等高价值品种同比分别下跌，使得海水鱼类价格总水平略降。②海水甲壳类监测品种中，除斑节对虾价格同比下跌外，南美白对虾、鹰爪虾、虾蛄、青蟹等同比分别上涨，其余品种价格则基本与上年持平。③海水贝类监测品种涨跌各半。

2. 从年内价格变动看，海水贝类和头足类相对稳定，鱼类和甲壳类波动大

如果以2019年1月为价格基准，各类水产品2019年1～12月的价格相对增长速度表现出以下特征。①头足类和贝类产品年内价格相对稳定。头足类价格波动在2%以内，贝类价格波动在3%以内。②鱼类价格波动较大。海水鱼类价格最高在2月，最低在11月，相对1月价格分别增长6.27%和下降6.8%。③甲壳类水产品价格波动大。6月价格最高，10月价格最低，相对1月的价格分别增长11.13%和下降11.38%。此外，鱼类和甲壳类水产品都表现出上半年上涨，下半年下滑，年底翘尾的特点。

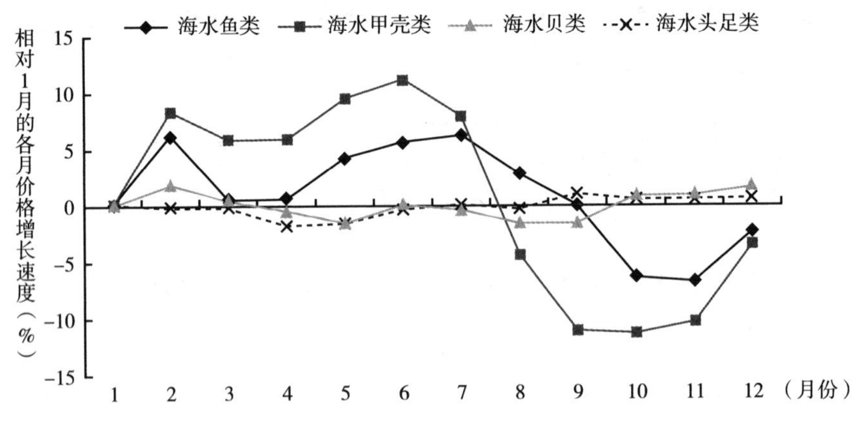

图8 各类海水产品2019年各月相对1月的价格增长幅度

资料来源：2019年1～12月“水产品市场价格监测简报”。

（三）淡水产品价格变动

1. 淡水鱼类价格同比下降，甲壳类产品价格明显下跌

根据全国80家水产品批发市场成交价格情况监测统计，2019年淡水鱼类和淡水甲壳类的养殖监测品种综合平均价格都是下跌的。淡水养殖主要品种价格持续低迷，是拉低水产品价格总水平的重要因素。不仅如此，根据1～12月“水产品市场价格监测简报”提供的数据，2019年淡水鱼类价格除11月外，其他各月同比均下降，同比最大降幅达5.72%。淡水甲壳类产

品价格各月同比也均下降，同比最大降幅达 18.96%。

从品种看，2019 年淡水鱼类四成以上监测品种的价格下跌，如草鱼、鲢鱼、鲫鱼和鲤鱼等。尽管罗非鱼、黄鳝和黄颡鱼等品种的价格同比上涨，但是由于这些大宗水产品的影响力更大，淡水鱼类综合平均价格还是最终下降。淡水甲壳类中，所占权重较大的水产品价格也以较大幅度下跌，如中华绒螯蟹、克氏原螯虾等，因此尽管罗氏沼虾、青虾价格有较大幅度上涨，淡水甲壳类产品的价格依然同比下降。

2. 从年内价格变动看，淡水鱼类下半年价格上涨，甲壳类波动性下降

从年度内价格变化看，如果以 1 月价格为基点，淡水鱼类价格波动不算太大，小于甲壳类水产品，最高价格出现在 8 月，最低在 4 月，相对 1 月价格分别增长 3.72% 和 –1.85%。淡水甲壳类产品价格波动较大，最高价格出现在 4 月，最低在 6 月，相对 1 月价格分别增长 4.52% 和 –5.11%。

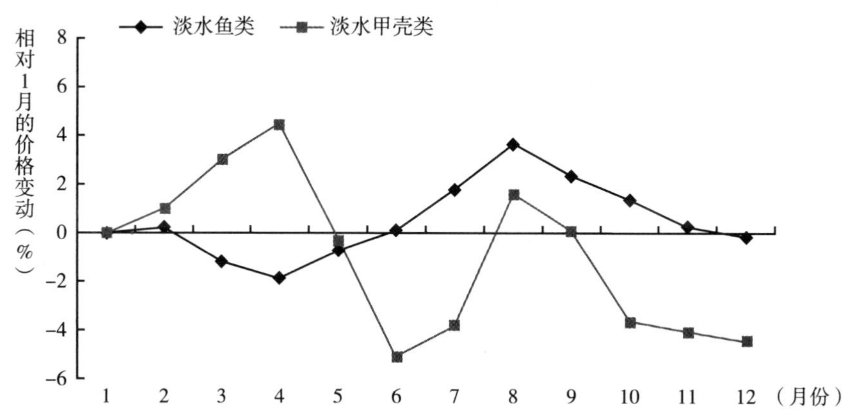

图 9　2019 年淡水鱼类和甲壳类产品各月相对 1 月价格的相对增长幅度

资料来源：2019 年 1～12 月“水产品市场价格监测简报”。

（四）水产品消费

2019 年，中国水产品人均占有量是 46.2 千克，比 2018 年减少 0.08 千克，较 2015 年下降约 2.54 千克。但是从消费看，中国 2015 年人均水产品

消费量是11.2千克，2018年上升到11.4千克，人均日摄入水产品数量从30.6克上升到31.23克，2019年估计与2018年持平。这说明水产品供给能力总体上不存在问题。国家卫生计生委疾控局发布的《中国居民膳食指南（2016）》中推荐每日摄入水产品为40~75克，当前的水产品人均消费量还未达到下限，潜力巨大。从结构上看，居民对淡水产品中的虾蟹类和某些特定鱼类，海水产品中的甲壳类、贝藻类及高档鱼类的需求更为旺盛，价格也相对昂贵、看涨。

三　2019年水产品贸易分析

（一）水产品国际贸易规模继续扩大，顺差收窄

根据中国海关统计，2019年，中国水产品进出口总量1053.3万吨，总额393.6亿美元（见图10），同比分别增长10.3%和5.4%。从近五年的水产品进出口看，贸易规模在继续扩大。但一方面，受中美贸易摩擦和国际市场竞争的影响，出口困难加大；另一方面，国内市场进一步开放，老百姓对国外高品质水产品的需求不断上升，进口更为便利。进出口相抵，水产品贸易顺差继续收窄。2019年，贸易顺差仅为19.6亿美元，较2018年同比下降74.1%[①]。2019年主要的贸易顺差市场有增有减。双边贸易逆差较大的国家包括俄罗斯、厄瓜多尔和印度等。对美国依然是贸易顺差，但是同比大幅度减少。

（二）出口量额双降，主要出口市场有增有减，主要出口品种普降

据中国海关统计，2019年水产品出口量是426.8万吨，出口额是206.6亿美元，同比分别下降13.8%和8.0%。中国主要出口水产品与东盟如印度尼西

---

① 《独家关注！2019中国水产品进出口贸易总量超1000万吨！超大市场未来何去何从?》，中国水产流通与加工协会，2020年2月18日，http://www.cappma.org/view.php?id=4462。

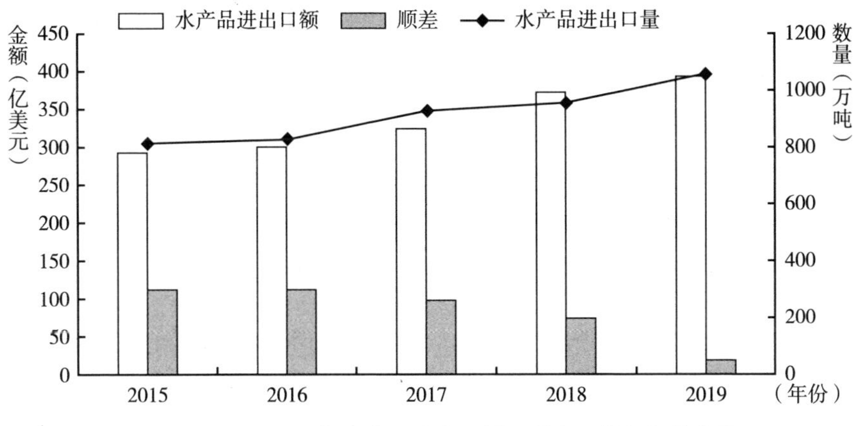

图10　2015～2019年水产品进出口量、进出口额与顺差变化

资料来源：2015～2018年数据来自《中国渔业统计年鉴》，2019年数据来自中国海关。

亚、泰国、越南等国家的水产品的出口存在竞争，随着国内养殖成本不断上升，以及我们面临的诸多贸易不利条件，这些产品的国际竞争力趋于下降。同时由于禁限捕，中国主要出口捕捞产品的产量不断下降。在中美贸易摩擦不断的背景下，自2017年开始，中国水产品出口量呈下降趋势（见图11）。

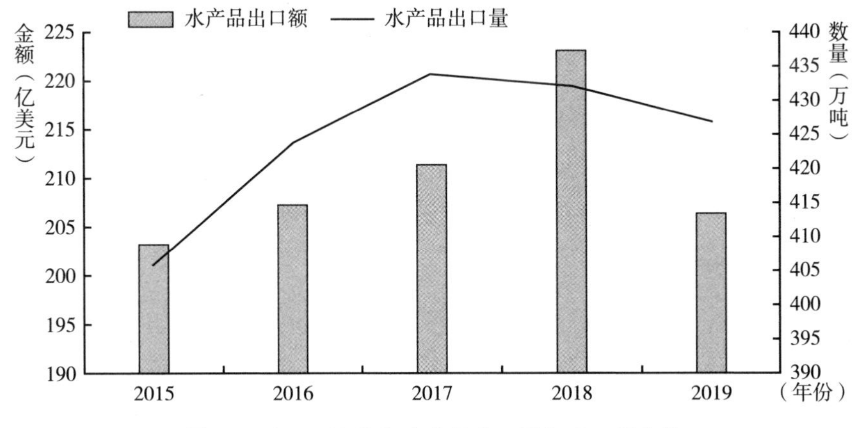

图11　2015～2019年水产品出口量与出口额变化

资料来源：2015～2018年数据来自《中国渔业统计年鉴》，2019年数据来自中国海关。

中国水产品的主要出口市场是日本、东盟、欧盟、美国、韩国等。2019年水产品的主要出口市场有增有减。对日本、东盟、欧盟等三地的水产品出口量继续增长，其中东盟国家中，对泰国出口量增长显著，同比增长16.9%。其他主要出口市场的出口量则是下降的，对韩国出口微降，对美国出口量因贸易摩擦同比下降18.7%①。

从品种看，中国主要出口品种在2019年的出口减少。传统出口优势品种中的罗非鱼、对虾、头足类等产品出口量和出口额降幅都较大，蟹类产品已经逐步转向以国内消费为主。但是，鱼类出口相对稳定。

（三）进口量额双增，除美国外的主要进口市场普增，主要进口品种普增

据海关统计，2019年水产品进口量626.5万吨，进口额187.0亿美元（见图12），同比分别增长19.9%和25.6%，延续增长态势。国内经济的发展和人民日渐富裕，促进了老百姓对提升食品营养和消费结构的需求，人们对国际优质水产品需求日益旺盛，包括高档的水产品如活龙虾、三文鱼等，以及普通优质水产品，如带鱼、鱿鱼、鲳鱼、对虾等。这两类水产品在国内贸易便利化措施的推进下，近年来进口快速增长。

中国水产品主要进口国家和地区是俄罗斯、东盟、秘鲁、厄瓜多尔、印度和美国等。除美国外，2019年中国水产品其他主要进口市场全部增长。自东盟进口量同比增长39.0%，自俄罗斯和秘鲁进口量同比分别增长6.9%和5.6%。东盟各国中，自越南进口量同比增长59.8%，自印度尼西亚进口量同比增长11.4%。受中美贸易摩擦影响，自美进口量和进口额显著减少，同比下滑11.8%②。

从品种看，大部分进口品种都呈增长态势，尤其是虾类。2019年中国虾类进口量72.2万吨，进口额44.7亿美元，同比分别增长179.8%和146.8%，超越美国成为全球虾类进口第一大市场。厄瓜多尔、印度、泰国、

① 《独家关注！2019中国水产品进出口贸易总量超1000万吨！超大市场未来何去何从?》，中国水产流通与加工协会，2020年2月18日，http：//www.cappma.org/view.php? id=4462。

② 《独家关注！2019中国水产品进出口贸易总量超1000万吨！超大市场未来何去何从?》，中国水产流通与加工协会，2020年2月18日，http：//www.cappma.org/view.php? id=4462。

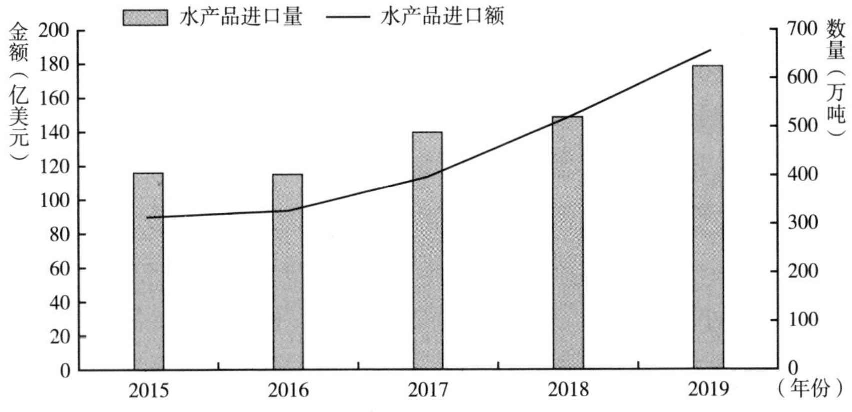

图 12　2015～2019 年水产品进口量与进口额变化

资料来源：2015～2018 年数据来自《中国渔业统计年鉴》，2019 年数据来自中国海关。

越南等是我国虾类主要进口国。其中，2019 年中国自厄瓜多尔的进口量和进口额同比分别增长 321.1% 和 282.5%，自印度进口量和进口额同比分别增长 337.9% 和 332.2%①。鲑鱼、头足类、鲶鱼等的进口增长也很显著。这些进口水产品丰富了国内消费者的餐桌。

四　2020年渔业经济形势展望

（一）2020年渔业经济发展机遇与挑战

2020 年深化渔业供给侧结构性改革，实现渔业高质量发展的机遇，主要来自国家乡村振兴大格局下的养殖业绿色发展战略和新时代中国居民追求健康生活带来的消费升级需求。2020 年农业农村部一号文件继续提出要推进水产健康养殖，明确了新的产业发展方向和新业态，其中蕴含着众多渔业经济新的增长点，为多种绿色养殖方式、绿色养殖技术的推广和运用提供更

① 《2019 年中国虾类进口首次跃居全球首位!》，中国水产流通与加工协会，2020 年 2 月 20 日，http://www.cappma.org/view.php?id=4461。

多机遇。从消费看，随着收入的提高和对健康生活的追求，人们对高品质水产品的消费需求将提升，进而促进渔业向绿色、生态和高品质方向发展。“一带一路”建设中的渔业合作机遇也值得深入挖掘。

挑战主要来自四个方面。一是2020年初突发的新冠肺炎疫情的影响。疫情期间的交通和人流管制，直接冲击水产品的消费市场和物流链。水产品尤其是鲜活水产品的消费需求被大幅度压缩，成鱼压塘难以避免。生产投入上，出现如饲料、人工等的价格上涨和苗种供给受阻等问题。随着国内疫情得到控制，这些影响已经或正在缓解。但是由于疫情已经在全球暴发，水产品进出口贸易会面临严峻形势。二是禁捕力度加大的冲击。在“长江大保护”战略下，内陆水生资源保护力度空前强化。继2019年12月印发《关于长江流域重点水域禁捕范围和时间的通告》之后，农业农村部2020年一号文件继续要求“在长江流域重点水域实行常年禁捕，做好渔民退捕工作”。文件还同时规定多项限制海洋渔业资源捕捞强度和减船减产的政策和目标任务。这些内陆和沿海的禁限捕措施，对水生生物休养生息是良好的机遇，对水产捕捞业发展却是冲击。三是水产养殖如何在不断压缩的空间中实现绿色增长和渔民增收。中国水产养殖面积2018年底比“十二五”末已减少15.07%。随着对养殖密度、饲料和用药等的控制，单位面积养殖产量短期内也很难增加。水产养殖业绿色发展要保增长将面临长期压力。四是转型升级压力。近几年水产品价格低迷和贸易顺差收窄的现实，提示水产品供给结构和产业结构调整的必要性。

（二）未来形势展望

从未来的发展方向看，农业农村部2020年一号文件已经给出了明确答案。方向有两个。一是“推进水产健康养殖”。制度上要求全面落实养殖水域滩涂规划制度，依法核发养殖证，保持可养水域面积总体稳定。发展方式上鼓励创新，鼓励开展水产健康养殖示范创建，重点发展池塘工程化、工厂化循环水养殖，稻渔综合种养，大水面生态渔业，碳汇渔业，深远海养殖和远洋渔业，由此推进水产养殖业转型升级和提升质量和效益。二是“强化水生生物资源养护”。主要包括对长江流域重点水域实行常年禁捕、对海洋渔业实施资源总量管理，以及推动沿海省份全面开展限额捕捞试点。同时继续减船减产，清理涉渔“三无”船舶和“绝户网”等。此外，倡导规范有序发展海洋牧场。可以预见，水产捕捞业将进一步下滑，渔业稳增长将更加依赖水产养殖业的健康发展。绿色养殖方式和技术将获得更为广泛的运用。

就疫情未来的影响而言，生产、市场和贸易都需要时间恢复，上半年水产品生产和市场销售受到的影响较大，但是这种影响在国内是暂时的、有限的。农业农村部、国家发改委和交通运输部 2020 年 2 月初就发出了《解决当前实际困难加快养殖业复工复产的紧急通知》，中国政府已经在搭建各种渔业产销衔接平台，出台各项措施促进生产尽快恢复和保供给。随着疫情的缓解，渔业生产会很快恢复，不会影响中国渔业发展的大趋势。疫情中的渔业生产，主要应该关注国内销售和出口层面，应重视对水产品消费市场的正面积极宣传。疫情中传言四起，全网呼吁禁食野味，野捕水产品及一些两栖类水产养殖品种也因此受到牵连。消费者多少存在谨慎消费水产品的倾向。因此，为提振消费者信心。应做好宣传工作，强调水产品不在禁食范围，强调水产品的安全性、健康性和高品质，并将之视作优质水产品发展的机遇。同时，应该大力支持水产加工、冷藏和储运行业的发展。既提升了产品加工、储运能力，也可以缓解水产品的压塘滞销。企业还可以此为契机推进智能化、自动化设备在生产管理中的运用。

水产品产量在新的一年可能下跌。从捕捞产量看，在生态优先、强化资源养护目标下，捕捞产量 2020 年应该是继续下降的。从养殖产量看，在养殖面积和方式受到制约的情形下，水产品养殖产量继续增长很难。新冠肺炎疫情的突发也加剧了稳增长的压力。这种状况需要客观认识。水产品总体价格尤其是淡水产品价格下跌说明水产品总体供过于求，或结构性供过于求，因此不必过于担忧水产品供给量的小幅度下降会冲击市场，关键是要依靠提高产品品质和质量获得更高效益，如名特优、绿色水产品养殖。

水产品市场供给应该是有保障的，问题是消费需求亟须提振。疫情中，水产品国内市场消费较上年下降；疫情结束，被抑制的消费也不可能马上恢

复，高档水产品消费的恢复将面临更长时间，不能奢望报复性消费。要想提振需求，需要及时研究人们对水产品的消费需求变化，及时调整养殖品种和产量，重视加工冷藏行业发展。

由于疫情蔓延，水产品进出口贸易将双双下降。加工出口企业开工率和复产率都低于往年，加上国际上航空、海运的疫情限制措施等原因，出口和进口总体的下滑几乎已成定局，当然不排除某些品种的进口会上升。总体下滑程度需要看下半年全球疫情的发展变化。

随着人们对生活质量的追求，休闲渔业将有很好的发展前景。但是，2020 年对休闲渔业的发展不能期望过高。其发展空间与疫情变化密切相关，疫情缓解将会迎来补偿性消费。渔业产业扶贫将继续推进，目前国内疫情初步稳定，与农时合理配合，渔业产业扶贫将会助力 2020 年全国脱贫攻坚。

G.8

2019年农业对外开放形势及2020年展望

胡冰川*

摘　要： 2019年中国农产品贸易逆差继续扩大，作为传统优势出口产品蔬菜顺差小幅上涨，水产品顺差大幅下降，水果逆差自2018年首次出现后继续扩大。居民食物消费结构升级带来的需求增长和受非洲猪瘟疫情影响国内生猪的产能下降皆推动贸易逆差的扩大。在农业国际合作方面，受全球经济增长放缓及保守主义带来的国际投资增长趋缓影响，2019年中国农业双向投资较上年有所下降；农业科技合作则在诸多领域有新的进展，在中国农产品贸易增长、"一带一路"发展的大背景下，未来农业科技合作必然会呈现更多突破。

关键词： 农产品贸易　利用外资　对外投资　科技合作

一　2019年农产品贸易

2019年，中国农产品进出口额2300.7亿美元[①]，同比增长5.7%。其中，出口额791.0亿美元，同比减少1.7%；进口额1509.7亿美元，同比增长10.0%；贸易逆差718.7亿美元，同比增加26.5%。农产品贸易在货物

* 胡冰川，管理学博士，中国社会科学院农村发展研究所研究员，研究方向为农产品贸易、农产品市场政策的数量评估。

① 数据来源于农业农村部网站 http：//www.moa.gov.cn，下文数据如无说明，来源均为农业农村部。

贸易中占比为5.0%，仍然维持在相对稳定的水平，其中农产品出口额占总出口额的3.2%，而农产品进口额占总进口额的比重为7.3%，农产品进口比重呈现不断增加的情况。从年度来看，2019年受到非洲猪瘟疫情影响，肉类产量下降，农产品进口，特别是畜产品进口大幅增加；同时由于中美经贸关系导致的大豆进口继续下降，而其他国家对华出口的农产品则继续快速增长。这也间接反映出当前中国食品消费继续处于动态升级的过程中。

（一）谷物

2019年中国谷物进口继续降低，出口继续扩大。总体来看，谷物进口1791.8万吨，同比下降12.6%，进口额52.6亿美元，同比下降11.5%；出口323.6万吨，同比增加26.8%，出口额12.8亿美元，同比增加15.6%；谷物净进口数量1468.2万吨，同比下降18.2%。具体来看，小麦进口348.8万吨，同比增加12.5%，出口31.3万吨，同比增加9.7%；玉米进口479.3万吨，同比增加36.0%，出口2.6万吨，同比增加110%；大米进口254.6万吨，同比下降17.3%，出口274.8万吨，同比增加31.4%；大麦进口592.9万吨，同比下降13.0%，出口315.4吨，同比下降95.5%；高粱进口83.2万吨，同比下降77.2%，出口4.1万吨，同比下降15.3%；玉米酒糟（DDGs）进口14.1万吨，同比下降4.9%。受到国内产需结构的影响，谷物市场继续分化。

1. 全球谷物供给宽松，国内稻谷、小麦价格面临较大的下行压力

目前，全球谷物市场相对较为宽松。此外，根据联合国粮农组织测算，2019年中国稻谷和小麦库存消费比分别为72.1%和94.2%，基本与2018年相当。如果使用行业内数据估算，可能库存消费情况更不容乐观。造成这一现象的根本原因在于结构性矛盾加剧，即中国口粮消费持续下降的同时，最低收购价在很大程度上又刺激了稻谷和小麦产量，使得稻谷和小麦的市场供需矛盾进一步加剧。与玉米的多用途性所不同的是，稻谷、小麦的饲用及加工的经济性并不明显，而维持稻谷、小麦政策性库存的成本越来越高。通过贸易来看，2019年大米进口下降而出口增加，但是净出口量过小，并不能

平衡国内稻谷市场的供给过剩；而小麦进口则远大于出口，虽然小麦进口始终有结构性原因，如果考虑国际谷物价格的下跌与进口，无疑对国内市场供需的压力进一步加大。

2. 全球经济下行，能源价格下跌将对国内玉米市场形成进一步压力

由于新型冠状病毒肺炎疫情在全球传播及能源价格下降，对生物能源与玉米深加工需求产生了负面冲击。在此背景下，观察国内农业供给侧结构性改革的推进，2016 年玉米价格市场化以来，包括深加工用途在内的玉米需求快速增加，历史形成的政策性储备规模快速降低。2019 年底临储玉米库存总计 5200 万吨，对比 2016 年底的 2.3 亿吨、2017 年底的 1.8 亿吨以及 2018 年底的 7500 万吨，当前国内临储玉米库存规模明显缩小①。生猪养殖的产能受到非洲猪瘟疫情影响，间接影响了国内玉米消费，此外，中美第一阶段经贸协议要求中国增加从美国农产品进口，也会影响到国内玉米需求。从当前形势来看，由于玉米市场化程度高，加之玉米进口受到配额保护，来自贸易的直接冲击不大。但是未来一段时间的玉米需求很难有效提升，从而对玉米贸易和国内市场产生一定影响。

（二）油料

2019 年，中国食用油籽进口 9330.8 万吨，同比下降 1.3%，进口额 384.0 亿美元，同比下降 8.0%；出口 116.0 万吨，同比下降 3.0%，出口额 16.9 亿美元，同比下降 1.4%；贸易逆差 367.1 亿美元，同比下降 8.3%。其中，大豆进口 8851.1 万吨，同比增加 0.6%；油菜籽进口 273.7 万吨，同比下降 42.5%。大豆进口基本持平主要与中美经贸关系有关，而油菜籽进口下降主要受加拿大进口的油菜籽中检出危险性有害生物影响。

同时需要注意的是，在食用油籽进口下降的背景下，食用植物油进口快速增长。2019 年中国食用植物油进口 1152.7 万吨，同比增加 42.5%，进口

① 《2020 年粮油市场展望之玉米篇》，新浪财经综合，http://finance.sina.com.cn/money/future/fmnews/2020-01-24/doc-iihnzhha4324335.shtml。

额74.1亿美元，同比增加26.4%；出口26.8万吨，同比下降9.6%，出口额2.8亿美元，同比下降11.3%；贸易逆差71.3亿美元，同比增加28.5%。其中，棕榈油进口755.2万吨，增加41.8%；菜油进口161.5万吨，增加24.6%；葵花油和红花油进口122.9万吨，增加74.8%；豆油进口82.6万吨，增加50.3%。总体来看，尽管受到大豆和油菜籽进口下降影响，国内食用植物油产量有所下降，但是食用植物油进口增长起到了较好的弥补作用，根据农业农村部2020年2月公布的《中国农产品供需形势分析》报告，2019～2020年度国内食用植物油消费基本维持稳定。

同样地，作为对从美国进口的大豆下降的一种弥补，自2019年1月1日起，中国取消杂粕进口关税，其中包括用于动物饲料的杂粕进口关税，使2019年中国杂粕进口快速增长。包括菜籽粕、棉籽粕、葵花籽粕以及棕榈仁粕在内的杂粕进口增长明显，对缓解大豆与油菜籽进口下降起到了明显的作用。同时，由非洲猪瘟疫情导致的生猪存栏下降，也对粕类饲料的整体需求产生了一定的抑制作用。综合来看，当前全球的油籽油料贸易能够很好地为中国食用植物油消费与畜禽养殖提供有效支撑。中美经贸摩擦以来，尽管中国大豆进口面临不少压力，但是从近几年的国际农产品贸易格局来看，对中国的负面影响并没有预想的那么严重，原因在于油籽油料的多元性与替代性。农产品贸易对中国的油籽油料与蛋白饲料的供给起到了积极有效作用。

（三）棉花、食糖

1. 棉花

2019年，棉花进口193.7万吨，同比增加19.0%，进口额36.0亿美元，同比增加12.6%。此外，棉花替代性产品棉纱进口195.3万吨，同比下降5.4%。根据海关统计，2019年中国出口纺织品服装2715亿美元，同比下降1.85%，其中纺织纱线、织物及制品1201.992亿美元，同比增长0.9%；出口服装及衣着附件1513.676亿美元，同比下降4.0%。全年棉花进口增长的主要原因在于，2019年8月前国内外棉花价差较大，导致棉花进口大量增长；8月以后由于中美经贸关系与人民币汇率变动，国际国内棉花价差逐步收窄，棉花进口大幅度下降。

自2014年棉花目标价格改革以来，中国棉花库存消费情况逐步缓和，根据中国棉花协会估计数据[①]，2018～2019年度和2019～2020年度棉花库存消费比分别为100%和98.6%。另据农业农村部2020年2月公布的《中国农产品供需形势分析》，2018～2019年度和2019～2020年度棉花库存消费比分别为87.5%和83.8%。无论哪个口径数据，均显示棉花库存消费比比历史高位有大幅度下降。过去几年中，中国纺织业产能大量向周边国家转移，加之中美经贸关系的波折，使得纺织品出口受阻；另外，化纤等替代品的发展也对棉花消费产生一定的影响。总体来看，从生产角度，新疆棉花产量将维持稳定，从而对国内棉花产量起到支撑作用；从需求来看，未来国内棉花需求总量将趋于稳定，棉花市场将向总量稳定、结构升级的方向发展，表现在贸易方面，考虑到配额与滑准税的影响，这一趋势将会更加明显。

2. 食糖

2019年食糖进口339.0万吨，同比增加21.3%，进口额11.2亿美元，同比增加9.0%，最主要的食糖进口来源国为巴西、泰国、古巴、韩国，由于中国对进口食糖采取保障措施（对关税配额外进口食糖征收保障措施关税），使得相当一部分小产糖国增加了对华的食糖出口，从而稀释了食糖进口的来源。该措施将于2020年5月21日到期，预计到期后不会延期。行业认为在保障措施取消以后进口食糖数量将进一步增加。随着食糖进口的增加，会对国内糖料种植和加工企业形成一定影响，原因在于：目前中国食糖市场接近稳定市场，淀粉糖和其他甜味剂的替代也接近饱和，进口增加势必给国内生产带来影响。

对于当前食糖市场来说，有两个问题同时存在：一是食糖生产积极性不高，二是食糖库存消费比持续下降。这两个问题实际上是一体两面的，经过多年的市场发展与起伏波动，市场供需逐步趋于稳定，从资源禀赋来看，随着中国经济社会的不断发展，糖料作物生产的比较优势日益丧失。实际上，

① www.china-cotton.org.

在糖料作物生产与支持保护方面，先后有过不同的措施，效果都不理想。可以佐证的是，在广西、云南边境地区，相当一部分种植与收获劳动要由外籍劳工完成，这说明国内糖料生产的比较效益几乎消耗殆尽。正是出于产业保护的目的，中国出台了食糖进口的保障措施，使食糖进口大幅度降低，对于稳定市场而言，库存消费比的稳定在某种意义上取决于贸易的稳定，进口下降无疑恶化了库存消费状况。

在库存偏紧的情况下，中国 2020 年大概率会取消食糖进口的保障措施，从巴西进口的食糖会大幅度增加，同时按照中美第一阶段经贸协议增加自美农产品进口。2020 年中国食糖进口将会呈现较大幅度的增加，对此国内糖料种植与加工行业亟待转变发展方式。

（四）蔬菜、水果

1. 蔬菜

2019 年，中国蔬菜出口 155.0 亿美元，同比增加 1.7%；进口 9.6 亿美元，同比增加 15.9%；贸易顺差 145.4 亿美元，同比增加 0.9%。蔬菜是中国传统的优势出口产品，主要出口地区为日本、中国香港、越南、韩国、马来西亚、美国、泰国等传统地区，出口产品以加工产品为主。近年来，随着国内居民消费日趋多元化，蔬菜进口大幅度提高，最主要的进口来源地区为印度、美国、越南、日本、泰国等。中国蔬菜贸易主要反映出两方面情况：一方面是蔬菜交易呈现大宗化倾向，最为典型的是进口高辣度辣椒持续快速增长，例如从印度、越南、泰国进口辣椒；另一方面是多元化消费，例如美国进口薯条等。2020 年由于受到新型冠状病毒肺炎疫情影响，伴随全球经济的下滑，预计中国蔬菜进出口将同时受到影响；由于蔬菜消费具有一定的刚性，待经济恢复之后，蔬菜进出口将会恢复并进一步增长。

2. 水果

2019 年，中国水果出口 74.5 亿美元，同比增加 4.1%；进口 103.6 亿美元，同比增加 23.2%；贸易逆差 29.1 亿美元，同比增加 131%。中国水果主要贸易国相对较为稳定，主要出口国为越南、泰国、印度尼西亚、日本、美国、俄罗斯等；主要进口国为泰国、智利、菲律宾、越南、新西兰等，由于中美经贸摩擦，美国对中国出口水果有所下降。2018 年中国历史上首次出现了水果贸易逆差，2019 年逆差继续扩大，根本原因在于国内水果消费的多元化；同时在贸易措施上，主要得益于区域贸易一体化的迅速发展，使得东盟、智利、新西兰等国家和地区在双边贸易框架下能够迅速扩大对中国市场的水果出口。2019 年 3 月 1 日，中国智利自贸协定升级《议定书》正式实施，此后双方相互实施零关税的产品将约为 98%，近年来智利车厘子对华出口显然是双边自贸协定的开放成果。

与蔬菜贸易类似，2020 年受到新型冠状病毒肺炎疫情影响，中国水果进出口都将受到一定影响，考虑到疫情集中在第一季度，随着疫情解除，2020 年水果贸易将逐步恢复并进一步增长。此外，与蔬菜不同的是，由于疫情对经济的影响，部分高价值水果消费收缩，恢复需要更长的时间。

（五）畜产品

1. 猪肉

2019 年中国猪肉进口 199.4 万吨，同比增加 67.2%；猪杂碎进口 113.2 万吨，同比增长 17.9%。猪肉进口增加的原因是国内非洲猪瘟疫情蔓延导致生猪产量大幅下降。根据国家统计局发布的数据，2019 年猪肉产量 4255 万吨，同比下降 21.3%；从年末生猪存栏和出栏的情况来看，也出现了明显的下跌，存栏 31041 万头，同比下跌 27.5%，出栏 54419 万头，同比下跌 21.6%。加之 2020 年初新型冠状病毒肺炎疫情影响，对养殖恢复也产生了影响，因此 2020 年生猪产能恢复并不乐观。从价格角度看，猪肉价格仍将维持高位。

从猪肉贸易角度看，由于中国的需求缺口带来的市场机会，同时中国政府在 2019 年新增 16 个国家肉产品准入，扩大了 21 个国家已准入肉产品的品种范围，猪肉产品准入国家达到 20 个，并且 2020 年起冻猪肉进口关税税率将从最惠国税率的 12% 降至 8%，为全球猪肉生产提供了新的机会。根据预测，欧盟、美国、巴西均增加了国内生猪养殖规模并提高了 2020 年猪肉出口的概率。结合 2019 年国内猪肉进口情况，2020 年猪肉进口数量仍将扩

大，大概率突破400万吨的水平。

2. 其他肉类

2019年牛肉进口量为166.0万吨，同比增长59.7%，主要来自巴西、阿根廷、澳大利亚、乌拉圭和新西兰；羊肉进口量为39.23万吨，同比增长23.0%，主要进口国为新西兰和澳大利亚。家禽产品出口量为51.24万吨，同比减少1.1%；进口量为79.70万吨，同比增长58.0%。肉类进口的快速增长主要是对国内猪肉产量下降的弥补，2019年之前，牛羊禽等肉类进口主要是满足多元化消费需要，主要归因于经济社会发展和收入水平提高；2019年则是因为猪肉产量下降导致其他肉类对猪肉市场缺口的弥补。未来一段时期内，在生猪产能恢复、价格回落之前，牛羊禽肉的进口增加仍将维系；甚至可以做出合理推断，即此轮非洲猪瘟疫情影响已经部分改变了居民肉类消费的偏好，即牛羊禽肉对部分猪肉产量形成了永久性替代。那么启发意义在于：如果猪肉市场在2017～2018年触及消费顶峰的话，即5500万吨表观消费量，那么2019年来形成的牛羊禽肉将对猪肉消费形成一部分替代，未来可能生猪产能恢复之后，猪肉消费也未必回到2017～2018年度的最高峰水平。

整体来看，2020年肉类供求缺口仍将存在，进口增加不可避免；但是从具体品种来看，也存在一定的分化。国内牛肉供给长期不足，价格将继续维持高位运行，牛肉进口的进一步增长也很难从本质上改变牛肉供需局面；同样的，羊肉市场也将保持市场紧张。从禽肉来看，特别是肉鸡养殖，由于2019年需求增加带动的价格上涨迅速拉动了产能扩张。根据全国畜牧总站测算，2019年肉鸡生产大幅增长，肉鸡出栏数增加14%；鸡肉总产量同比增长13.1%。预计2020年肉鸡产能出现阶段性过剩，从价格来看，鸡肉价格在2019年后期已经呈现一定回落，即使出现阶段性过剩，鸡肉价格仍将保持在历史较高水平。

3. 乳品

2019年中国共计进口各类乳制品297.31万吨，同比增加12.8%，进口额111.25亿美元，同比增长10.6%。其中，干乳制品204.88万吨，同比增加6%，进口额99.65亿美元，同比增长9.6%，液态奶92.43万吨，同比增加 31.3%，进口额 11.6 亿美元，同比增长 19.2%。根据国家统计局公布数据，2019 年牛奶产量 3201 万吨，与 2018 年相比，增长 4.1%，同比增长率创下了近五年的新高。显然，2019 年的乳品生产和贸易增长与生猪产量下降具有一定关系。2020 年，在整个肉类市场紧张的背景下，乳品进口仍然会进一步增长。

值得引起注意的是，与猪肉消费较为类似，2019 年之前的一段时间，国内乳品表观消费量相对稳定，主要动物蛋白食物的增长集中在牛羊肉和水产品上。不妨作出一个假定：2019 年之前国内乳品消费达到顶峰，2019 年受到非洲猪瘟疫情影响推动了乳品消费的增长。这就意味着，乳品消费和进口增长与牛羊肉消费增长的机制存在一定区别，即乳品消费增长将随着生猪养殖产能恢复而重新达到稳定。从预测角度来看，2020 年是乳品进口和国内奶业增长的窗口期，未来随着猪肉产量增加而逐步稳定。

（六）水产品

2019 年水产品出口 206.6 亿美元，同比下降 8.0%；进口 187.0 亿美元，同比增加 25.6%；贸易顺差 19.6 亿美元，同比下降 74.1%。中国水产品主要出口地区为日本、美国、韩国、中国香港、中国台湾、泰国等，主要进口来源为俄罗斯、厄瓜多尔、秘鲁、印度、越南、加拿大、美国等。从贸易来源看，水产品进出口来源地较为多样。2019 年水产品出口下降主要原因在于中美经贸摩擦导致对美国出口水产品大幅度减少，进口增长主要原因在于食品消费升级导致的水产品消费增加，同时 2019 年国内非洲猪瘟疫情也间接刺激了水产品消费的进一步提高。总体来看，国内水产品生产基本维持现有水平，2019 年为 6450 万吨，基本与 2018 年产量保持一致，但是水产品需求仍然快速增长，势必导致水产品进口的进一步增加。

2020 年，受到疫情影响，水产品贸易将会出现一定萎缩，一是水产品出口受到上游养殖、加工影响将会出现下降；二是受收入影响，进口高价格水产品消费将会下降。在中国市场低迷的情况下，全球水产品价格大概率会走低，市场将呈现一段时期的低迷。

二 2019年农业投资

（一）农业吸引外资情况

根据国家统计局公布的《中华人民共和国2019年国民经济和社会发展统计公报》数据，2019年全年外商直接投资（不含银行、证券、保险领域）新设立企业40888家，比上年下降32.5%。实际使用外商直接投资金额9415亿元，增长5.8%，折1381亿美元，增长2.4%。其中共建“一带一路”国家对华直接投资新设立企业5591家，增长24.8%；对华直接投资金额（含通过部分自由港对华投资）576亿元，增长36.0%，折84亿美元，增长30.6%。全年农林牧渔业外商直接投资企业数为495家，比上年减少33.2%，实际使用资金38亿元，比上年下降27.9%。从比例看，农林牧渔业利用直接投资额比例为0.4%，占比较2018年有所下降。

2019年6月30日，国家发展改革委、商务部分别发布了《外商投资准入特别管理措施（负面清单）（2019年版）》《自由贸易试验区外商投资准入特别管理措施（负面清单）（2019年版）》《鼓励外商投资产业目录（2019年版）》，自2019年7月30日起施行，进一步加大了农业领域开放力度，在农业领域取消禁止外商投资野生动植物资源开发的规定；此外，在自由贸易试验区范围内，将小麦、玉米新品种选育和种子生产由中方控股的条件放宽到中方股比不低于34%。

2018年8月31日，国务院批复同意建设潍坊国家农业开放发展综合试验区，2019年1月在《潍坊国家农业开放发展综合试验区总体方案》基础上，山东省政府出台了《关于潍坊国家农业开放发展综合试验区建设的实施意见》，对农业产业发展和开放进行了全新探索。其中，在农产品检验检疫、农产品贸易便利化方面都出台了先行先试的新政策。

一段时间以来，农业吸引外资总额呈现下降的趋势，主要受到全球经济下行和经济保守主义的影响，属于阶段性现象。2019 年中国第一产业增加值 70467 亿元，增长 3.1%，占国内生产总值比重为 7.1%。从总量来说，中国第一产业位居全球第一；从结构来说，未来中国农业生产结构与农产品消费结构仍在快速变化，农业增长潜力巨大。总体来看，农业在国民经济中的占比虽然有所下降，但是产业总值仍然很大，关联产业众多，延伸价值链很长，中国农业在长期具备稳定的投资价值。

（二）农业对外投资情况

根据国家统计局公布的《中华人民共和国 2019 年国民经济和社会发展统计公报》数据，2019 年对外非金融类直接投资额 7630 亿元，比上年下降 4.3%，折 1106 亿美元，下降 8.2%。其中，对共建“一带一路”国家非金融类直接投资额 150 亿美元，下降 3.8%。在对外非金融类投资中，农林牧渔业投资总计 15.4 亿美元，同比下降 13%。截至 2019 年 10 月底，中国已与 137 个国家签署了共建“一带一路”合作文件，其中在 75 个国家有农业投资。

从投资地区来看，根据《中国农业对外投资合作分析报告（2019 年度）》数据，农业对外投资最主要集聚区域是欧洲，其次是亚洲。2018 年数据显示，对欧洲农业投资占比 50.9%，对亚洲投资占比 32.7%，对大洋洲投资占比 8.5%，对非洲投资占比 5.9%，对南美洲投资占比 1.0%，对北美洲投资占比 1.0%。农业对外投资的流量在一定程度上具有偶发性，从存量来看基本与流量分布大体一致，以截至 2018 年的农业对外投资存量分布来看，最主要的是亚洲和欧洲，其中亚洲占比 38.3%，欧洲占比 36.2%，大洋洲占比 13.4%，非洲占比 6.2%，南美洲占比 4.6%，北美洲占比 1.3%。从地区分布来看，中国农业对外投资仍然集中在亚洲周边国家和欧洲的农业资源相对富裕地区。对外投资尚没有形成全球配置资源的格局。

农业投资的区域分布往往变动很大，对比 2016 年和 2018 年的区域分布，发现流量和存量发生了较大变化，其原因如下。①农业对外投资项目数

量和总额相对较小，尚不存在规律性，个别项目可以影响整个农业对外投资的区域分布，例如从存量来说，当前中国农业对外投资存量第一名的为瑞士，其原因在于中国化工收购先正达。因此，也不排除未来农业领域的并购会重塑区域分布的版图。②从投资规模来看，对发达国家的农业投资往往要高于发展中国家，农业投资在发展中国家的往往是绿地投资，农业绿地投资项目能够吸收的资本相对较小，而对发达国家的农业投资多数为跨国并购，涉及的资本规模较大。这就造成了以资本规模衡量的投资区域向发达国家倾斜。

近年来，由于全球经济增长放缓及保守主义带来的国际投资增长趋缓，同时对外投资的监管日益规范，加之投资目的国对来自中国的农业投资越来越持谨慎态度，短期内农业对外投资的规模和增速并不会出现大幅度提升。实际上，在监管加强和外部压力增大的情况下，根据中国社会科学院农村发展研究所课题组的跟踪调研，中国海外农业投资和经营的合规性在不断提高，投资质量不断优化。未来，随着全球经济的复苏，中国农业对外投资十分可期。

（三）简要小结

2019 年，中国农业吸引外资和对外投资均出现了一定程度的下降，其共同的原因在于全球经济增长趋缓和经济保守主义盛行，具体原因又略有差异。中国农业吸引外资下降的原因一是与产业布局和统计口径有关，二是与中国农业生产形态和组织关系有关；农业对外投资主要与投资所在国的国别政策有关，在贸易保护主义之下，相当一部分国家对农业投资的政策进行了收紧，例如 2019 年 4 月，欧盟正式实施了对外国直接投资的审查框架性条例，强化了外资审查，涉农投资也不例外，此外还有包括各国农业政策在内的影响因素都限制中国农业的对外投资。无论如何，可以肯定的是：农业吸引外资和农业对外投资的下降都是暂时性和阶段性的，长期来看，农业的发展与进步要依赖生产要素的不断更新，农业双向投资在远期具备很大的上升空间。

三　农业科技合作

中国在全球范围内的农业科技合作经过长期发展，已经形成了多层次、宽领域、大范围的立体生态，不仅包括政府间双边和多边协议、科研院所之间的科技交流，也包括涉农企业的科技交流与成果合作，合作形式日趋多样。

根据农业农村部国际合作司资料①：截至2019年，以中国农科院为例，农业技术和产品遍布全球亚、非、美、欧150多个国家和地区，育种、植物保护、畜牧医药、农用机械等领域的60余项新技术和新产品实现了“走出去”；与83个国家和地区、38个国际组织、7个跨国公司、盖茨基金会等建立合作关系，正式签订82份科技合作协议；与美国、加拿大、日本、荷兰、澳大利亚、巴西等国家科研院所，与国际水稻研究所等共建联合实验室/联合研究中心62个；在巴西、比利时、澳大利亚和哈萨克斯坦建立4个海外联合实验室，拥有FAO和OIE参考实验室6个；协调国内单位与13个国外机构办事处合作，当前开展的国际合作项目已覆盖到全国20多个省（区、市），项目总数达250多项。

从区域农业科技合作来看，以中国—中东欧农业合作为例，2019年中国—中东欧合作机制成员国中增加了希腊，从“16+1”扩展成为“17+1”。在此机制下，农业科技和创新合作成为重点领域，先后被纳入中国—中东欧国家领导会晤后联合公布的《贝尔格莱德纲要》《苏州纲要》《索菲亚纲要》《杜布罗夫尼克纲要》等重要成果文件，得到了各国领导人的高度关注和一致认可，在每届农业部长会议上，农业科技合作都是重要关切。在“17+1”框架下，中波农业科技促进中心、中匈科技促进中心、中塞玉米中心等相继建立，并且已经开展了行之有效的合作。

① http：//www. moa. gov. cn/ztzl/70zncj/201909/t20190911_ 6327695. htm.

四 2020年展望

1. 农产品贸易

2019 年中国农产品贸易逆差继续扩大，一方面因素是居民食物消费结构升级带来的需求增长，另一方面因素是非洲猪瘟疫情导致的国内肉类产出下降，需要大量增加进口以弥补国内市场缺口。尽管肉类进口快速增加，但是并没有实现对国内生产的完全替代，2019 年 12 月猪肉平均价格同比上涨了 156.6%。相对于 2018 年猪肉产量的 5404 万吨的水平，2019 年猪肉产量为 4255 万吨，下降了 21.3%，而进口猪肉及制品数量为 312.6 万吨，尽管大幅度增长，但是两者之间的差距仍然很大。预计 2020 年全球相关猪肉出口国都会增加猪肉出口，2019 年底签署中美第一阶段经贸协议也将进一步增加从美国进口猪肉数量，即便如此，仍不能有效满足国内市场缺口。

从贸易来看，农产品出口将受到一定负面影响，鉴于中国农产品出口的刚性，负面影响不会很大，但同时新型冠状病毒肺炎疫情在全球范围内的蔓延将在很大程度上促进中国对周边国家的农产品出口，综合正负两种因素，农产品出口将保持相对稳定；农产品进口受到国内居民收入下降与总需求下降影响，除刚需农产品之外，高价格农产品进口将会受到影响，具体来看，肉类进口将会继续增加而高档水果、水产品等将会受限。即便如此，2020 年农产品贸易仍会保持大逆差格局。

2. 农业投资

自 2019 年以来，中国农业吸引外资和农业对外投资均呈现一定程度的下降；与之相反，中国农业科技合作则在诸多领域有新的进展。下降的原因主要是全球经济增长趋缓和保守主义，尽管如此，中国对外开放的步伐在不断加快。2019 年初审议通过《外商投资法》，年中发布了《外商投资准入特别管理措施（负面清单）（2019 年版）》《自由贸易试验区外商投资准入特别管理措施（负面清单）（2019 年版）》《鼓励外商投资产业目录（2019 年版）》，11 月出台了《国务院关于进一步做好利用外资工作的意见》（国发

〔2019〕23号），12月国务院常务会议通过了《中华人民共和国外商投资法实施条例（草案）》。2019年10月世界银行发布《2020年营商环境报告》，中国的营商环境在全球190个经济体中的排名从2018年的第46位跃升至2019年的第31位，排名提升了15位。

在农业领域，对外开放的政策环境进一步宽松，在更长的历史时段，考虑到农业发展与进步对生产要素更新的内在需求，农业吸引外资和农业对外投资都将有进一步的发展。在农业科技合作领域，2019年中国农业科技合作都取得了全新的进展，在中国农产品贸易增长、“一带一路”发展的大背景下，未来农业科技合作必然会呈现更多突破。

热 点 篇

Reports on Hot Issues

G.9
中国农村全面建成小康社会实现程度评价

张瑞娟　崔 凯*

摘　要： 全面建成小康社会的重点在于全面，关键在农村。报告对农村全面建成小康社会进行评价，结果表明：中国农村全面建成小康社会的总体实现程度稳步提高，农村全面建成小康社会五个方面的实现程度差别逐年缩小，2018 年人民生活指标已达到全面建成小康社会水平，农村环境指标实现程度较低。从省级层面看，9 个省（自治区、直辖市）已实现 2020 年农村全面建成小康社会的目标，4 个实现程度较低省份要重点关注，并且多数省份在农村环境的实现程度上相对滞后。分指标看，农村基础设

* 张瑞娟，管理学博士，中国社会科学院农村发展研究所副研究员，研究方向为农业经济理论与政策；崔凯，管理学博士，中国社会科学院农村发展研究所助理研究员，研究方向为农业农村现代化、农业农村信息化、农村电商。

施、社会事业和公共服务三个方面是农村全面建成小康社会的短板，按预计发展速度，到2020年这些短板项也可实现全面小康的目标。基于测算结果，报告针对农村全面建成小康社会的短板，重点围绕农村基础设施、社会事业和公共服务存在的问题，提出相应对策建议。

关键词： 小康社会　农村基础设施　农村社会事业　农村公共服务

全面建成小康社会是党和国家2020年的奋斗目标。习近平总书记多次强调："全面建成小康社会是实现中华民族伟大复兴中国梦的关键一步。"这里全面建成的小康社会，涵盖了经济领域、政治领域、文化领域、社会领域、生态文明领域"五位一体"的总目标，是惠及广大城镇和农村十四亿人口、多领域协同发展的小康社会。同时，习近平总书记多次强调"小康不小康，关键看老乡""没有农村的小康，特别是没有贫困地区的小康，就没有全面建成小康社会"。因此，亿万农民是否能同全国人民一同步入小康社会，是决战决胜全面建成小康社会的关键。以习近平同志为核心的党中央始终坚持把"三农"问题作为全党工作的重中之重。2020年中央一号文件对标全面建成小康社会目标，对"三农"工作作出了全面部署。随着"三农"工作全方位的推进，尤其是党的十九大提出实施乡村振兴战略以来，农村全面建成小康社会的步伐更加坚实。在迈向全面小康的路上，农村全面建成小康社会在经济、政治、文化、社会、生态文明等领域取得一系列成就。

一　农村全面建成小康社会的进程评估

（一）农村全面建成小康社会的评估方法及总体实现程度评价

1. 农村全面建成小康社会评价指标体系

2013年，国家统计局制定的《全面建成小康社会统计监测指标体系》

以经济发展、民主法制、文化建设、人民生活和资源环境五个方面作为一级指标，共包含39个二级指标，同时设定了一级指标和二级指标的权重和目标值，通过加权平均的方法测算小康社会的实现程度。参照国家统计局2010年《农村全面建成小康社会统计监测指标体系》和2013年《全面建成小康社会统计监测指标体系》，并结合目前中国“三农”发展状况以及《中华人民共和国国民经济和社会发展第十三个五年规划纲要》《全国农业现代化规划（2016～2020年）》《全国农村经济发展“十三五”规划》《乡村振兴战略规划（2018～2022年）》等政府文件的相关论述，本报告主要借鉴魏后凯、张瑞娟（2016）构建的“农村全面建成小康社会评价指标体系”，并在此基础上进行了一定调整。该指标体系由经济发展、人民生活、社会发展、政治民主和农村环境五个方面作为一级指标，共包含21个二级指标（见表1）。在评价中，我们采用简单平均的方法，按照目标值测算“十二五”以来农村全面建成小康社会的实现程度。各指标数据的来源包括历年《中国统计年鉴》、《中国农村统计年鉴》、《中国环境统计年鉴》、《中国民政统计年鉴》、《中国城乡建设统计年鉴》以及《中国卫生和计划生育统计年鉴》等。

表1　农村全面建成小康社会评价指标体系

一级指标	二级指标	单位	属性	目标值
一　经济发展	1. 农村居民人均可支配收入	元	+	>15649
	2. 第一产业从业人员比重	%	-	<30
	3. 人口城镇化率	%	+	>60
	4. 农业科技进步贡献率	%	+	>60
	5. 农业劳动生产率	万元/人	+	>4.7
二　人民生活	6. 农村居民恩格尔系数	%	-	<30.2
	7. 农村人均住房面积	平方米	+	>40
	8. 城乡居民收入水平比	农村为1	-	<2.69
	9. 脱贫率	%	+	=100
	10. 农村自来水普及率	%	+	>83
三　社会发展	11. 农村地区5岁以下儿童死亡率	‰	-	<12
	12. 农村地区每千人口拥有执业医师数	人	+	>1.95
	13. 农村人口平均受教育年限	年	+	>10.8
	14. 农村居民文教娱乐消费支出比	%	+	>12.6
	15. 农村地区孕产妇死亡率	1/10万	-	<20

续表

一级指标	二级指标	单位	属性	目标值
四　政治民主	16. 参选村村民参选率	%	+	>95
五　农村环境	17. 农田灌溉水有效利用系数	1	+	>0.55
	18. 对生活垃圾处理的行政村比例	%	+	>90
	19. 对生活污水处理的行政村比例	%	+	>50
	20. 化肥施用量	千克/公顷	-	<225
	21. 农村无害化卫生厕所普及率	%	+	>85

注：①“+”代表正指标，“-”代表逆指标。

②本指标体系中各指标的目标值主要按以下三种方式确定：第一，根据国家统计局《全面建成小康社会统计监测指标体系》确定目标值；第二，根据《中华人民共和国国民经济和社会发展第十三个五年规划纲要》、《全国农业现代化规划（2016～2020年）》、《全国农村经济发展“十三五”规划》、《乡村振兴战略规划（2018～2022年）》、《农村人居环境整治三年行动方案》确定目标值；第三，根据国际标准和2020年农村全面建成小康社会的可行性确定目标值。

③城乡居民收入水平比是城镇居民人均可支配收入与农村居民人均可支配收入之比；2011～2017年的农村自来水普及率来自《中国城乡建设统计年鉴》中“集中供水的行政村比例”，2018年的农村自来水普及率来自 http://www.mwr.gov.cn/xw/mtzs/jjrb/201906/t20190629_1343837.html。

④平均受教育年限是根据《中国人口和就业统计年鉴》中“各地区乡村分性别、受教育程度的人口”得出的估算数据。

⑤基于2020年在现有标准下全面脱贫的目标，将2020年脱贫率的目标值设为100%；本报告中脱贫率是以2010年贫困人口作为基数，各年份累计脱贫人口除以2010年贫困人口即为2011～2018年的脱贫率，该数据来自2019年《中国统计年鉴》。

⑥化肥施用量和农村地区孕产妇死亡率是根据国际标准制定的目标值。

2. 农村全面建成小康社会实现程度测算方法

在进行农村全面建成小康社会实现程度的测算中，我们借鉴了国家统计局的方法，包括正指标和逆指标的计算方法。与此不同的是，在权重的处理方面，本报告采用简单算术平均法来计算农村全面建成小康社会的实现程度。

第一步，计算农村全面建成小康社会二级指标的实现程度。

正指标的计算方法为：

$$f(X_i) = \frac{X_i}{X_i^*} \times 100\% \tag{1}$$

其中，$f(X_i)$ 为第 i 个二级指标的实现程度，X_i 为指标实际值，X_i^* 为指标目标值。

逆指标的计算方法为：

$$f(X_i) = \frac{X_i^*}{X_i} \times 100\% \tag{2}$$

其中，$f(X_i)$ 为第 i 个二级指标的实现程度，X_i 为指标实际值，X_i^* 为指标目标值。

第二步，计算农村全面建成小康社会一级指标的实现程度。

$$F_i = \frac{\sum_{i=1}^{j} f(X_i)}{j} \times 100\% \tag{3}$$

其中，F_i 分别代表五个一级指标，包括经济发展、人民生活、社会发展、政治民主和农村环境。按照简单算术平均法，公式中分母 j 是每个一级指标中包含的二级指标个数。

第三步，计算农村全面建成小康社会的总体实现程度。

$$F = \frac{\sum_{i=1}^{5} F_i}{5} \times 100\% \tag{4}$$

其中 F 为总体实现程度，F 越接近 100%，表明农村全面建成小康社会的实现程度越高。

3. 农村全面建成小康社会的总体实现程度评价

（1）农村全面建成小康社会总体实现程度逐年稳步提高

“十二五”以来，农村全面建成小康社会进展顺利，总体实现程度从 2011 年的 70.05% 提高到 2018 年的 92.88%，提高了 22.83 个百分点，平均每年提高 3.26 个百分点（见图 1），按照这一平均提高速度，到 2020 年中国农村全面建成小康社会实现程度可以达到 100%，能顺利达到 2020 年农村全面建成小康社会的目标。

（2）农村全面建成小康社会五个方面实现程度差别逐年缩小

从农村全面建成小康社会的五个子系统看，五个方面小康的实现程度逐年提高（见图 2）。从绝对水平的比较可以看出，2018 年，人民生活已经达到全面建成小康社会水平；2018 年，政治民主和经济发展的小康实现程度

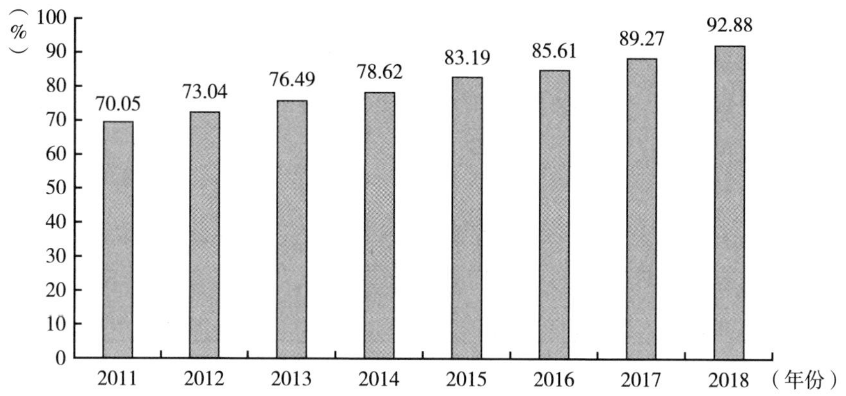

图1　2011～2018年农村全面建成小康社会总体实现程度

分别为95.79%和94.39%；社会发展的小康实现程度也较高，达到了93.79%；农村环境的小康实现程度最低，2018年完成度仅为79.21%，也是2020年实现农村全面建成小康社会的关键所在。从发展速度的比较可以看出，实现程度绝对水平较低的方面其近两年的发展速度反而更快，更具增长潜力。尤其2016～2018年，小康实现程度年均增长率最快的是农村环境，达7.44%；而小康实现程度较高的其他四个方面年均增速相对较低。

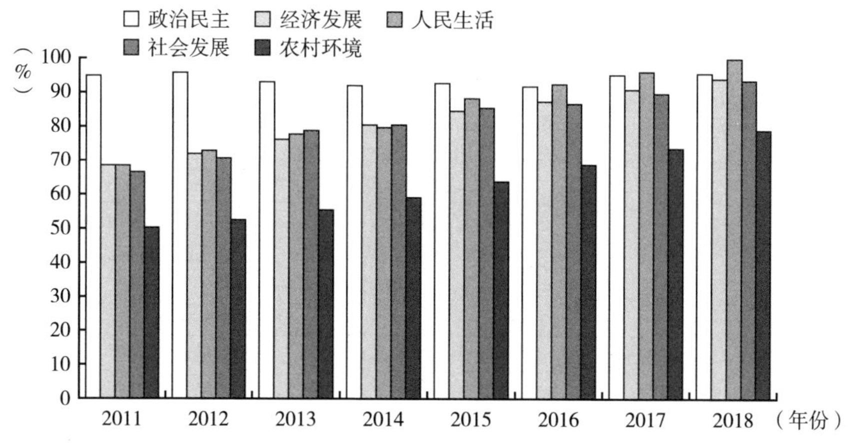

图2　2011～2018年农村全面建成小康社会分系统实现程度

此外，从图 2 中可以明显看出，随着时间推移，五个方面全面建成小康社会实现程度之间的差距逐渐减小，通过计算变异系数来体现五个方面实现程度的差异性，进一步验证这一结论，表 2 表明小康社会在各个方面都得到有效和全面的推进。

表 2　2011～2018 年农村全面建成小康社会五个一级指标实现程度的变异系数

年份	2011	2012	2013	2014	2015	2016	2017	2018
变异系数	0. 2043	0. 1894	0. 1572	0. 1357	0. 1212	0. 1011	0. 0900	0. 0789

注：变异系数为总体或样本的标准差与期望之比，可用来衡量不同总体或样本特定指标的离散程度或差异性。

（3）农村全面建成小康社会的具体指标实现程度差距明显

尽管与 2011 年相比，2018 年小康社会实现程度总体有很大的改进，但是各项指标实现程度差距明显（见表 3）。2018 年已经实现小康社会的指标主要集中在人民生活方面；实现程度为 90%～100%（包含 90%）的指标有 6 项，主要集中在经济发展方面；实现程度为 80%～90%（包含 80%）的指标有 2 项；实现程度为 80% 以下（不含 80%）的指标有 6 项，主要集中在农村环境方面。

表 3　2018 年农村全面建成小康社会具体指标实现程度

实现程度	指标个数(个)		2018 年相应指标名称
	2011 年	2018 年	
100%	0	7	第一产业从业人员比重、农村居民恩格尔系数、农村人均住房面积、城乡居民收入水平比、农村 5 岁以下儿童死亡率、农村地区孕产妇死亡率、农田灌溉水有效利用系数
90%～100%	3	6	农村居民人均可支配收入、人口城镇化率、农业科技进步贡献率、农村自来水普及率、农村地区每千人口拥有执业医师数、参选村村民参选率
80%～90%	4	2	脱贫率、农村居民文教娱乐消费支出比
70%～80%	3	5	农业劳动生产率、农村人口平均受教育年限、对生活污水处理的行政村比例、对生活垃圾处理的行政村比例、农村无害化卫生厕所普及率
70% 以下	11	1	化肥施用量

注：这里需要说明的是，近两年，实现程度绝对水平较低的一级指标其发展速度反而更快，更具增长潜力。例如，2016～2018 年，小康实现程度年均增长率最快的是农村环境，年均增长 7. 44%。

（二）农村全面建成小康社会的基础设施、社会事业和公共服务实现程度评价①

按照农村全面建成小康社会总体实现程度评价设计的指标体系，从中选择反映农村基础设施、社会事业和公共服务的相关指标，进行农村全面建成小康社会基础设施、社会事业和公共服务三个方面实现程度的评价，相关指标如表4所示。

表4　农村基础设施、社会事业和公共服务的相关指标选取

主要指标	具体指标
农村基础设施	农村自来水普及率 农田灌溉水有效利用系数 农村无害化卫生厕所普及率
农村社会事业	对生活污水处理的行政村比例 对生活垃圾处理的行政村比例
农村公共服务	农村地区每千人口拥有执业医师数 农村地区孕产妇死亡率

1. 农村基础设施、社会事业和公共服务小康实现程度加速提高

从测算结果看，农村基础设施、社会事业和公共服务能实现全面小康是农村全面建成小康社会的关键内容。如图3所示，农村基础设施、社会事业和公共服务的小康实现程度逐年提高，2011年，三个方面的小康总体实现程度为54.30%，全国农村全面建成小康社会的总体实现程度为70.05%，差距为15.76个百分点，到2018年这一差距降低到4.56个百分点，表明农村基础设施、社会事业和公共服务距离全面建成小康社会总体实现程度的差距越来越小。2016～2018年，农村基础设施、社会事业和公共服务三个方面小康实现程度的平均增速是6.74%，明显高于全国农村全面建成小康社会实现程度的平均增速3.74%。

① 2020年中央一号文件重点强调对标全面建成小康社会，加快补上农村基础设施和公共服务短板。基于此，本报告重点对农村基础设施、社会事业和公共服务进行了单独测算和阐述。

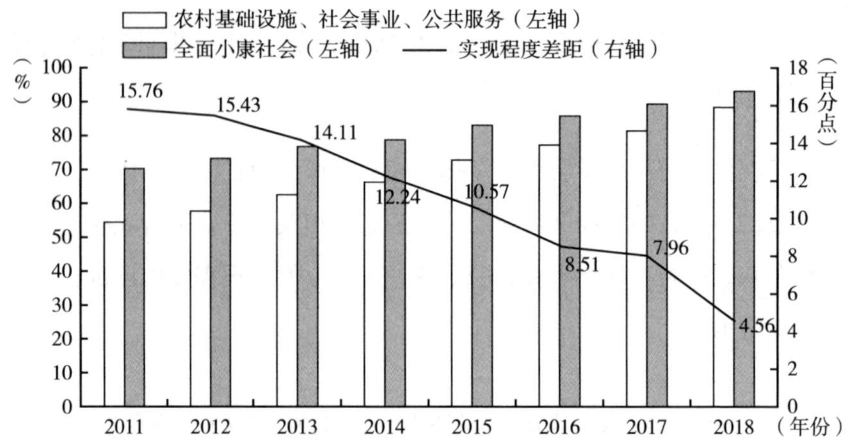

图3　2011～2018年农村基础设施、社会事业、公共服务小康实现程度及其发展变化

2. 农村基础设施、社会事业和公共服务三大方面小康实现程度差距缩小

如图4所示，农村基础设施、社会事业和公共服务的小康实现程度由大到小分别为农村公共服务、基础设施和社会事业，而且农村社会事业明显滞后于农村公共服务和农村基础设施。2011年，农村公共服务、基础设施和社会事业的小康实现程度分别为71.07%、71.51%和20.31%；“十三五”以来，2016～2018年，三个方面的平均增长速度分别为2.30%、4.02%和18.48%，可见，小康社会实现程度低的方面其发展迅速，增速更快，到2018年三个方面的小康实现程度分别为96.92%、91.60%和76.42%，差距明显缩小，农村公共服务、基础设施和社会事业的小康实现程度更加均衡和全面。

3. 农村基础设施、农村社会事业和农村公共服务的具体指标差异明显

就具体指标而言，与2011年相比，2018年各指标的小康实现程度均有不同程度的提高，但是仍然表现出一定的差异性。从表5中看出，农村公共服务的相关指标在实现程度较高的两个阶段分布，农村基础设施相关指标在三个实现程度阶段分布，农村社会事业相关指标则分布在实现程度为70%～80%（包含70%）的阶段。

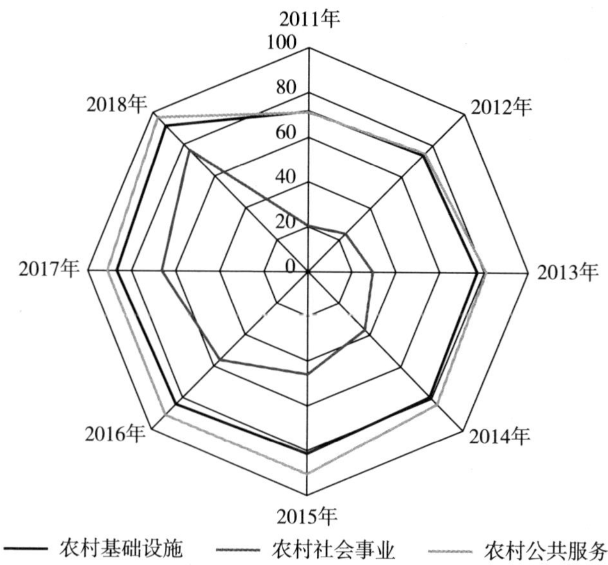

图 4　2011～2018 年农村基础设施、社会事业和公共服务三个方面的小康实现程度（%）

表 5　2018 年农村基础设施、社会事业和公共服务指标的小康实现程度分类

实现程度	指标个数(个)		2018 年相应指标名称
	2011 年	2018 年	
100%	0	2	农田灌溉水有效利用系数、农村地区孕产妇死亡率
90% ～100%	1	2	农村自来水普及率、农村地区每千人口拥有执业医师数
80% ～90%	0	0	—
70% ～80%	1	3	农村无害化卫生厕所普及率、对生活污水处理的行政村比例、对生活垃圾处理的行政村比例
70% 以下	5	0	—

4. 到2020年农村基础设施、社会事业和公共服务基本可以实现全面小康

分别以近三年小康社会实现程度平均增速和 2018 年小康社会实现的增速，预测 2020 年中国农村基础设施、社会事业和公共服务各项具体指标、主要指标以及总指标的小康社会实现程度。从表 6 中可以看出，到 2020 年中国农村基础设施、社会事业和公共服务三个方面的小康实现程度以及总体

小康实现程度，均可以达到全面小康水平。农村无害化卫生厕所普及率和对生活垃圾处理的行政村比例作为农村环境工作的重要方面，在国家实施《农村人居环境整治三年行动方案》下预计可以或接近实现100%的小康社会目标。

表6　2020年农村基础设施、社会事业和公共服务的小康实现程度

单位：%

主要指标	具体指标	到2020年小康实现程度	
		以近三年增速	以2018年增速
农村基础设施	99.12	≥100	
	农村自来水普及率	≥100	≥100
	农田灌溉水有效利用系数	≥100	≥100
	农村无害化卫生厕所普及率	82.98	82.18
农村社会事业	≥100	≥100	
	对生活污水处理的行政村比例	≥100	≥100
	对生活垃圾处理的行政村比例	85.36	85.06
农村公共服务	≥100	≥100	
	农村地区每千人口拥有执业医师数	≥100	≥100
	农村地区孕产妇死亡率	≥100	≥100
总实现程度		≥100	≥100

注：这里的≥100%意思是该指标的小康实现程度一直在增长，可以达到甚至超过实现小康社会的目标值。

（三）省级层面农村全面建成小康社会实现程度评价

在对全国农村全面建成小康社会评价基础上，对当前不同省（自治区、直辖市）农村全面建成小康社会进程进行评价，进一步结合各项一级指标评价结果，找出各地在农村全面建成小康社会进程中存在的突出问题和短板。通过比较分析，为对策的提出提供量化依据。

1. 省级层面总体评价结果

基于前文构建的“农村全面建成小康社会评价指标体系”，对2018年全国和31个省（区、市）农业农村现代化发展水平进行评价和对比。

首先，结合实际数据发布情况，部分二级指标难以获得分省截面数据，如农业科技进步贡献率、农村人均住房面积、农村地区5岁以下儿童死亡率等。其次，不同地区社会经济方面上差距明显，特别是农业功能定位不同，并不能反映所属一级指标的实际水平，如脱贫率等，对这些指标进行剔除，总共应用17项指标。其中，农村地区孕产妇死亡率指标用县孕产妇死亡率指标替代。部分指标该年份缺失数据，用2017年数据替代，包括农业劳动生产率、第一产业从业人员比重、农村自来水普及率、农村无害化卫生厕所普及率、农村人口平均受教育年限、农村地区孕产妇死亡率等，计算方法同前，评价结果如图5所示。

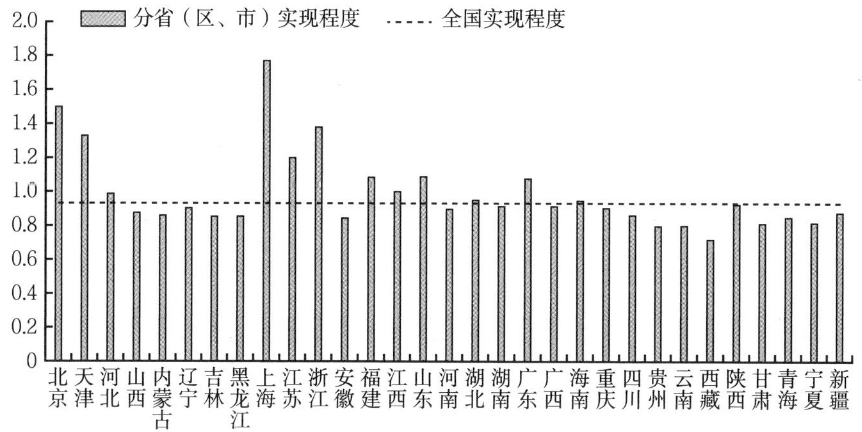

图5　2018年农村全面建成小康社会分省份评价

从农村全面建成小康社会程度的分省份排名看，以全国发展水平为标准，农村全面建成小康社会程度高于全国整体水平的有12个省份，依次为上海、北京、浙江、天津、江苏、山东、福建、广东、江西、河北、湖北、海南，这些省份农村全面建成小康社会的进程将领先于全国。有9个省份已实现2020年的目标，按照排名顺序，依次为上海、北京、浙江、天津、江苏、山东、福建、广东、江西。参照中国社会科学院农村发展研究所发布的“中国农村发展指数2019”① 的评价结果，排名前8位的省份一致，仅排名

① 魏后凯、杜志雄：《中国农村发展报告（2019）》，中国社会科学出版社，2019。

顺序略有不同，可以认为该结果具有较高的可信度。同时，基于前文测算的2011年以来的全国农村全面建成小康社会实现程度的年均增速（4.11%），在2020年全国农村全面建成小康社会时，贵州、云南、西藏、甘肃四地需重点关注，这些省份需要加快农村全面建成小康社会的进度。

2. 省级层面分指标评价结果

针对各项一级指标，考察不同省份的具体发展情况①，分析影响农业农村现代化发展水平的优势项和劣势项指标。其中，在经济发展一级指标中，排名前三的省份依次为上海、北京、浙江，这些省份的优势项集中体现在第一产业从业人员比重、人口城镇化率等指标方面，如2018年上海、北京人口城镇化率均超过85%，第一产业从业人员比重均低于4%；排名后三的省份为贵州、西藏、甘肃，这些省份的劣势项主要体现在农业劳动生产率、农村居民人均可支配收入方面。如2018年贵州、甘肃农村居民人均可支配收入不足上海的1/3。

表7　2018年农村全面建成小康社会一级指标分省份比较

一级指标	分项指标基本实现程度排名(由高至低)	
	排名前三	排名后三
经济发展	上海、北京、浙江	贵州、西藏、甘肃
人民生活	天津、江苏、北京	西藏、贵州、甘肃
社会发展	浙江、上海、天津	宁夏、青海、西藏
农村环境	浙江、上海、江苏	黑龙江、陕西、吉林

在人民生活一级指标中，排名前三省份依次为天津、江苏、北京，排名后三的省份为西藏、贵州、甘肃，最能反映该指标实现程度的二级指标是城乡居民收入水平比，如天津城乡居民收入水平比低于2，而贵州、甘肃城乡居民收入水平比大于3，城乡居民收入差距大在中西部经济落后省份表现得更加明显。

① 由于政治民主一级指标下仅包含参选村村民参选率一项二级指标，该指标尚不足以体现政治民主整体水平，故并未单独对政治民主一级指标进行分析。

在社会发展一级指标中，排名前三的省份依次为浙江、上海、天津，这些省份的优势项主要体现在农村地区每千人口拥有执业医师数等指标上，天津、上海农村地区每千人口拥有执业医师数超过 3 人；排名后三省份为宁夏、青海、西藏，这些省份的劣势项主要体现在农村人口平均受教育年限、农村地区孕产妇死亡率等指标方面，其中宁夏、西藏农村地区孕产妇死亡率全国最高，医疗水平较为落后。

在农村环境一级指标中，排名前三的省份依次为浙江、上海、江苏，这些省份的优势项主要体现在农村无害化卫生厕所普及率、对生活垃圾处理的行政村比例等指标方面，测算年份三地两项指标值均超过 90%。排名后三的省份为黑龙江、陕西、吉林，这些省份的劣势项主要体现在对生活污水处理的行政村比例等指标方面。黑龙江、吉林对生活污水处理的行政村比例不足 10%，农村人居环境质量有待改善。

通过分析各地在推进农村全面坚持小康社会建设中的优势项和劣势项指标，可以归纳出不同一级指标下需特别注意的短板项。其中，经济发展一级指标应重点关注产出质量的提升，大力提高农业劳动生产率，避免因过多重复投入劳动发生“内卷化”而造成生产低效。要提高务工收入在农村居民可支配收入中的比重，实现农村居民人均可支配收入继续稳定增长。人民生活一级指标应重点关注缩小城乡差距，西部不发达省份城乡差距更为明显。大力改善与生活密切相关的生活设施，如无害化卫生厕所改造等。社会发展一级指标应重点关注农村教育、医疗等方面的改善，提高城乡公共服务普及率。关于农村环境一级指标，一方面要重视生产环境污染面源问题，加快农药化肥的减量化，提高农业投入品利用效率。另一方面是重点对农村生活环境开展治理，主要是加快生活污水、垃圾等的无害化处理，营造生态宜居环境。

综合省级层面农村全面建成小康社会的总体进程和分指标评价结果，首先，在一级指标上的整体表现来看，农村环境和社会发展两项一级指标，是绝大部分省份农村全面建成小康社会的突出短板，这些项目如不能处理好，将会降低全国农村全面建成小康社会的质量。其次，从不同省份间的对比来

看，发达省份或直辖市在农村全面建成小康社会总体进程上领先。而西部地区、贫困地区、少数民族地区省份在各项一级指标上都存在明显短板，农村全面建成小康社会要迎头赶上。

二　农村全面建成小康社会的短板

小康社会建设的重点和难点在农村，没有农村的全面小康，就没有中国的全面小康。根据测算结果，目前农村全面建成小康社会的短板，集中表现在基础设施、公共服务、生态环境、社会事业等领域。

（一）农村基础设施条件待改进

中国农村基础设施建设已经取得了很大成就，但距离农村全面建成小康社会的要求还有一定差距。一是农村水电路网等基础设施建设质量和管护水平普遍较低。突出表现在为完成建设任务，农村水电路网等基础设施建设过程“重速度、轻质量”“重数量、轻管护”的现象明显；为了追求建设速度降低施工标准，建好后搁置缺乏管护等现象，造成了资金的大量浪费和基础设施的严重损耗。二是农村供水供气设施水平与城市仍有较大差距。据住房和城乡建设部统计，2017 年，全国村庄供水普及率为 75.5%，比城市低 22.8 个百分点；而全国村庄燃气普及率仅有 27.0%，同期城市已达到 96.3%。更重要的是，农村环卫设施水平低，地区差异大。三是农田水利设施建设质量较低，管护较差。突出表现在产权不清晰、权责不明确。建好了无人管、无人问。由于很多地区供水、排水、治污环节实行分治，难以建立统一有效的规范管理措施，使“有人建，无人管”的问题长期存在，水利灌溉设施难以充分发挥作用。

（二）农村生态环境问题凸显

以农业面源污染和农村人居环境不佳为代表的农村环境问题仍然是突出问题。农业面源污染方面，主要来自长期不合理地使用化肥、农药等农业化学品，以及规模化畜禽养殖业的废弃物等。尽管近年来在国家政策的推动下，中国每公顷耕地的农药和化肥使用量都呈现下降的趋势，农业废弃物的资源化利用水平也有所提高，然而我国化肥、农药使用强度仍然很高，远高于国际安全上限标准和世界平均水平，治理农业面源污染形势依然严峻，实现绿色发展依然任重道远。

从农村人居环境来看，近年来农村“脏、乱、差”问题初步得到解决，但农村生活垃圾无害化处理、农村无害化卫生厕所普及率仍然存在很大提升空间，2017 年全国农村无害化卫生厕所普及率仅为 62.5%①。农村卫生与环境整治东、中、西区域差异巨大，同一省域的不同地区差异亦非常明显。比如，对生活污水集中或部分集中处理的行政村比例，上海、浙江和江苏等实现程度较高，而全国大多数地区不足 30%；对生活垃圾集中或部分集中处理的行政村比例，部分东部沿海地区该指标超过 95%（浙江农村生活垃圾集中处理基本实现全覆盖），贵州、云南、西藏、青海等西部地区该指标不足 50%；全国无害化厕所普及率，北京、天津、上海、浙江、江苏等东部地区该指标超过 90%，而贵州、陕西、甘肃等大部分西部地区以及东北地区该指标仍不足 50%②。

（三）城乡社会事业发展存在差距

农村教育方面，近几年农村教育经费的投入不断增长，但《中国农村教育发展报告 2019》指出，农村义务教育经费增幅依然低于全国平均水平。如 2017 年全国普通小学生均公共财政预算教育事业费支出达到 10199.12 元，较 2016 年增长 6.71%。其中，农村为 9768.57 元，较 2016 年增长 5.65%；全国普通小学生均公共财政预算公用经费支出达 2732.07 元，较 2016 年增长 4.64%。其中，农村为 2495.84 元，较 2016 年增长 3.90%。2017 年全国普通初中生人均公共财政预算教育事业费支出达到 14641.15

① 《中国环境统计年鉴》。

② 《中国城乡建设统计年鉴》。

元，较2016年增长9.13%。其中，农村为13447.08元，较2016年增长7.77%；全国普通初中生人均公共财政预算公用经费支出达3792.53元，较2016年增长6.47%。其中，农村为3406.72元，较2016年增长4.59%。

医疗方面，中国第六次人口普查结果显示：中国50.32%的人口居住在农村，但80%的医疗资源集中在城市。2018年底，全国3.16万个乡镇共设3.6万个乡镇卫生院，比2017年减少了90个，2018年共有床位133.4万张，相比2017年增长3.25%，2018年有卫生人员139.1万人，较2017年增加3.1万人。2018年，每千农村人口乡镇卫生院床位达1.39张，每千农村人口乡镇卫生院人员达1.45人。相比2017年，这两项指标增幅都不大（见表8）。

表8　2017年和2018年中国农村卫生健康事业发展相关指标

指标	2017年	2018年
乡镇数（万个）	3.16	3.16
乡镇卫生院数（个）	36551	36461
床位数（万张）	129.2	133.4
卫生人员数（万人）	136.0	139.1
卫生技术人员（万人）	115.1	118.1
执业（助理）医师（万人）	46.6	47.9
每千农村人口乡镇卫生院床位（张）	1.35	1.39
每千农村人口乡镇卫生院人员（人）	1.42	1.45
诊疗人次（亿人次）	11.1	11.2
入院人数（万人）	4047	3984
医师日均担负诊疗人次（人次）	9.6	9.3
医师日均担负住院床日（张）	1.6	1.6
病床使用率（%）	61.3	59.6
出院者平均住院日（日）	6.3	6.4

资料来源：《2018年我国卫生健康事业发展统计公报》。

（四）农村社会保障水平不高

从社会保障看，农村地区相比城市地区，老龄化问题更加严重，但与之相对应的养老保障水平较低。虽然在2014年后，国家出台相关政策法规，建立了统一的城乡居民基本养老保险制度。但是由于农民自身保险意识薄弱、收入较低，相当数量的农民选择不购买或选择购买低档次的保险，造成脱保、个人账户基金积累不足等问题，这一问题在中西部地区表现更加突出。现阶段，依靠血缘关系构建的家庭保障依旧是农村中最主要的养老方式，但是由于经济社会的发展，更多的子女迁入城市，农村出现空巢老人现象，部分老年人得不到关心照顾，社会保障得不到有效落实。同时，城乡最低生活保障水平差距依然很大。从最低生活保障的平均标准来看，2018年，全国城市低保平均保障标准为每人每月579.7元，而农村低保平均保障标准只有每人每月402.8元。截至2018年底，全国共有农村特困人员455.0万人（见图6），全年支出农村特困人员救助供养资金306.9亿元，人均6745.1元。全国共有城市特困人员27.7万人，全年支出城市特困人员救助供养资金29.5亿元，人均10649.8元。可以看出，农村低保对象和特困人员领取到的救助资金远远低于城市人员领取到的资金。

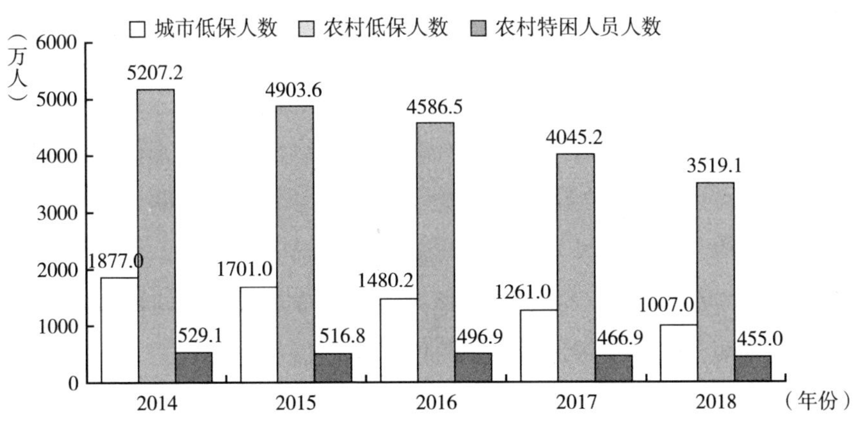

图6 2014～2018年城乡低保对象、农村特困人员情况

资料来源：《2018年民政事业发展统计公报》。

三　推进农村全面建成小康社会的对策建议

农村全面建成小康社会是2020年全党和国家工作的重中之重，决胜全面建成小康社会除了继续推动建设“五位一体”总体布局和“四个全面”战略布局之外，更要集中精力坚决打赢脱贫攻坚战，加快推进基础设施和公共服务建设，注重农村民生领域各项事业的发展，防范化解经济社会运行中给农村、农业和农民带来的重大风险等。随着2020年全面建成小康社会目标的实现，中国将进入高水平全面建成小康社会进而向富裕社会迈进的“后小康”时代。这需要以解决当前存在的关键问题为决策导向，在巩固农村全面建成小康社会基础上，进一步推动小康社会向高水平高质量发展。

（一）建立乡村振兴与新型城镇化的联动机制

全面建成小康社会，要将城市与乡村看作相互依存、相互融合、互促共荣的生命共同体，这里的全面指的就是城乡共同携手迈入的小康社会。因此，乡村的振兴离不开新型城镇化的支撑，新型城镇化的发展更是不能建立在乡村衰败的基础上。要把实施乡村振兴战略与新型城镇化建设有机结合起来，形成二者之间的有效联动机制，推动城乡融合发展、共同繁荣。一方面，要参考新型城镇化标准做好农村基础设施和公共服务的布局与规划，这个布局与规划不能盲目，要根据未来当地城乡人口格局及变化来确定其投入规模、投入力度和投入方式。另一方面，在推进新型城镇化的过程中，建立城乡要素互流互通机制，要鼓励城市资金、技术、人才等要素向农村流动，同时，有条件的地区要积极推动城市基础设施和公共服务向农村延伸，充分发挥城市对农村的带动和辐射作用。

（二）继续加大针对中西部欠发达地区的区域扶持力度

全面建成小康社会就是要消除城乡和区域差异。目前个别省份在个别指标上，完成农村全面建成小康社会的预期目标尚有难度。切实提高农村全面小康的质量和水平，要继续加大对落后地区的投入和扶持力度，安排涉农类产业试点示范项目向中西部等欠发达地区倾斜，形成一批农业高质量发展基地。倡导循环农业、节水农业、生态农业等资源节约型和环境友好型农业，加大对生态脆弱地区的生态环境治理力度。积极把握加工业转移机遇，推动中西部县域经济发展，加快农村劳动力转移。全力缩小城乡差距，利用信息技术手段引入市场主体，加快城乡基础设施和公共服务均等化。巩固脱贫攻坚成果，尽快在相对落后地区形成常态化减贫手段。在前期对口帮扶基础上，探索资本、服务、人才等各类资源支持中西部农村地区发展的长效机制，重点改善农业生产条件、农村基础设施和公共服务，关注农村民生发展领域，提高农民生活保障水平。

（三）完善农村基础设施和公共服务的支持方向

进一步优化农村基础设施和公共服务供给结构，积极广纳农民意见，根据不同区域农村所需要的基础设施类型、公共服务类型及模式摸清“自下而上”的需求清单，做到农村基础设施和公共服务供给真真切切地满足农民实际需求。通过财政补贴、以奖代补、先建后补、参股控股、一事一议等多种方式，协调统筹农村基础设施和公共服务建设管护所需的资金，形成资金合力。鼓励民营企业与社会资本积极参与到农村基础设施和公共服务设施的建设管护中，在明确主体权责基础上，实行全程监管与及时反馈，制定适应当地情况的工作考核规范，促进形成多元化的运营管护机制。一方面，要完善农村基础设施和公共服务的运营管护制度。对于那些适合市场运营，能够赢利的农村基础设施和公共服务，应考虑投入转向市场当中。另一方面，要完善农村基础设施和公共服务的运营补贴制度。通过建立农村基础设施和公共服务使用的上下游价格联动机制，在价格调整不到位时，根据实际情况，合理补贴运营单位，保障其正常运行。此外，对于贫困地区，可根据贫困等级补贴其基础设施和公共服务的运营管护费用，提高农村贫困群体的获得感和幸福感。

（四）加强农业资源与农村生态环境保护

加强顶层设计，重视农业资源与农村生态环境保护。在耕地保护方面，开展中央、地方耕地督察工作，严守耕地红线和基本农田红线，坚决遏制优质耕地逐年递减的趋势，把好国家粮食安全关。应建立土地污染监测、管理网络平台，进一步加强对土壤环境的监测，利用大数据，实时掌握耕地土壤、养分等最新情况。在水生态系统保护方面，要强化水污染治理，将水治理制度化，重点加强饮用水水源保护，完善水污染治理领域的市场准入制度。在化肥农药减量化方面，要以绿色发展理念为指导，通过进一步推动有机肥替代化肥的补贴政策来继续推进化肥农药双减行动。强化农业面源污染防治行动计划的实施监管，注重实施效果的监测与评价。在农业废弃物资源化利用方面，要探索不同区域不同产品生产者责任延伸的实现形式，构建基于生产者担责的农资废弃物资源化利用体系。

（五）加强基层民主政治建设

要充分发挥基层党组织的领导核心作用，加强基层党员干部学习培训，打造一支作风优良、工作认真负责的基层党员干部队伍，培育党性强、能带富、善治理的基层党组织带头人，领导基层群众开展工作。发挥村民委员会自治主导作用，拓展社会组织参与社会治理渠道，鼓励和引导社会组织及专业社会机构，参与乡村治理，构建自治、法治、德治相结合的现代乡村治理体系。本着公开、公平、公正的原则，积极引导农民参与村级公共事务治理。利用微博、微信等各种新媒体，通过直播、小视频等形式，做好民主意识的宣传教育工作，帮助农民树立民主观念和法制意识，自觉抵制违法违规行为。

参考文献

魏后凯、张瑞娟：《中国农村全面建成小康社会进程评估》，《人民论坛·学术前沿》2016年第18期。

魏后凯：《“十四五”时期中国农村发展若干重大问题》，《中国农村经济》2020年第1期。

G.10

超级猪周期影响下如何实现生猪产业稳产保供

罗千峰　韩　磊*

摘　要： 本报告立足本轮猪周期的基本特点、形成原因及影响，探讨了猪产业稳产保供的现实困境，并提出实现生猪产业稳产保供的原则和对策建议。从生产端来看，当前疫情形势仍然严峻，养殖资金缺乏，养殖信心不足；从消费端看，疫情影响和前期猪肉价格上涨导致猪肉消费阶段性低迷，需求对生产的拉动作用有待提高；从政策层面看，政策存在很多不确定性，养殖户缺乏稳定的预期。要实现生猪产业稳产保供，需要强化疫情防控工作，提振复养信心；加大资金支持力度，激发市场活力；保障猪肉市场供应，稳定猪肉价格；维护政策稳定性，稳定养殖预期。

关键词： 猪周期　生猪产业　稳产保供

“猪粮安天下”，生猪产业是中国传统优势产业，对促进国民经济平稳发展和提高居民生活保障水平具有重要意义。伴随着农业供给侧改革的推进，提高生猪产业发展质量、促进产业转型升级也占据着越来越重要的地

---

* 罗千峰，中国人民大学管理学博士研究生，主要研究方向为畜牧经济、农业经济理论与政策；韩磊，管理学博士，中国社会科学院农村发展研究所助理研究员，主要从事粮食安全、农产品市场、畜牧业经济等领域的研究。

位。近年来，生猪良种工程稳步推进，技术创新突飞猛进，饲料、科技推广等支撑保障体系日趋完善，生产方式稳步升级，生猪产业发展取得了巨大成就。但是，很多短板和不足也逐渐暴露，尤其是从 2018 年中以来，中国生猪产业经历了急剧波动，能繁母猪存栏量和生猪存栏量都出现了持续减少现象，产能出现了大幅下降，导致了生猪价格的大幅上涨，进而产生了本轮“超级猪周期”。本轮猪周期对生猪生产带来众多的不确定性，生猪产业在迎来较高的行业预期利润的同时，也面临诸多产业发展瓶颈，并且给居民正常生活秩序和经济平稳发展都带来了很多不利影响。因此，在本轮超级猪周期影响下，探究促进生猪产业稳产保供的有效策略具有现实的紧迫性和重要性。

一　本轮超级猪周期的特点、形成原因及影响

与以往猪周期不同，本轮猪周期不仅体现了猪周期的“超级”特点，并且造成了“超级”的影响。在本轮猪周期特点方面，生猪产能下降明显，生猪价格上涨幅度大、速度快，价格水平达到历史高位，行业利润水平大幅提升；在影响方面，猪肉价格带动 CPI 上涨，生猪产业转型升级进程加快，散养户加速退市，居民生活成本也有所增加。因此，研究本轮猪周期的特点、形成原因及影响是实现生猪产业稳产保供的基础。

（一）本轮猪周期的特点

1. 生猪价格上涨幅度大、速度快，价格水平达到历史高位

一个完整的猪周期包括波峰和波谷，从 2011 年以来的生猪价格和猪肉价格波动情况可以看出，上一轮猪周期结束于 2018 年 5 月，本轮猪周期于 2018 年 6 月开始，截至 2019 年 12 月已经历时 1 年 7 个月（见图 1）。本轮猪周期中生猪价格和猪肉价格均呈现整体上涨幅度大、速度快的特点，根据农业农村部全国集贸市场畜禽产品和饲料价格定点监测数据，2018 年 6 月生猪价格为 11.32 元/公斤，2019 年 12 月上涨至 33.29 元/公斤；同时，猪

肉价格也从2018年6月的19.83元/公斤，上涨至2019年12月的51.16元/公斤（见图1）。当然，猪周期内生猪价格也出现了局部震荡波动，从2018年10月至2019年2月，生猪价格和猪肉价格出现震荡下跌，主要是因为非洲猪瘟疫情不断传播，生猪跨地区调运受到影响，再加上消费者因担忧食品安全问题也导致猪肉消费受到一定程度的抑制，进而影响了生猪价格和猪肉价格。

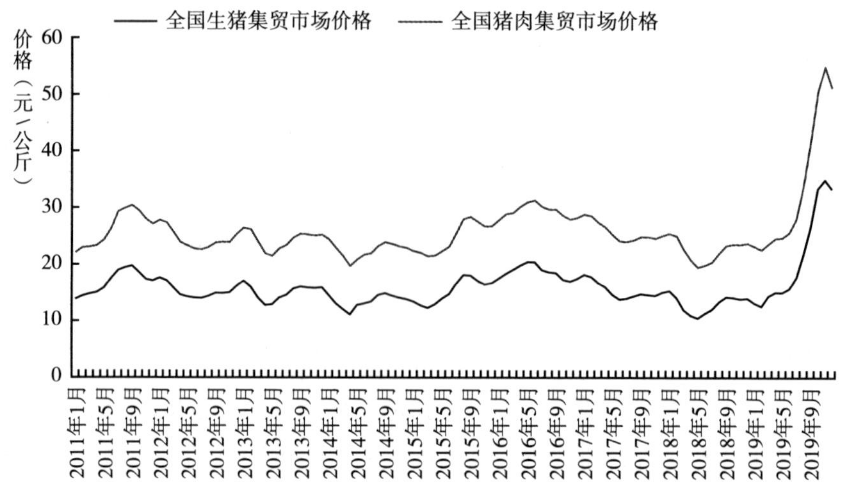

图1　2011～2019年全国集贸市场生猪价格和猪肉价格情况

资料来源：农业农村部。

中国猪肉消费具有季节性特征，春节时期为猪肉的消费旺季，生猪价格和猪肉价格会因为需求的增加而上涨，而春节过后为猪肉的消费淡季，猪肉价格会呈现下跌趋势。但是2019年春节消费却没有拉动生猪价格和猪肉价格上涨，2019年2月生猪价格和猪肉价格分别为12.55元/公斤和22.55元/公斤，同比分别下降10.69%和9.73%，环比分别下降4.33%和2.64%，这主要是因为政府为了保障春节期间的猪肉供应，采取了加大储备肉投放、引导前期压栏生猪上市等多项措施，保障了较为充足的猪肉供应，同时，前期较高的猪肉价格对猪肉消费也有一定的抑制作用；到了2019年3月，正值春节过后的猪肉消费淡季，猪肉价格却开启了上涨的趋势，这主要是因为

2018 年下半年开始的生猪存栏下降造成了生猪市场供应短缺，并且生猪价格也随后快速上涨，2019 年 12 月生猪价格与 2018 年同期相比增长了 138.61%，猪肉价格同比增长 115.94%，生猪价格和猪肉价格都达到了历史最高水平。

从整体上看，生猪价格和猪肉价格上涨趋势保持一致，但由于生猪价格的波动通过产业链向猪肉价格传递时，产业链的控制和运作会对价格纵向传递起到稳定器的作用，猪肉价格的波动幅度会小于生猪价格波动幅度（见图 1）。

2. 生猪产能下降明显

根据布瑞克农业数据库数据，从 2018 年 9 月开始，中国能繁母猪存栏量和生猪存栏量都出现明显持续下降趋势，并且 2019 年 1 月后，存栏量下降幅度快速增大（见图 2）。根据 2015 年 10 月国家发改委、财政部等 4 部委发布的新版《缓解生猪市场价格周期性波动调控预案》，能繁母猪月存栏量同比变化率在 −5% ~5% 波动属于正常情况，超出该区间则表示生猪生产出现异常情况；由图 3 可知，能繁母猪月存栏量同比变化率在 2018 年 10 月至 2019 年 12 月下降幅度都超过 5%，2019 年 3 ~12 月的降幅甚至在 20% 以上，生猪生产已出现了明显的异常情况。在生猪存栏量方面，2018 年 6 月生猪存栏量为 34318.9 万头，同比降低 1.80%，2019 年 12 月生猪存栏量为 20530.4 万头，同比降幅为 37.31%，生猪存栏量也显著降低。由于能繁母猪存栏量和生猪存栏量都大幅降低，生猪的供应也会受到影响，再加上猪肉进口量比例偏低，未来猪肉市场供应不足的情况将会持续，因此，亟须加快推进生猪复养进程。

3. 行业利润水平提升

自 2018 年 8 月以来，猪料比价都超过猪料比价平衡点，[①] 生猪行业盈利能力处于上升期；2019 年 3 月之后，猪料比价超过 6∶1，特别是 2019 年 9 月之后，猪料比价均超过 10∶1，猪料比价的快速增长并长期保持高位保

① 猪料比价是反映生猪养殖行业盈亏趋势的重要指标，猪料比价计算公式为：生猪价格（元/斤）/饲料价格（元/斤）；区别与猪粮比的计算模式，猪料比价将豆粕等饲料价格纳入比值当中，更能准确反映养殖的实际利润情况。

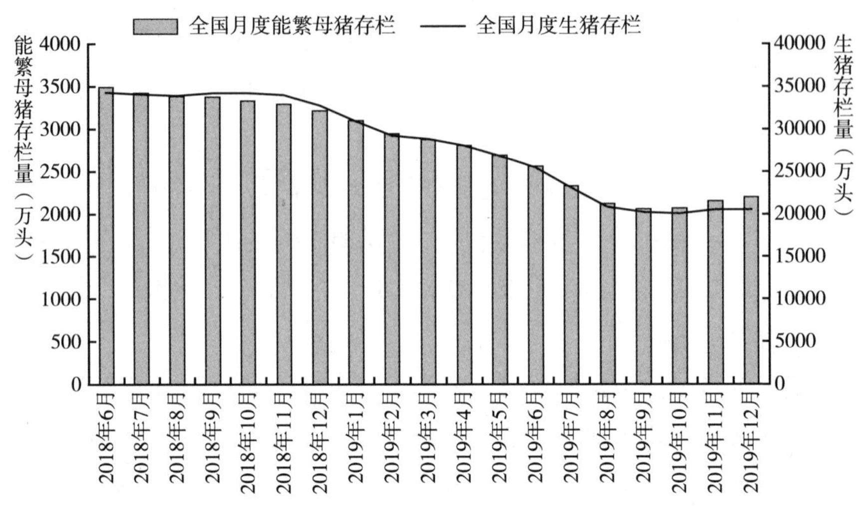

图 2　2018～2019 年全国月度能繁母猪和生猪存栏量

资料来源：布瑞克农业数据库（http：//www. agdata. cn/）。

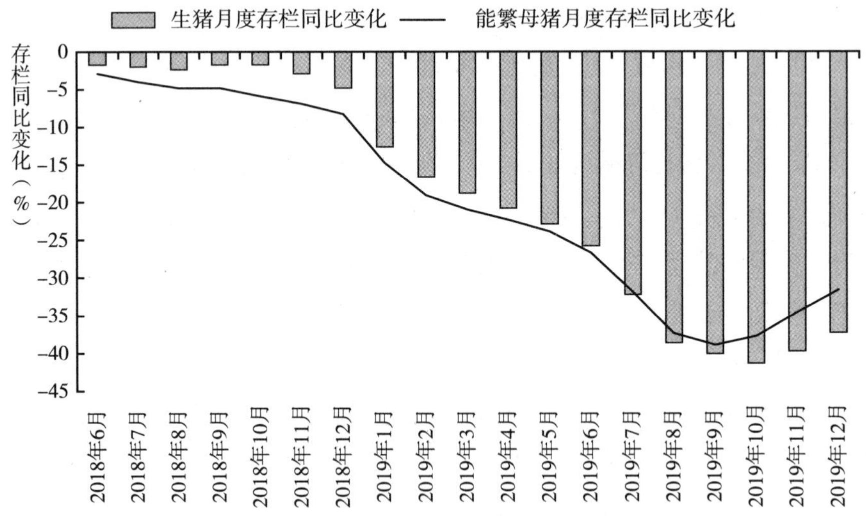

图 3　2018～2019 年全国月度能繁母猪和生猪存栏量变化情况

资料来源：布瑞克农业数据库（http：//www. agdata. cn/）。

障了生猪产业的高盈利水平（见图4）。本轮猪周期生猪行业利润增幅十分明显，根据布瑞克农业数据库生猪行业监测预警数据，2019 年 3 月以来，生猪行业利润处于高增长趋势，尤其是在 2019 年 7 月以后，增长幅度不断增大，并在 2019 年第四季度行业利润达到历史高位（见图4）。

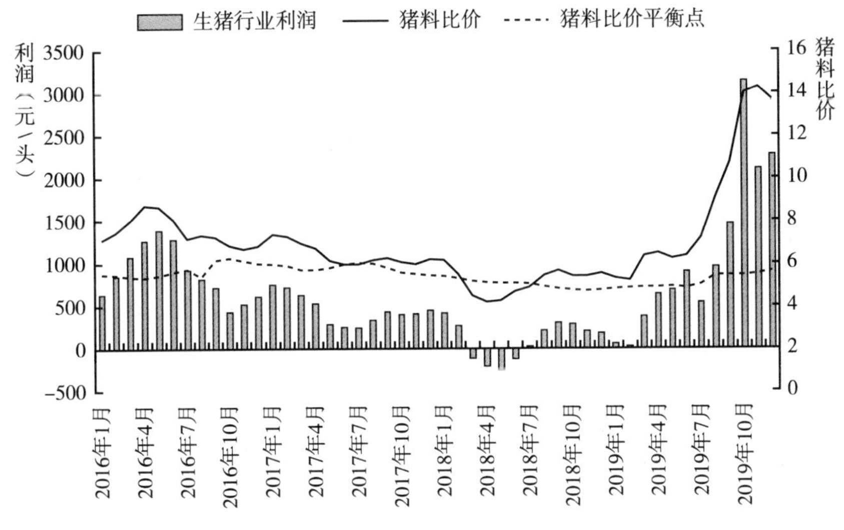

图4　2016～2019 年生猪行业利润及猪料比价

资料来源：布瑞克农业数据库（http：//www. agdata. cn/）。

生猪行业利润水平大幅增长为生猪产业复养提供了强劲动力，并且猪价长期处于高位的发展趋势也为行业利润水平提供了保障，长期来看，通过能繁母猪和生猪大量补栏来提升生猪产能是必然趋势；然而，非洲猪瘟疫情、新型冠状病毒肺炎疫情以及产业政策瓶颈等因素为生猪产业稳产保供带来诸多不确定性，生猪产业的发展还面临很多挑战，因此，生猪产业稳产保供需要多方努力来保障。

（二）超级猪周期的成因

1. 环保禁养政策执行偏误，生猪产能快速下降

中国畜禽养殖业在迅速发展的同时，也暴露出布局不合理、养殖量超

载、种养脱节等问题，养殖废弃物得不到有效处理导致了不同程度的环境污染，尤其是在南方水网区，畜禽养殖随着发达的水网扩大了污染面。2015年4月，国务院出台了《水污染防治行动计划》，明确指出要强化畜禽养殖污染防治，科学划定禁养区，要求2017年底前完成禁养区内养殖场和养殖专业户的依法关闭或搬迁工作，京津冀、珠三角等区域需要在2016年底前完成；2015年11月，农业部出台了《关于促进南方水网地区生猪养殖布局调整优化的指导意见》，明确指出要调整和优化生猪产业区域布局，地方政府负责禁养区内生猪规模养殖场的依法关闭和搬迁工作，促进生猪养殖转向非超载区；2016年12月，环境保护部、农业部发布了《关于进一步加强畜禽养殖污染防治工作的通知》，严格落实畜禽养殖环境影响评价制度，强化养殖污染防治执法能力建设，将养殖污染防治纳入日常监管范围，依法严格处理存在违法问题的养殖场；并且2017年国务院办公厅出台了《关于加快推进畜禽养殖废弃物资源化利用的意见》，政府加大了对畜禽养殖废弃物资源化利用和乡村环境治理的支持力度，也明确了保供给与保环境并重的工作路线，对畜禽养殖污染起到了很好的效果。然而，在环保政策推行的实际过程中，不少地方出现了超出法律法规的禁养区、限养区划定和禁养规定，养猪业受到限制，大量养殖场遭到拆除，很多地区出现了“无猪区”“无猪县”等情况，根据布瑞克农业数据库数据，2017年9~12月，能繁母猪月度存栏量同比下降幅度都超过5%，生猪月度存栏量同比下降幅度甚至超过6%，生猪产能减少导致了猪肉市场供给不足，推动了猪肉价格上涨。

2. 非洲猪瘟疫情剧烈冲击，动物疫病防控形势严峻

2018年8月，中国确诊了首例非洲猪瘟疫情，随后非洲猪瘟疫情快速传播，根据农业农村部关于2019年12月生猪产业相关生产情况的新闻发布会数据，截至2019年12月，全国已经发生了162起非洲猪瘟疫情事件，已扑杀120万头生猪，其中2019年扑杀染疫生猪39万头。[①] 非洲猪瘟疫情给

① 《农业农村部就2019年12月份生猪生产形势有关情况举行新闻发布会》，中国政府网，http：//www. gov. cn/xinwen/2020 -01/08/content_ 5467618. htm。

生猪产业带来沉重的打击，疫情快速蔓延导致生猪大量死亡，养殖户和养殖企业遭遇到巨大损失，存栏量大幅降低，短期难以补栏，养殖预期降低。

为了降低和控制非洲猪瘟疫情跨地区传播的风险，阻断猪瘟病毒传播链，2018 年 9 月农业农村部发布了《关于进一步加强生猪及其产品跨省调运监管的通知》，暂停了与发生疫情省相邻省份的生猪跨地区调运，并且关闭了相关省份全部生猪交易市场，这在很大程度上减少了疫情的扩散效应，强化了防疫效果，但是由于生猪主产区和消费区具有一定的分离性，生猪主产区的生猪不能及时安全调运，而生猪消费区又出现了供应不足的情况，导致生猪市场遭到重创；同时，为了养殖防疫，生猪生产成本有所上涨，助推了猪价上涨。

3. 猪周期内生上涨动力影响

猪周期反映了生猪生产以及猪肉销售过程中的价格波动状况，猪周期波动具有一定的规律性。能繁母猪代表了生猪产业未来的产能，从能繁母猪补栏到生猪出栏供应市场约为 13 个月，[①] 因而当期生猪产能会影响一年后的生猪市场供给，而当期的生猪市场供给情况是由一年前生猪产能情况决定的，所以猪肉供给会滞后于猪肉价格的变化。当猪肉价格较高时，养殖户为了获取更多利润，增加了能繁母猪补栏，一年后可能导致生猪供给大于需求，猪肉价格开始下跌，此时养殖户为了减少损失，会选择淘汰能繁母猪产能，这又会造成一年后生猪供给不足的情况，生猪价格和猪肉价格重新上涨，生猪生长规律和市场供求关系的时间错位导致了猪肉价格的波动。

在发生非洲猪瘟前，上一轮生猪产业过剩的产能逐渐被清理，本轮猪周期开启后，内生上涨动力推动本轮生猪价格上涨。根据图 1 和图 4 可知，2016 年 6 月至 2018 年 5 月，生猪价格和猪肉价格呈现下降趋势，生猪行业利润也呈现下降趋势，尤其是从 2018 年 3 月开始连续 4 个月处于亏损状态，导致生猪产能不断降低，能繁母猪存栏量和生猪存栏量除了在 2018 年 3 月

① 李志萌、杨志诚：《生猪价格波动规律的形成机理与调控对策》，《农林经济管理学报》2016 年第 6 期。

有小幅提升以外，在 2017 年 5 月至 2018 年 8 月持续下降，低于历史能繁母猪存栏量和生猪存栏量水平，这些都导致本轮生猪价格和猪肉价格内生上涨。

（三）超级猪周期的影响

本轮猪周期在不同程度上对中国经济、社会生活等多方面带来不利影响，在宏观层面，猪肉价格带动了农副产品价格上涨，助推了 CPI 上涨。在生猪产业发展方面，强化了动物疫病防治意识，提升了重大突发事件的应急管理能力；并且冷链运输发展迎来发展机遇。微观层面，在供给端，散养户会加速退市，规模养殖户迎来发展机遇；在消费端，猪肉价格的上涨增加了生活成本。

1. 猪肉价格带动 CPI 上涨

猪肉在居民消费一篮子商品中占据着重要地位，2018 年猪肉价格占 CPI 权重约为 2.50%，对 CPI 的影响十分明显；[①] 猪肉价格与 CPI 高度相关，猪肉涨价是导致 2019 年中国 CPI 持续上涨的重要因素。[②] 根据图 5 可知，猪肉价格指数与 CPI 变化趋势高度相关，猪肉价格指数在 2019 年 2 月与上年同期相比下降 4.8%，此时 CPI 同比增幅为 1.49%，猪肉价格指数影响 CPI 下降大约 0.12 个百分点；[③] 2019 年 3 月猪肉价格开始上涨，助推 CPI 的上涨，2019 年 12 月，猪肉价格指数同比涨幅为 97%，CPI 同比上涨了 4.46%，猪肉价格指数影响 CPI 上涨约 2.34 个百分点。猪肉价格的上涨不仅会导致与猪肉相关的食品价格上涨，而且猪肉价格通过传导机制会导致农副产品价格出现整体上涨的趋势，最终会引起食品价格上涨，不利于保障人民生活水平和经济平稳发展。

---

① 张俊峰、于冷：《生猪产业链价格传导路径及其影响研究》，《价格理论与实践》2018 年第 4 期。

② 清华大学中国经济思想与实践研究院（ACCEPT）宏观预测课题组、李稻葵：《中国宏观经济形势分析与前瞻》，《改革》2020 年第 1 期。

③ 该指标由国家统计局公布，笔者根据布瑞克农业数据库收集获取相关数据（http://www.agdata.cn/）。

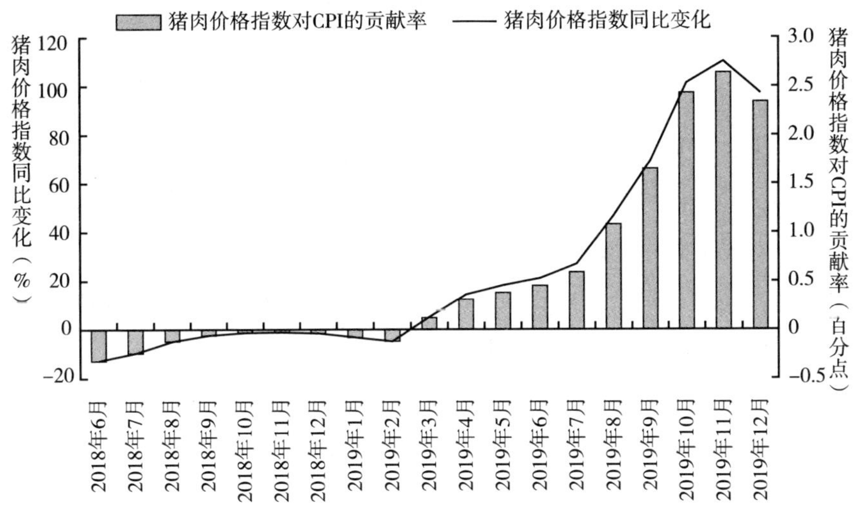

图5　2018～2019年猪肉价格指数及猪肉价格指数对CPI的贡献率

资料来源：布瑞克农业数据库（http：//www. agdata. cn/）。

2. 生猪产业转型升级进程加快

（1）强化了动物疫病防治意识，提升了重大突发事件的应急管理能力

非洲猪瘟疫情对生猪产业的发展带来巨大冲击，但同时国家也在重大动物疫病防治方面积累很多经验，处理重大突发事件的应急管理能力得到全面提升。非洲猪瘟疫情于2018年8月开始在中国不断扩散，国家通过疫区及时封锁、病死猪无害化处理等措施管控疫情蔓延，2019年1月农业农村部印发了《非洲猪瘟疫情应急实施方案（2019年版）》，形成了从疫情报告与确认、疫情响应机制、应急处置制度、信息发布与宣传、善后处理措施等完整的非洲猪瘟疫情防控体系，为猪肉产品供给安全提供了保障；2019年6月国务院办公厅出台了《关于加强非洲猪瘟防控工作的意见》，针对产业链监管存在部分漏洞、利用餐厨废弃物喂养方式仍然存在、非洲猪瘟检测能力不足、基层防疫体系不健全、生猪调运管理不严格等疫情防控短板薄弱环节做了强化指导，动物疫病防控能力得到全面提升。

新型冠状病毒感染肺炎疫情发生以来，正常的生产生活秩序受到极大的

影响，为了强化疫情防控，不少地方出现了关闭屠宰场、封闭道路、拦截畜禽和饲料运输车辆等现象，畜牧业产销秩序得不到保障，农业农村部于2020 年 2 月 4 日做出应急处理，积极畅通仔畜、种畜运输渠道，保障养殖场补栏需求；畅通玉米等饲料原料和饲料的运输渠道，支持精准对接生产和配送，满足养殖的饲料需求；将肉蛋奶等重要物资供应纳入绿色通道管理，提升产销对接的效率。政府在打通交通运输梗阻等方面的效率越来越高，反映了在重大突发事件上的应急处理能力的提升，保障了重要物资调配和必需品市场供应，保障了居民生活质量和社会稳定。

（2）冷链运输迎来发展机遇，“调肉”成为供需调配发展方向

长期以来，中国猪肉消费市场形成了鲜肉消费习惯，活畜长途运输调运成为猪肉调运的主要方式。中国生猪主产区与主销区并不重合，导致了生猪跨地区调运成为产业发展常态，活体运输在生猪跨地区调运过程中具有极大的不确定性，较差的运输条件极易引发疫病和生猪品质下降，更为严重的是，活体运输增加了防疫的难度，并且加快了猪瘟疫情传播速度。当利用禁止跨地区活体运输的方式来控制疫情时，猪肉消费市场缺乏猪肉来源，市场供给不足，主产区又因不能及时出栏供应，影响到产业链的整体运转。

非洲猪瘟疫情暴发之后，国家及时停止了疫区省份与邻省的生猪跨地区调运，关闭省内生猪交易市场，生猪活体的运输工具大量闲置，而冷链运输则成为产区和销区之间猪肉调运的重要方式，但是冷链车辆因配置不足导致猪肉地区间供需矛盾进一步加剧。因此，为有效降低和控制运输风险和疫情传播，保证猪肉产品的质量和良好的品质，冷链运输将成为未来发展趋势，中国猪肉产区和销区供需调配会逐步从“调猪”转为“调肉”，冷链运输会迎来巨大发展。

3. 散养户加速退市，居民生活成本增加

本轮猪周期在微观层面也有显著的影响，供给方面，超出法律法规的生猪禁限养政策、非洲猪瘟疫情等因素严重冲击了生猪产业，养殖户损失严重，养殖信心不足，尤其抗风险能力较低的散养户，退市倾向明显。

针对散养户而言，投资能力和抗风险能力都较低，猪瘟疫情等外部冲击对养殖户造成巨大损失，资金短缺也制约了其对能繁母猪和仔猪的及时补栏；其次，在猪瘟疫情防控期间，生猪交易市场暂时关闭，散养户生猪销售渠道不畅，疫情风险仍然存在的现实情况造成散养户养殖信心普遍。尽管当前猪瘟疫区已基本解封，但散养户难以控制生猪整个养殖过程，生猪养殖质量得不到保障，并且生猪交易过程中议价能力差，预期赢利受到制约，因此，从长远角度看，面对众多不确定性，散养户缺少对能繁母猪和仔猪的补栏能力和动力，散养户规模将逐渐减少。

在猪肉消费方面，国内批发市场的猪肉成交量是猪肉需求的重要指标，从猪肉批发市场的成交量来看，近两年来白条猪肉的成交量呈现波动下降的趋势，2019 年白条猪肉的成交量要比同期少，2019 年 12 月，白条猪肉的成交量为 829. 43 吨，同比下降 29. 75%；2019 年全年的白条猪肉的成交量为 10875. 62 吨，同比下降 25. 16%（见图 6）。猪肉消费是中国消费者最主要的肉类消费，猪肉市场供给短期内供应不足，导致生猪价格快速上涨，并且在较长时间内处于高位状态。猪肉产能不足、价格上涨，势必会影响到消费者的正常生活，尤其是低收入人群的猪肉消费将受到制约。

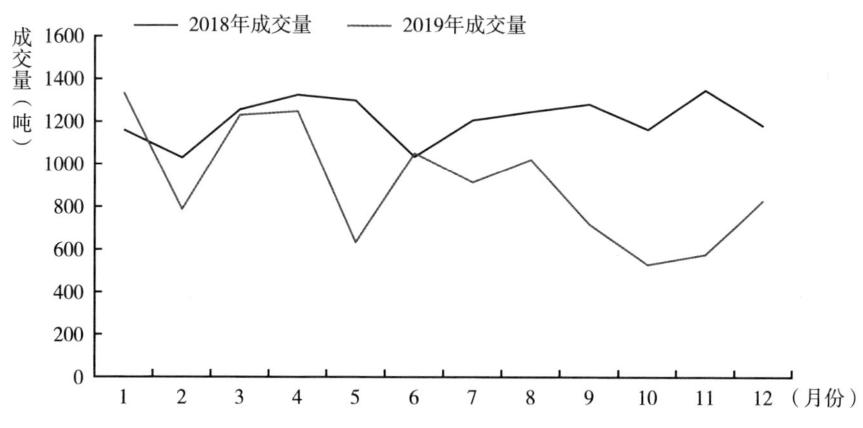

图 6　2018 年和 2019 年国内批发市场的猪肉成交量

资料来源：布瑞克农业数据库（http：//www. agdata. cn/）。

二　当前生猪产业稳产保供的困境

当前生猪产业稳产保供存在多方面困境，从生产端来看，当前疫情形势仍然严峻，养殖资金缺乏，养殖信心不足；从消费端看，疫情影响和前期猪肉价格上涨导致猪肉消费阶段性低迷，需求对生产的拉动作用有待提高；从政策层面看，政策存在很多不确定性，养殖户缺乏稳定的预期。

（一）疫情形势严峻，养殖资金缺乏

非洲猪瘟是一种急性、高发热性、高传染性、高致死率的病毒性疾病，目前还没有特定有效的药物、疫苗可以治愈非洲猪瘟，只能进行针对性的防控。面对非洲猪瘟疫情，养殖户普遍具有恐慌情绪，尽管生猪价格处于高位运行，但是养殖户对补栏、扩大养殖规模的意愿较低，复养信心不足。另外，面对非洲猪瘟疫情，一些地方政府为了降低疫情防控难度和防控风险，实行鼓励“清栏”的政策，而不鼓励生猪补栏，直接制约了养殖户的养殖信心和意愿。同时，保险体系不健全，生猪政策保险主要包含能繁母猪保险和育肥猪保险，仔猪保险、防疫保险等保险存在明显的市场缺位；部分省市在非洲猪瘟疫情防控时推行了暂时性覆盖猪瘟等意外疾病的生猪保险，但是除中央财政补偿外，地方财政对生猪保险的支付能力和赔付范围差异很大，保险执行理赔时面临额度不足、发放不及时的现象，影响到养殖户复养的信心和进程。2020 年新型冠状病毒肺炎疫情导致饲料供应、仔猪补栏等物资调运受阻，影响了新建养殖场及配套设施项目进度；养殖工人规模和工作时间也会明显压缩，降低了生猪复养效率；屠宰加工企业开工率不足，生猪销售和猪肉供给都会受到影响。

生猪养殖融资困难。养殖场（户）防疫设备、净化池等固定资产具有专用性，如果出现破产清算时，只能等待其他养殖场购买，或者直接做报废处理，缺乏通用性大大降低了此类资产的交易价值，难以得到银行金融机构的抵押认可；与商业贸易企业和工业企业相比，生猪养殖周期较长，资金流

动效率低，直接制约了贷款额度；养殖业风险较高，尤其是在现今特殊情况下，生猪养殖业面临较高的养殖风险，导致养殖企业和养殖户贷款质量下降，金融机构收贷难度增大，因此，金融机构对于生猪养殖业的新增贷款更加谨慎。

养殖成本不断攀升。饲料成本是生猪养殖最主要的成本，2018 年 6 月以来，饲料成本保持持续上涨的趋势，特别是 2019 年 9 月以来，饲料上涨幅度增大；在仔猪成本方面，由于非洲猪瘟疫情的影响，能繁母猪存栏量大量减少，仔猪短缺更为严重，仔猪成本小幅下滑后大幅反弹（见图 7），直接导致生猪补栏困难和价格快速上涨；同时，生猪复养仍然需要面临较高的疫情风险，疫情防控所需要的消毒用品和设施也处于紧缺状态，价格上涨严重，多种因素极大地推高了生猪养殖成本。

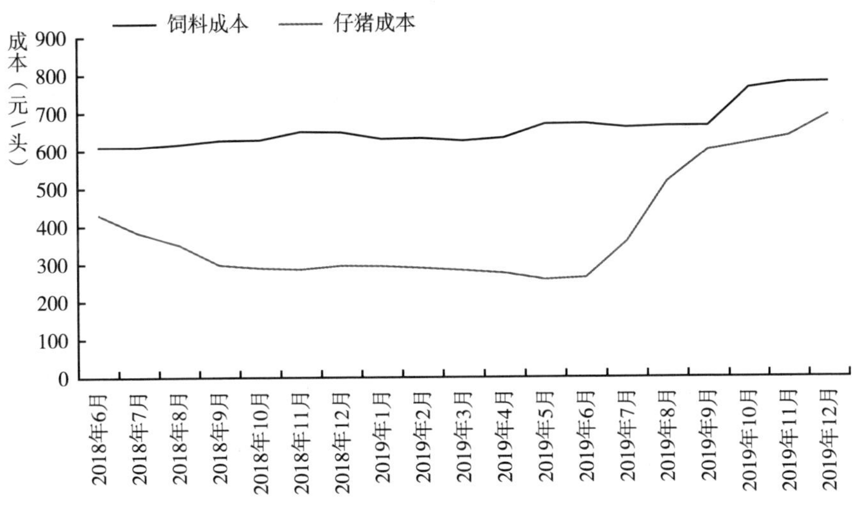

图 7　2018～2019 年生猪饲料成本和仔猪成本

资料来源：布瑞克农业数据库（http：//www. agdata. cn/）。

（二）猪肉消费阶段性低迷，需求的拉动作用有待提高

当前非洲猪瘟疫情仍存在较大风险，鉴于对食品安全的担忧，部分消费

者会减少对猪肉的消费，导致猪肉需求的降低；同时，由于新型冠状病毒肺炎疫情的影响，居民普遍减少了外出购物和就餐的频率，学校、企事业单位实行延迟开学和上班，猪肉需求明显降低，猪肉批发与终端消费都面临着较大的压力。

此外，前期猪肉价格上涨，广大居民生活受到影响，尤其是低收入居民生活所受影响更加明显，居民对猪肉的需求受到抑制，猪肉消费出现阶段性低迷，市场需求的拉动作用有待提高。

（三）政策存在很多不确定性，养殖户缺乏稳定的预期

缺少养殖土地规划，保障政策不到位。土地总体规划存在一定的滞后性，没有涉及对设施农用地发展的引导，大多数地方政府也没有将生猪养殖用地纳入土地利用的规划中，畜禽养殖用地通常仅作为临时性用地，取得合法手续困难重重。面对严峻的疫情防控形势和任务，清洗消毒等设施却没有充足土地来建设，同时环保的要求也越来越高，养殖废弃物处理设施也同样面对无处可建的困境。其次，政府相关文件没有对养殖设施用地规模做出明确的规定，导致养殖企业和养殖户在申请养殖用地时管理混乱，养殖规模与用地需求难以科学匹配，影响了养殖进度和后续土地管理。

复养动力不足，存在政策可持续性疑虑。国家一直十分重视生猪产业的发展情况，特别是现阶段，国家加大对生猪产业的扶持力度，但是随着养殖污染问题日益严重，养殖环保要求也逐渐提高，国家加大了对畜禽养殖污染的综合整治力度，生猪养殖业的发展面临转型升级的挑战。然而，在环保政策推行过程中出现了许多问题，特别是部分地方政府对禁限养政策贯彻出现偏差，通过禁养来达到环保效果，导致大量养猪场被拆迁；对于部分新建养殖场和搬迁的养猪场，部分政府没有做好后续安排工作，养殖用地审批受阻、相关支持政策受限，猪场重建和迁移工作困难重重。生猪养殖企业和养殖户面对生猪扶持政策存在可持续性的疑虑，担心如果在恢复或扩大产能之后，政府再度施行禁养、限养政策将会对自身带来损失。

三　促进生猪产业稳产保供的原则及政策建议

（一）促进生猪产业稳产保供应遵循的原则

生猪产业稳产保供是一项艰巨的系统工程，尽管当前“猪周期”处于上行期间，猪肉价格处于高位，为生猪复养提供了契机，但是生猪产业的稳产保供和转型升级同样面临着诸多挑战，因此，当前生猪产业发展必须遵循一定的原则。第一，遵循问题导向原则。生猪产业发展面临非洲猪瘟等重大动物疫情防控风险大、养殖户复养信心不足、禁养政策执行偏离、养殖粪污污染严重、生猪产销脱节等问题，生猪产业稳产保供要聚焦产业发展的关键问题，寻找攻克产业发展瓶颈的实施路径。第二，遵循强化产业基础原则。生猪产业基础决定了生猪复养的效率，要打造生猪产业供应链、延伸产业链、提升价值链，提高疫病防控能力，创新生猪产业模式，强化生猪产业发展基础。第三，遵循绿色协调发展原则。生猪产业稳产保供不仅仅要注重产量的提升，更要保障生猪产业发展的质量，要积极推广农牧结合、种养结合的发展方式，促进产业链协同发展升级，促进生产和生态协调平衡发展。第四，遵循市场引领发展原则。发挥市场在资源配置过程中的决定性作用，激活企业、养殖户及相关组织的活力，积极吸收金融机构、社会资本力量，为生猪产业稳产保供提供支撑。

（二）具体政策建议

1. 强化疫情防控工作，提振复养信心

经过全国人民共同防疫，非洲猪瘟疫情数量大幅减少，但是重大动物疫情发生的风险和隐患仍然很高，要积极强化疫情防控工作。

第一，积极落实防疫责任，提升复养信心。监管部门要积极强化重大动物疫情的检测和排查制度，重点加强对生猪饲养、运输、屠宰加工等关键环节的监管，建立好完善疫情预警和应急处置机制，落实相关部门的监管责任和企业的主体责任，稳定和提升复养信心；各级政府要落实疫情防控属地管理责任和监管责任，做好分类、分区防疫指导工作，健全疫病联防联控机制，制定和落实无疫区的具体标准，完善以企业、养殖场为单位的无疫小区的评估体系和管理规范，创新动物疫病区域化管理方式。完善生猪疫情监测与统计制度，落实产地与屠宰双层检疫，落实疫情报告责任主体，提高疫情报告效率与准确度；落实和推进动物检疫申报政策，实行专账登记和管理，严格规范电子联网出证程序与管理，完善运输车辆备案、运输申报、落地监管等制度体系。构建生物安全防护体系，着力强化生猪核心育种场、种猪场等核心环节生物安全隔离带建设，支持规模养殖场配套建设洗消中心，落实以生物安全防护水平提升为核心的疫情防控工作。

第二，提高基层疫病防控能力。完善基层疫病监测条件，重点提高县级动物检疫能力和水平，鼓励和引导第三方监测力量，提升疫病监测和防控社会化服务水平；完善基层防疫队伍建设，充实动物疫情执法服务，建设好乡镇畜牧兽医站，利用现有编制资源健全动物疫病防控和卫生监督机构，并加强县级相关管理部门对其监督和指导；积极落实疫病防控人员和兽医相关津贴，提高一线技术人员工作效率和积极性。积极促进重大动物疫病防控技术的推广，提高养殖户疫情防控水平，提高复养安全水平和技术水平。

2. 加大资金支持力度，激发市场活力

生猪产业稳产保供的实现需要充足的资金保障，不仅需要积极综合财政、金融、保险等政策手段来为生猪复养提供资金保障，而且需要激活市场主体活力，扩大资金来源，不断降低经营风险。

第一，不断加大财政支持力度。国家要强化对种猪场、规模养殖户的贷款贴息政策，适当将猪场改建、扩建等贷款资金纳入贴息范围，提高贴息范围，并合理延长政策执行期限，支持扩大生猪养殖规模，为生猪复养提供稳定的资金保障；各级财政要完善和落实生猪复养专项补贴政策，坚决贯彻对生猪调出大县的奖励和补贴政策，增加奖励资金规模，尤其是要加大对产能受到明显影响的调出大县的扶持力度，必要时提供临时生产补助，稳定母猪存栏量，将地方生猪增产潜力切实转化为实际生猪产能。

第二，不断完善金融支持政策。明确生猪养殖业为银行金融机构积极介入类行业的地位，积极将银行金融机构纳入政策支持体系，不仅要对规模养殖场（户）提供稳定的保障，而且要提高对屠宰加工企业的支持，并且要积极覆盖到中小规模养殖场（户）和散户，根据具体情况设置合理的优惠贷款宽限期；各级信贷公司要强化信贷担保工作，积极将规模养殖场（户）生猪生产贷款纳入政策性信贷担保范围，尤其是要提升对符合环保要求、受到疫情影响的养殖场（户）的信贷担保服务水平，积极做好风险防控工作；加强风险评估工作，对经营困难但符合授信条件的生猪产业链各主体提供信贷支持，防止盲目限贷、停贷现象发生；金融机构要创新服务模式，积极利用大数据、物联网等新技术手段，探索将养殖场所、机械设备、活体生猪等纳入抵质押物范围，拓宽生猪复养抵质押物范围渠道。

第三，不断优化保险支持政策。完善生猪养殖政策性保险和商业保险制度，积极探索生猪价格保险制度，开展试点和推广工作，并积极与疫情强制扑杀、病死猪无害化处理等工作形成联动；从保险范围和保险额度等方面积极提升保险服务水平，科学合理提高能繁母猪以及育肥猪的保险额度，将非洲猪瘟等烈性疾病纳入保险范围，扩大育肥猪保险覆盖面。加大保险政策宣传力度，提升养殖户参保率，形成政府、养殖企业和养殖户合理分担，提高生猪养殖抗风险能力和复养积极性；积极完善生猪产业链的保险一体化服务体系，推进仔猪政策保险制度，为生猪育种到出栏提供坚强保障，分散养殖经营风险。大力支持商业保险组织开发非洲猪瘟等重大动物疫病生猪险，积极补充政策性保险资金不足等短板，释放生猪保险市场活力，多渠道并举降低生猪复养经营风险。

第四，不断激活市场主体。生猪产业复养不仅需要政府提供资金支持，更要发挥市场的作用，激活各市场主体。对散养户而言，积极引导和组织散养户建立养殖合作社，通过盘活资金来解决资金问题，并降低养殖风险；对规模养殖企业而言，要按照“补链、延链、强链”的原则，促进生猪产业整合供应链、强化产业链、提升价值链，灵活利用订单生产、签订合同协议、自建联建等方式完善产加销利益联结机制，提高产加销一体化发展程度，提高资金利用效率；同时积极引导龙头企业发展合作养殖户，加快养殖基地新建、扩建进程，企业提供生物安全防控设备、养殖饲料、仔猪等生产资料，为养殖户提供贷款担保，降低养殖户资金和养殖风险，从而实现多方共赢。

3. 保障猪肉市场供应，稳定猪肉价格

第一，压实“菜篮子”市长负责制，促进产销对接。对于生猪主产区而言，要细化生猪稳产、增产的具体目标，保障生猪复养有计划性；主销区根据实际情况也要保证一定的猪肉自给率，同时积极支持主产区生猪生产工作，积极运用跨区共建养殖基地、资源环境补偿等方式进行合作支持，促进主销区补偿主产区的长效机制；促进主销区与主产区之间的沟通衔接，积极发展生猪订单生产模式，探索稳固的产销合作关系。促进猪肉市场供应从“调猪”转为“调肉”，规范猪肉跨地区调运秩序；强化养殖龙头企业与屠宰企业进行合作发展，成立产销一体化公司或联盟，按照需求和销售来促进精准生产，实现产销平衡发展。

第二，充实和推进冻猪肉储备工作，实现国家调控与市场运作相结合，鼓励和引导企业加大猪肉进口，增加冻猪肉储备，利用政府委托和财政补贴的方式提高企业承储效果，保障猪肉市场供应。科学把握冻肉投放节奏，做好冻猪肉适时投放、补贴结算和资金保障工作，保持猪肉供应量动态平衡，不断完善投放价格管理机制，当入储价格较高时，高于市场价格差额部分由财政进行补贴；当入储价格较低时，由政府部门指导投放价格，保持猪肉价格处于合理范围。

第三，保障重点人群猪肉消费需求，适时启动价补联动机制。重点关注基本生活困难群体，及时足额发放猪肉价格补助，促进价格补助和社会救助相结合，形成政策合力，缓解猪肉价格上涨对困难群体基本生活的影响。

4. 完善政策体系，稳定养殖预期

稳定生猪生产需要纠正以往超越范围划定禁限养区的政策与行为，积极保障生猪养殖和配套设施的用地需求；并且还必须兼顾环境保护的要求，一方面要提升综合养殖效益，减少粪污污染；另一方面要强化污染治理，提升养殖废弃物的资源化利用水平。同时，生猪产业的恢复和发展需要较长的周期，稳定养殖户的养殖预期也需要保障政策的可持续性和稳定性。

第一，严格按照相关法律和规范来划定生猪禁养区和限养区，纠正以往超越范围划定禁限养区的政策与行为，将超划禁养区等问题纳入各地环保督察内容，积极主动纠正和整改违反法律法规对生猪场（户）进行“一刀切”关停、“一关了之”的做法；完善禁养区内规模养殖场异地搬迁和重建的支持政策，地方政府要积极为异地搬迁重建的养猪场（户）安排专项用地，稳定规模养殖产能；对于符合关闭或者搬迁的养殖场（户），要安排科学合理的过渡期，避免暴力关停等简单做法，坚决避免利用“以关代治”的方法来保护环境。

第二，在规划国土空间时，要科学规划生猪养殖新增用地，从建设用地、设施农用地两方面保障生猪产业发展用地，适当放宽设施、粪污处理等养殖附属配套用地规模的上限，简化用地手续办理流程；鼓励和引导农村地区利用荒山、荒丘、荒滩、荒沟等“四荒地”和集体建设用地进行生猪生产，提高土地资源的利用效率，积极推广种养结合的发展方式，做到农牧循环发展，提高生猪养殖的综合效益。

第三，大力发展粪污源头减量养殖技术，推进兽用抗菌药等投入品减量化使用，推广生物发酵饲料和高效低蛋白饲料，降低饲料中的磷含量，减少养殖粪污排放量和氮磷排放量，最大限度减少生猪养殖粪污污染。严格生猪养殖准入门槛和废弃物排放门槛，做好环保评估工作，实行环境报告书和环境影响登记表制度，落实规模养殖场养殖设施与废弃物处理设施的设计、施工、使用同时同步进行政策，强化养殖场排污许可和事后监管。加强对生猪生产废弃物资源化利用，各级政府要积极为生猪养殖场（户）执行环保政策提供指导和必要的资金、技术支持，降低养殖户和养殖企业环保成本；积极提升末端利用效率，扩大有机肥使用面，发展种养循环农业，打通粪污资源化利用终端处理品的商品化渠道，提高资源利用效率。

第四，加大生猪扶持政策宣传力度，综合利用多种途径传达生猪复养优惠政策和实施细则，尤其是要明确中央政府和各级政府促进生猪产业稳产保供的文件精神，提升养殖信心；强化政策宣传的可持续性和稳定性，稳定生猪养殖的政策预期。生猪产业政策执行时，要充分考虑政策的时滞效应，充分保护养殖户的利益，保持政策执行的稳定性，稳定养殖预期。

G.11

乡村数字经济的内涵、问题与发展对策

崔　凯*

摘　要： 报告首次提出乡村数字经济的内涵，构建了涵盖数字基础、数字投入、数字效益、数字创新等四项一级指标的乡村数字经济指标体系。围绕这四个领域，总结中国乡村数字经济的发展现状，重点针对数字环境、劳动力转型、产业发展、技术和服务支撑等方面，归纳当前中国乡村数字经济存在的若干问题。为加快推进乡村数字经济，促进数字乡村建设，报告提出长远谋划发展、改善数字环境、重视数字人才、加快技术创新应用、促进全产业链转型和推动数字服务等方面的对策建议。

关键词： 乡村数字经济　指标体系　数字人才　数字服务

在新一轮信息技术革命引领下，世界多数发达经济体已经开启数字化转型，数字文明即将到来。数字化、网络化、智慧化的创新理念和技术正加快对传统产业的改造，同时物联网、人工智能、云计算、区块链等新兴数字产业发展势头强劲，产业数字化和数字产业化成为数字经济发展主线。在农业领域，抢占数字技术制高点，加快信息化与农业现代化深度融合，是各国农业提质增效的重要途径。顺应时代发展和国际趋势，中国高度重视数字农业

* 崔凯，管理学博士，中国社会科学院农村发展研究所助理研究员，研究方向为农业农村现代化、农业农村信息化、农村电商。

农村建设，将数字乡村建设作为顶层政策设计，使农村地区共享数字红利。结合发展数字经济与推进乡村振兴的宏观背景，本报告科学界定乡村数字经济的内涵，对其发展中存在的主要问题进行归纳，提出推动发展乡村数字经济的若干建议，为数字乡村建设提供理论依据和对策参考。

一 乡村数字经济的内涵与现状

为全面理解乡村数字经济，本部分通过梳理全球数字经济引导下的农业变革，综合中国推动数字农业农村发展的相关政策，从理论上界定乡村数字经济的内涵与四项一级指标。以此为基础，报告针对乡村数字经济的发展现状，重点围绕数字基础、数字投入、数字产出、数字创新等四个方面进行归纳。

（一）数字经济与数字乡村

在全球新一轮技术变革背景下，以物联网、大数据、区块链、人工智能、云计算、第五代移动通信技术（5G）等为代表的数字技术，成为驱动经济模式、社会结构和政府治理等发生系列变革的新动能，加速人类由工业文明向数字文明迈进，数字经济应运而生。根据 2016 年 G20 发布的《二十国集团数字经济发展与合作倡议》，数字经济是指以使用数字化的知识和信息作为关键生产要素、以现代信息网络作为重要载体、以信息通信技术的有效使用作为效率提升和经济结构优化的重要推动力的一系列经济活动。

2018 年全球 47 个国家数字经济总规模超过 30.2 万亿美元，占 GDP 比重高达 40.3%。其中半数国家数字经济规模超过 1000 亿美元。美国数字经济规模位居全球第一，达到 12.34 万亿美元，中国位居全球第二，数字经济规模达 4.73 万亿美元①。近年中国数字经济规模持续扩大，2018 年中国数字经济规模总量达到 31.3 万亿元，同比增长 15.1%，占当年 GDP 的比重达 34.8%（见表 1）。数字经济领域就业岗位 1.91 亿个，同比增长 11.7%，占

① 中国信息通信研究院：《全球数字经济新图景（2019 年）》，2019 年 10 月。

当年总就业人数的24.6%①，数字经济吸纳就业人数的增速显著高于同期全国总就业人数的增速。

表1　中国2015～2018年的数字经济规模及占GDP比重

单位：万亿元，%

年份	数字经济规模	占GDP的比重
2018	31.3	34.8
2017	27.2	32.9
2016	22.6	30.3
2015	18.6	27.5

资料来源：农业农村信息化专家咨询委员会编制《中国数字乡村发展报告（2019年）》，2019年11月。

产业数字化是数字经济的重要体现，在现代信息技术的全面渗透下，数字化将推动三次产业变革，为产业升级和发展方式转变提供持续动力。在农业领域，以物联网、大数据、区块链、人工智能等技术为支撑，农业传感器、农业机器人、大数据服务、虚拟现实等数字化、智慧化农业产品层出不穷，正深刻影响着农业生产经营管理方式。预计2025年全球智慧农业市值将达到300.1亿美元，发展最快的是亚太地区的中国、印度等国家，农业数字化逐渐成为各国农业科技发展的新方向和新趋势。

立足农业信息技术前沿，美国、英国、德国、澳大利亚、日本等发达国家纷纷出台相关政策文件和研发计划，重点领域包括农业人工智能、农村网络设施、大数据分析、新兴技术推广等方面。为把握数字时代发展机遇，中国近几年的一号文件中都关注到数字农业农村发展，如2018年一号文件首次提出数字乡村战略，2019年一号文件将数字乡村战略作为成为壮大产业的重要抓手，进一步突出数字化在农村产业发展过程中的支撑作用。2020年一号文件提出加快物联网、大数据、区块链、人工智能、第五代移动通信网络、智慧气象等现代信息技术在农业领域的应用，开展国家数字乡村试点。数字乡村

① 中国信息通信研究院：《中国数字经济发展与就业白皮书（2019年）》，2019年4月。

建设方案与措施进一步细化。与此同时，中国还陆续出台系列专项政策和规划，包括《数字乡村发展战略纲要》《数字农业农村发展规划（2019～2025年）》等，表明中国围绕数字农业农村发展的顶层设计与政策框架已初步建立（见表2）。

表2　推动数字农业农村发展的相关文件与政策

发布时间	发布部门	文件名称	相关措施
2020.01	中共中央、国务院	《中共中央　国务院关于抓好"三农"领域重点工作确保如期实现全面小康的意见》	加快物联网、大数据、区块链、人工智能、第五代移动通信网络、智慧气象等现代信息技术在农业领域的应用。开展国家数字乡村试点
2019.12	农业农村部、中央网络安全和信息化委员会办公室	《数字农业农村发展规划(2019～2025年)》	全面提升农业农村生产智能化、经营网络化、管理高效化、服务便捷化水平
2019.05	中共中央、国务院	《数字乡村发展战略纲要》	发展农村数字经济
2019.02	中共中央、国务院	《中共中央　国务院关于坚持农业农村优先发展做好"三农"工作的若干意见》	实施数字乡村战略
2019.01	农业农村部等7部门	《国家质量兴农战略规划(2018～2022年)》	加快数字农业建设
2018.09	农业农村部	《乡村振兴科技支撑行动实施方案》	着力在智慧农业、农业物联网等领域突破一批重大基础理论问题
2018.07	农业农村部	《农业绿色发展技术导则(2018～2030年)》	对智慧型农业技术模式进行重点研发、集成示范与推广应用
2018.01	中共中央、国务院	《中共中央、国务院关于实施乡村振兴战略的意见》	实施数字乡村战略
2017.10	国务院	《国务院办公厅关于积极推进供应链创新与应用的指导意见》	推动建设农业供应链信息平台，集成农业生产经营各环节的大数据
2016.09	农业部(现农业农村部)	《"十三五"全国农业农村信息化发展规划》	加快推进农业生产智能化、经营网络化、管理数据化、服务在线化，全面提高农业农村信息化水平
2016.05	农业部(现农业农村部)、国家发展和改革委员会等8部门	《"互联网+"现代农业三年行动实施方案》	推动现代信息技术在农业生产、经营、管理、服务各环节和农村经济社会各领域深度融合
2015.12	农业部(现农业农村部)	《农业部关于推进农业农村大数据发展的实施意见》	深化大数据在农业生产、经营、管理和服务等方面的创新应用

资料来源：笔者根据相关文件整理。

（二）乡村数字经济的内涵

伴随着数字技术在农村地区经济、社会、治理、文化、生态等领域的应用，数字乡村战略将进一步深入推进。对应于数字乡村的经济属性，本报告首次提出“乡村数字经济”，明确乡村数字经济的内涵，有助于把握乡村数字化转型过程中的特征、表现与问题，为数字乡村战略的实施提供科学依据。

1. 内涵

乡村数字经济是以农村现代信息网络为载体，以物联网、大数据、区块链、人工智能等新一代信息技术为驱动力，将数字化的技术、人力、信息、知识、管理等作为生产要素投入乡村一二三产业中，提高乡村产业数字化水平，优化资源配置与加快产业融合，催生乡村数字化新产业新业态，实现农业农村经济高质量发展的经济形态。

对于乡村数字经济内涵的认识，需明确四个方面。首先，相对于“农村数字经济”[①] 而言，乡村数字经济不仅涵盖农业数字化、农村数字产业，还包括乡村范畴内的多种数字经济新形态，其内涵更为丰富。

其次，乡村数字经济的出现表明农村地区的经济发展开始进入数字化阶段。这种经济状态以信息化基础设施和数字环境的完善为前提，伴随数字化的生产要素资源在生产、经营、服务等产业链中投入不断增加，信息化与农业现代化进一步融合。

再次，乡村数字经济萌发于现代信息技术推动下农村传统产业的转型升级之中。物联网、大数据、人工智能、区块链等新一代信息技术叠加，带来产品创新、技术创新、商业模式创新等，其应用范围由工业、服务业拓展至农业，为传统产业转型引入数字化手段，使数字经济在农村地区显现雏形。

最后，乡村数字经济发展过程符合数字经济发展一般规律。数字技术在

① “农村数字经济”作为推进数字乡村的重点任务，首次出现于2019年中共中央办公厅和国务院办公厅印发的《数字乡村发展战略纲要》中。

农业产业链中的深层开发应用，引导一二三产业有机衔接，催生以共享农业、电子商务、智慧旅游等为代表的新兴业态，实现产业数字化与数字产业化的同步推进，从而带动农业农村经济的全面高质量发展。

2. 乡村数字经济的指标构成

为明确乡村数字经济的具体内容，本报告在数字经济发展的一般规律基础上，结合中国农业农村信息化发展情况，构建乡村数字经济指标体系。国内外针对数字经济的指标测度方面，大多重点关注了基础环境、行业应用、产业发展、融合创新等指标。同时，国内专项规划中涉及的相关指标体系，如“十三五”农业农村信息化发展主要指标、数字农业农村发展主要指标中，都关注到了基础环境、行业应用和产出效益等指标。以上述指标为参考，本报告重点聚焦产业与经济发展，搭建由数字基础、数字投入、数字效益、数字创新等四项一级指标构成的乡村数字经济指标体系，各级一级指标下设二级指标共计 17 项，大部分采用比例形式的相对指标。指标分类、说明与具体内容如表 3 所示。本文随后对四项一级指标的含义进行了说明，为全面衡量乡村数字经济的发展水平提供参考。

表 3　乡村数字经济指标体系

一级指标	二级指标	二级指标解释
数字基础	农村互联网普及率[a]	农村网民规模占农村人口百分比
	农村智能手机普及率	农村智能手机使用人数占农村人口百分比
	农村光纤用户占比	农村通光纤户数占农村通宽带户数的百分比
	通 4G/5G 的行政村比例	通 4G/5G 的行政村占全部行政村的百分比
数字投入	数字技术在农业中的应用比例[c]	应用数字技术的农业经营主体在全部农业经营主体中的百分比
	农产品全产业链数字化覆盖率[b]	主要农产品在全部产业链环节中的大数据应用比例
	农产品质量安全追溯体系覆盖率	应用质量安全追溯体系的农产品占全部交易农产品的百分比
	农业数字化专业人才数量	从事农业物联网、电子商务、大数据等相关数字产业的专业技术人员数量
	农业企业数字技术研发投入占比	农业企业对于数字技术研发支出占企业研发总支出的百分比

续表

一级指标	二级指标	二级指标解释
数字效益	农业数字经济占农业增加值比重[a]	农业中数字经济占农业增加值的百分比
	数字技术应用主体劳动生产率[b]	应用数字技术的单位农业从业人员在一定时期内创造的产出与投入之比
	农产品网络零售额占农产品总交易额比重[a]	农产品网络零售额占农产品总交易额中的百分比
	农业数字经济带动从业人员数	应用数字技术的传统农业行业，以及农村电商、农业大数据等新兴数字产业带动的全部从业人员数量
数字创新	农村服务业中的数字经济规模	农村地区有应用数字技术的各类服务行业增加值汇总
	农村服务业中应用数字技术的经营主体占比	农村地区服务业中有应用数字技术的经营主体占全部服务业经营主体的百分比
	数字化服务产品在农村地区的渗透率	在线医疗、教育、保险等数字化服务产品的农村用户占农村常住户的百分比
	农村居民数字化产品和服务的消费规模	农村居民家庭为使用智能设备、软件等各类生活类数字化产品和服务而每年支出的金额

注：数字技术指以物联网、大数据、人工智能、区块链、5G 等为代表的新一轮信息技术。表中标注 a 的指标参考《数字农业农村发展规划（2019～2025 年）》设定，标注 b 的指标参考《国家质量兴农战略规划（2018～2022 年）》设定，标注 c 的指标参考《“十三五”全国农业农村信息化发展规划》设定。

其中，数字基础一级指标主要指信息化、数字化基础设施的普及情况，衡量基础条件的健全程度。包括农村互联网普及率、农村智能手机普及率、农村光纤用户占比、通 4G/5G 的行政村比例等 4 项二级指标。

数字投入一级指标主要测度数字技术、智能设备、资金等在农业产业链中的应用和投入规模，体现要素投入对乡村数字经济的支撑能力。包括数字技术在农业中的应用比例、农产品全产业链数字化覆盖率、农产品质量安全追溯体系覆盖率、农业数字化专业人才数量、农业企业数字技术研发投入占比等 5 项二级指标。

数字效益一级指标指数字技术作用于农业生产、产品销售、居民消费等方面，而产生的经济社会效益，是乡村数字经济发展水平的直接体现。包括农业数字经济占农业增加值比重、数字技术应用主体劳动生产率、农产品网络零售额占农产品总交易额比重、农业数字经济带动从业人员数等4项二级指标。

数字创新一级指标体现数字技术改造传统要素、推动产业融合、带动社会就业的能力，透视农村新业态发展。包括农村服务业中的数字经济规模、农村服务业中应用数字技术的经营主体占比、数字化服务产品在农村地区的渗透率、农村居民数字化产品和服务的消费规模等4项二级指标。

（三）中国乡村数字经济发展现状

围绕乡村数字经济指标体系，按照四项一级指标分类，对中国乡村数字经济的现状与成效进行总结。在把握全国总体情况的同时，加入各地区典型经验，全面反映当前乡村数字经济的整体情况与进展。

1. 数字基础

近年来网络基础设施全面向农村地区普及，农村地区互联网环境明显改善。截至2018年底，中国行政村通光纤比例已提升至96%，4G网络覆盖率达95%，贫困村通宽带比例提升至97%，提前实现《“十三五”国家信息化规划》提出的宽带网络覆盖90%以上贫困村的目标。农村信息服务载体数量不断增加，截至2019年8月，全国建成村级益农信息社29万个，累计培训村级信息员62.5万人次，覆盖全国近一半的行政村，为农村地区生产生活提供信息化、数字化的便捷服务。

得益于农村地区网络基础设施条件的改善，农村居民互联网应用水平稳步提升。农村互联网普及率由2010年的18.6%提高至2018年的38.4%①，截至2018年底，中国农村网民规模2.22亿，占全国网民数的26.8%。农村宽带接入户达1.17亿户（见图1）。农村居民家庭平均每户移动电话拥有量2.57部，已经略高于城镇居民，较2015年增加0.31部。农村地区网络基础设施和互联网应用水平的提高，为数字技术和服务产品在农业农村的推广，奠定了环境基础。

---

① 中国互联网络信息中心（CNNIC）：第43次《中国互联网络发展状况统计报告》，2019年2月。

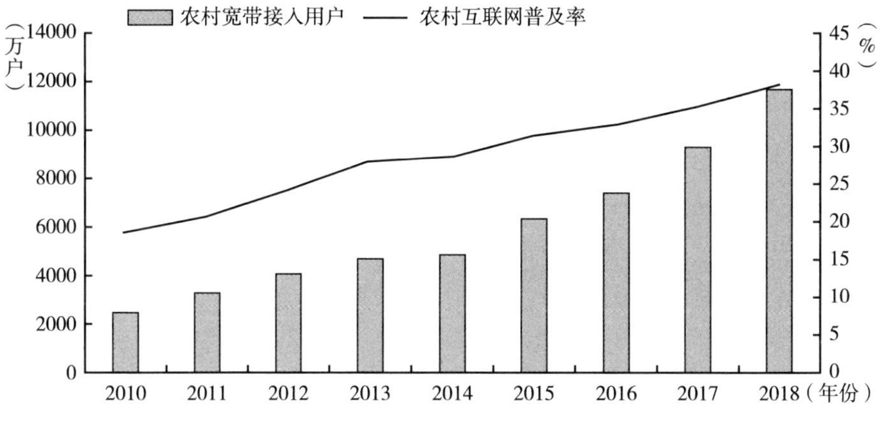

图1　2010～2018年农村地区网络基础条件

资料来源：中国互联网络信息中心（CNNIC）。

2. 数字投入

以物联网、人工智能、大数据、区块链、5G等为代表的数字技术向生产、加工、流通、市场等农业全产业链加快渗透，数字化、智能化装备的应用成为提高农业附加值、加快农业现代化的重要体现。仅“十三五”初期，国家物联网应用示范工程就在全国范围内总结推广了426项节本增效农业物联网软硬件产品、技术和模式①。国内各类农业企业、互联网巨头企业等纷纷加大知识、信息、数据等关键要素投入，强化农业数字技术的研发、应用和示范，已基本形成了类似于“AI（人工智能）+IOT（物联网）+SaaS（软件服务）”的技术解决方案。

数字技术在大田作业中的应用主要集中于农垦地区，如北斗卫星导航技术在新疆农垦提供智能种植控制系统、智能灌溉控制系统、智能测产系统、农机作业可视化管理等解决方案。黑龙江七星农场通过技术集成，综合数据采集系统、智能灌溉控制系统、生物预警决策系统、“4S”应用管理系统等，形成规模化农场物联网生产模式，通过智能感知、温室监控、决策支持

① 农业部（现农业农村部）：《“十三五”全国农业农村信息化发展规划》，2016年8月。

系统等，对精确定量的播种、施肥、灌溉等进行智能农事管理。

人工智能、机器感知等前沿技术更易于在标准化程度较高、产出效益较好的设施园艺和养殖业得到推广。如大北农旗下农信互联公司打造了生猪产业链大数据智能服务平台——猪联网，构建基于专家服务、远程监管、数据服务的即农信云计算数据中心，提升猪场的精细化管理程度。京东农牧2017年投资研发猪脸识别技术，通过该技术可以实现定时饲喂、精细管理。阿里云公司开发的“ET农业大脑”，应用于生猪养殖、苹果及甜瓜种植等领域，可以实现数字档案生成、全生命周期管理、智能农事分析等功能。

在农产品流通环节，重点农产品全产业链大数据建设正在推进，国家级农产品质量安全追溯管理信息平台开始推广，将与省级平台实现对接。2018年实现农产品质量安全追溯的农产品交易额占农产品交易总额的10.7%①，在浙江宁波、山东聊城等地已实现省级农产品质量安全追溯体系全覆盖。

3. 数字效益

产业数字化和数字产业化是数字经济推动产业发展、提升产出绩效的两个重要体现。从数字经济推动产业融合、促进产业数字化的角度，农业数字化转型已经开启。2018年农业中数字经济占产业增加值的比重为7.3%②，虽然农业数字化水平低于工业和服务业，但数字化转型需求与潜力巨大。物联网、大数据、人工智能等数字技术的应用，为农业高质量发展和农民就业增收带来广阔空间。2018年中国“人工智能（AI）+农业”领域的市场规模为1.9亿元，预计到2025年达到15.7亿元③。另据预测，到2020年中国智慧农业潜在市场规模将达到267.61亿元④，农业数字化发展势头强劲。

---

① 农业农村部信息中心：《2019全国县域数字农业农村发展水平评价报告》，2019年4月。

② 中国信息通信研究院：《中国数字经济发展与就业白皮书（2019年）》，2019年4月。

③ 艾瑞咨询研究院：《2019年中国人工智能产业研究报告》，2019年。

④ 前瞻产业研究院：《中国互联网+智慧农业趋势前瞻与产业链投资战略分析报告》，2015年。

从数字经济催生新业态、出现数字产业化的角度，电子商务成为农村新产业新业态的亮点。2018 年全国农村网络零售额达 1.37 万亿元[①]（见图 2）。2018 年全国县域农产品、农产品加工品及农业生产资料网络零售额为 4018 亿元[②]，全国农产品网络零售额达 2305 亿元，后者同比增长 33.8%[③]。仅 2019 年农民丰收节期间，各大电商平台农产品销售额就超过 300 亿元[④]。电子商务还有效带动农民本地创业就业，成为脱贫攻坚的重要手段。至 2018 年上半年，全国农村网店超过 980 万家，带动就业人数超过 2800 万人[⑤]。2018 年全国 832 个国家级贫困县实现网络零售额 1109.9 亿元，同比增长 29.5%[⑥]。

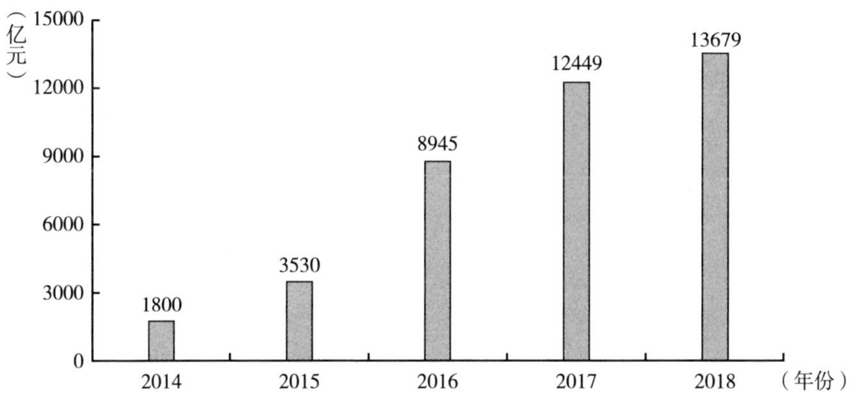

图 2　2014～2018 年农村网络零售额变化

资料来源：中国商务部。

4. 数字创新

产业融合和业态创新是数字经济发展到一定阶段的重要体现。数字技术

① 《商务部 2 月 21 日例行新闻发布会》，http://www.scio.gov.cn/xwfbh/gbwxwfbh/xwfbh/swb/Document/1647547/1647547.htm。

② 农业农村部信息中心：《2019 全国县域数字农业农村电子商务发展报告》，2019 年 4 月。

③ 《商务部 2 月 21 日例行新闻发布会》，http://www.scio.gov.cn/xwfbh/gbwxwfbh/xwfbh/swb/Document/1647547/1647547.htm。

④ 农业农村信息化专家咨询委员会：《中国数字乡村发展报告（2019）》，2019 年 11 月。

⑤ 《中国农村网商逾 980 万家　带动就业超 2800 万人》，中国新闻网，2018 年 7 月 13 日。

⑥ 农业农村信息化专家咨询委员会：《中国数字乡村发展报告（2019）》，2019 年 11 月。

在农村地区的发展及应用，催生众筹农业、共享农庄、智慧旅游、云农场等新产业。2018 年中国在线旅游用户规模达 3.6 亿人，休闲农业和乡村旅游接待人次达 30.0 亿人次，旅游产品的在线化趋势为乡村旅游业提供了广阔发展空间[①]。2018 年中国共享住宿市场收入约 165 亿元[②]，乡村民宿成为其中的重要组成。伴随数字化的产业融合体系逐步构建，农村地区的共享经济、服务经济、创意经济等新经济形态将不断丰富。

除在线旅游外，数字金融、数字教育、数字医疗等业务模式，也在向农村地区不断渗透。以数字金融服务为例，河北省农村信用机构采用"双基"共建"掌上通"系统，借助大数据分析开展精准对接，2019 年初累计发放支持春耕备耕贷款 37.73 亿元，涉及农户 9.66 万户春耕土地面积 350 万亩[③]。阿里巴巴和广西桂林银行合作推出互联网小额贷款产品"旺农贷"，至 2018 年上半年累计放款超过 3.5 亿元，服务农户超过 2 万户[④]。

需求层面的消费升级为行业增长提供强劲动力，倒逼产业供给侧创新变革。2019 年中国乡村消费品零售额 60332 亿元，比 2018 年增长 9.0%。实物商品网上零售额 85239 亿元，比 2018 年增长 19.5%[⑤]。线上多元化、社交化、移动化的消费形式，可以有效满足农村居民个性化需求，激活农村地区消费潜力。2018 年农村网民在线下消费时使用手机网络支付的占 57.0%[⑥]，随着淘宝、京东和抖音、快手等新型消费载体快速发展，农村数字消费增速已全面超越一线和二线城市。

① 艾媒咨询：《2019 中国全域旅游产业大数据及标杆案例调查报告》，2019 年。

② 国家信息中心分享经济研究中心：《中国共享住宿发展报告 2019》，2019 年 7 月。

③ 高玉成：《河北农信"贷"出一片春意盎然》，《农村金融时报》2019 年 4 月 22 日。

④ 金蓉：《民营银行助力民企、小微样本：网商银行为小微企业提供贷款超 2 万亿》，《21 世纪经济报道》2019 年 3 月 7 日。

⑤ 根据国家统计局 2020 年 1 月 17 日发布数据，http://www.gov.cn/xinwen/2020-01/17/content_5470161.htm。

⑥ 中国互联网络信息中心（CNNIC）：第 42 次《中国互联网络发展状况统计报告》，2018 年 7 月。

二　乡村数字经济发展存在的主要问题

中国数字农业农村发展尚处于起步阶段，数字经济发展潜力远未得到释放。囿于传统农村产业刚刚开启数字化转型，乡村数字经济在不同区域、不同行业间表现出发展不平衡性，在产业规模和经济效益上表现出发展不充分性，主要问题集中于农村数字环境、专业数字人才、产业数字化程度、技术和服务支撑等方面，通过数字技术来驱动农村经济高质量发展的新局面尚未形成。

（一）城乡数字鸿沟明显，乡村数字环境亟待改善

2019 年中国已经实现行政村通光纤、通 4G 的比例均超过 98%，提前完成“十三五”规划目标①，乡村网络基础条件已经得到极大改善。但互联网使用技能欠缺以及文化程度限制等，都会制约数字技术在农村的应用和普及，导致农村地区信息资源的配置能力相对不足。2018 年农村地区互联网普及率为 38.4%，低于城镇地区 36.2 个百分点②。城乡数字鸿沟在互联网应用水平上的表现尤为突出。

在信息化、数字化基础设施普及基础上的服务质量问题也不容忽视，许多农村地区存在 4G 网络信号差、上网资费贵情况。特别是在中西部地区和偏远农村，宽带建设和运行维护成本非常高，企业投资压力大，提高农村地区网络服务质量的市场激励不足。同时，虽然村级服务站覆盖面广，但在各级政府、国有企业、互联网公司等多主体主导下，各类服务站存在投资冗余和低水平重复建设现象，未形成职能分工合理、运作高效的信息服务体系。

---

① http：//www. scio. gov. cn/xwfbh/xwbfbh/wqfbh/39595/41957/wz41959/Document/1666709/1666709. htm.

② 中国互联网络信息中心（CNNIC）：第 43 次《中国互联网络发展状况统计报告》，2019 年 2 月。

（二）农村劳动力数字化转型难度大，面临技术性失业风险

信息基础设施的互联互通是农业数字转型的基本条件之一，而保障农村地区产业主体主动应用现代信息技术，是在互联网可达性基础上更为关键的一环。当前全球数字经济人才存在巨大缺口，物联网、大数据服务、区块链、人工智能等与农业相结合的复合型人才就更加稀缺。2018 年中国数字经济为第一产业提供 1928 万个就业岗位，占第一产业从业人员的 9.5%①。虽然农村地区数字经济有巨大潜力，但网络技能、文化水平和行动意愿的不足，限制农民通过数字服务、新产业就业和社交参与等获得收入的机会。即使在互联网普及率高的地区，少数老年或文盲农民群体往往因缺乏信息获取能力成为信息“孤岛”，无法分享数字经济红利。

不能忽视的是，数字经济背景下农村新旧业态呈现交替，以人工智能为代表的技术替代人力速度加快，尤其在人力专用性较强的农业生产领域，劳动力再就业难度大，这引发技术性失业的可能性以及对经济社会稳定性的影响需要警惕。从数字技术的应用情况看，许多数字化产品的技术操作门槛高，特别是农业传感器等智能设备要求稳定运营和定期维护，使得大部分前沿信息技术难以在一般农户中得到推广。

（三）农业数字化的行业结构差异大，产业链下游配套服务缺失

数字经济在涉农产业链不同环节的发展水平不平衡，如流通领域的数字化改造在电子商务带动下已经形成产业支撑，在东部沿海部分区县产生了规模集聚效应。而农业生产端刚刚进入数字化转型阶段，数字技术试验示范前期投入大，主要布局在农业园区或试点区域，数字技术产品整体上未实现产业化。并且如人工智能等前沿数字技术在农业生产试验示范中主要应用于设施瓜果、规模养殖等领域，在育苗、生产环境智能感知、农产品质量安全监控、远程诊断等方面的应用较少，适用范围还需要进一步提升。

---

① 中国信息通信研究院：《中国数字经济发展与就业白皮书（2019 年）》，2019 年 4 月。

农村数字产业的配套服务有待健全，例如，机器视觉、深度学习等数字技术，要与不同品类、非标准化的农艺操作流程等密切联系，以适应复杂的农业作业环境。各类服务组织在信息技术的指导推广方面，还远不能满足实际需求。农村数字产业部分环节的关联产业支撑力不足，如与农村电商相配套的物流、美工、设计、包装等产业基础薄弱。总体而言，针对数字技术应用的全产业链分工水平和服务能力都需要进一步提高。

（四）数字技术和服务支撑农业农村发展的能力有待提升

数字技术对于农业农村发展的支撑能力有限，为农业产业链带来的提质增效作用还未完全发挥。涉农数字化核心技术的自主创新能力不足，智能装备的稳定性、适应性不强。农产品大数据、农村基础数据资源体系建设刚起步，对于数据、信息、知识等数字化关键要素的采集获取手段落后，开发利用不足，监督管理体系不完善。从农业数字技术的主体运营角度，政府、企业、研究机构间合作机制还不健全，市场主体参与度不够，围绕农业数字技术的研发、推广和服务等合作手段和形式需要进一步创新。

除产业领域，数字技术在农村社会服务领域的应用也有待拓展，特别是关系广大农民生产生活的重要数字服务产品，如网络交易、共享出行、数字金融等，在农村地区的渗透率还有待提高。对于养老、医疗、卫生等公共服务的数字化方面，也需要扩大试点覆盖范围，在公共服务的深度和广度上进行延伸，利用数字服务产品开辟农村经济新的增长点。

三　乡村数字经济的发展对策

随着新一轮信息技术在城乡各行业中的逐渐普及，在中央与各级政府对数字农业农村发展的大力支持下，乡村数字经济将迎来良好发展局面。对乡村数字经济未来趋势进行研判，预期表现为：一是农业增加值中的数字经济比重稳步提升，农业数字人才数量不断增加；二是农业产业链数字化特征更加明显，人工智能、区块链、智能感知等前沿技术在更多环节中得到应用；

三是基于数字化的农村一二三产融合和业态创新速度加快，为农村劳动力提供更多就业机会；四是农村地区数字产业助力农村资源资产的有效利用，在民生领域提供多元化技术产品与服务。

结合未来趋势，针对当前乡村数字经济发展中存在的主要问题，提出大力培育乡村数字经济，实现农业农村经济转型升级和高质量发展的对策建议。

（一）长远谋划乡村数字经济发展

以数字产业化和产业数字化为代表的数字经济是推动产业升级、发展新产业新业态的重要形式，对于推动产业兴旺、助力农村经济发展的意义重大。结合数字乡村的战略目标，要从长远谋划乡村数字经济发展。一是提高认识，加强保障。中央及各地各部门要统一思想，深化认识，将发展乡村数字经济作为推动数字乡村战略的重要抓手，对乡村数字新业态予以引导，明确相关产业发展规定与保障措施。二是分阶段、分步骤有序推进。根据生产、流通、管理、服务等领域的数字技术应用水平，开展农业数字化转型的分步推进行动。对于已成熟的顶层设计要优先安排，如农业农村大数据中心、重要农产品全产业链大数据平台等。三是有的放矢，重点突破。针对不同地区、不同产业、不同作业环节等，要抓紧制定有可操作性的数字技术指导方案。

（二）改善乡村数字技术应用环境

一是继续加快网络基础设施建设。尽快实现行政村光纤宽带全覆盖，推动农村网络提速降费和5G网络升级。加快中西部地区、欠发达地区的宽带入户工作，加大网络建设、使用、维护等方面的补贴力度。二是加快布局园区和基地等载体。优先在产业数字化程度较高的省市开展县域数字经济建设试点，以园区和基地为载体，发挥辐射带动作用，加快农村劳动力转型。三是推动农业大数据资源的整合。围绕农村自然资源、种植资源、土地资源、集体资产、经营主体等开发建立大数据，完善农业大数据的共享和监管机制，发挥农业大数据资源在资源管理、农情监测、市场预警、灾害防控等领域的重要作用。

（三）重视农业数字人才的培育和扶持

一是提升农民信息技术采纳水平。依托基层农技推广和社会服务组织开展定制化服务，建立专业技术员队伍，定期开展手机使用等方面技能培训。有条件的地区尝试免费试用智能移动终端，强化软件工具在生产作业环节中的应用。二是创新技术服务和培训方式。搭建适合本地农民的信息技能培训App，探索线上授课、搭建夜校平台多种指导方式，同时鼓励本地科研院所、互联网企业等深入基层开展项目实践。三是围绕数字技术出台专项人才支持计划。针对人工智能、物联网、大数据服务、电子商务等领域，率先在地方高校、职业院校中设立专门课程和专业。建立基层创新创业体系，为吸引各类数字人才返乡就业创业提供补贴、贷款等优惠。

（四）推动数字技术创新与集成应用

一是以生产经营关键环节的技术需求为导向，在数字技术应用重点地区、重点品种的基础上，总结成熟模式并逐步开展推广，推动数字技术向全产业链、全品种渗透。二是从农业农村现代化的重大需求出发，围绕数据获取、智能应用、风险防控等重点领域，突破基础性、通用性技术，加大在实用环节上的专项计划投入和支持力度。三是创新数字技术的集成与应用模式。依托数字农业建设试点、农业农村大数据试点、国家物联网应用示范等项目，立足不同地区的实际技术需求，推动政府、企业与科研机构等多方主体形成协同合作机制，共同打造市场化、平台化、系统化的集成创新模式。

（五）加快全产业链数字化转型

一是加快传统产业转型升级。在农垦地区、粮食主产区的规模化农场，继续推进3S技术、物联网集成创新、北斗导航等数字技术在大田精准作业中的运用。尽快实现智能感知、监控防疫、情报预警等数字技术在设施园艺、畜禽渔业领域的成熟化应用，形成一批规模化应用示范基地。二是加快农村产业融合与创新发展。积极借助互联网平台、移动社交等数字产品，提高创意农业、共享农业、休闲农业等业态在农村服务业中的比例。鼓励农户与电商企业建立共同体，通过多种类的电商平台开展销售，加快标准化产品基地认证。完善电商服务体系的服务下沉与产品上行功能，同步推进线上与线下的流通交易。三是加快数字化配套产业发展。大力培育乡村数字经济的关联产业，加快农产品初加工、快递物流、数据运营、软件服务等配套产业聚集，为数字产业化提供支撑。

（六）营造良好的数字服务环境

一是完善农村信息服务体系，推动数字化成果惠及农民。建立涉农部门、企业、合作社、社会组织等多主体参与的信息化服务平台，重点围绕种植大户、农民专业合作社、家庭农场等新型经营主体的需求，提供技能培训、贷款渠道、市场价格等多方面服务内容。二是借助数字化手段，实现农村教育、医疗、信贷、保险等服务的便捷化。深化政府、互联网企业、公共服务部门间的合作，探索网络环境下公益性与市场性结合的产品供给模式。三是以移动终端为重点，加载现代信息传播手段。借助县域融媒体中心等新媒介平台，开发适应农村特点的传播方式，利用社交、直播等方式，深化农村居民对于数字技术、产品、服务的认识，提高信息服务的可及性。

参考文献

赵春江：《智慧农业发展现状及战略目标研究》，《智慧农业》2019 年第 1 期。

万晓榆、罗焱卿、袁野：《数字经济发展的评估指标体系研究——基于投入产出视角》，《重庆邮电大学学报（社会科学版）》2019 年第 6 期。

徐清源、单志广、马潮江：《国内外数字经济测度指标体系研究综述》，《调研世界》2018 年第 11 期。

OECD，*Measuring the Digital Economy*：*A New Perspective*. Paris：OECD Publishing，2014：22 –23.

Trendov，N. M. ，S. Varas，and M. Zeng，Digital Technologies in Agriculture and Rural Areas-Status Report. Food and Agriculture Organization of the United Nations，Rome，2019.

G.12

中国农业生产性服务业的发展态势、政策需求与推进策略

芦千文*

摘　要： 农业生产性服务业是推进乡村产业振兴、促进小农户与现代农业发展有机衔接的重要抓手。目前，农业生产性服务业已经具有相当大的产业规模，处于发展与升级并重的关键时期，呈现农业全产业链服务均衡发展局面逐步形成、多元市场服务主体错位发展和分工协作格局逐渐显现、公益性与经营性服务业务融合发展进程明显加快的发展趋势。通过分析农业生产性服务业发展存在的问题和支持政策现状，本文发现，农业生产性服务业存在需要重视农户在提供农业生产性服务中的作用和服务本身给农户带来的增收作用，需要匹配不同服务主体的分层分类发展格局和农业需求演变态势，需要衔接农业生产经营支持政策，以及加强顺应公益性与经营性服务融合发展趋势的支持政策等政策需求。基于此，本文提出了未来农业生产性服务业支持政策调整或创新的方向。

关键词： 农业生产性服务业　农业政策　新型农业服务体系

农业生产性服务业是为农业生产经营和农业产业链提供中介投入服务的

---

* 芦千文，管理学博士，中国社会科学院农村发展研究所农村组织与制度研究室助理研究员，主要研究方向为农业生产性服务业、农业经济史。

产业。在现代农业产业体系中，农业生产性服务业是农业价值链升级的主要源泉，是引领农业发展方式转变的主导力量。近年来，随着中国农业生产性服务业迅速发展，农业生产性服务业正成为化解农业现代化难题、推进乡村产业振兴、促进小农户与现代农业发展有机衔接的重要抓手。2019 年中央一号文件明确提出，要加快发展农业生产性服务业，大力培育新型服务主体，支持农业服务企业、农民合作社等面向小农户的生产性服务。2019 年 2 月，中共中央办公厅、国务院办公厅印发了《关于促进小农户和现代农业发展有机衔接的意见》，把发展农业生产性服务业、加快推进农业生产托管服务和推进面向小农户产销服务作为健全面向小农户的社会化服务体系的重要举措。要充分发挥农业生产性服务业的作用，必须按照新时代新要求调整支持政策，推动农业生产性服务业高质量发展。这需要了解农业生产性服务业的发展趋势、存在问题和政策需求。本文对此进行专门研究，并提出政策完善建议。

一　农业生产性服务业的发展趋势

总体上看，中国农业生产性服务业已有相当大的产业规模，进一步发展的空间很大，正处于关键的转型阶段。部分环节农业生产性服务（如传统的农机作业服务）供给趋于饱和，开始进入业态创新、优化升级的发展阶段。农机经营服务业的产业规模，包括乡村农机从业人员数量、农机户[①]数量、农机化经营服务总收入和总利润在 2015 年达到高峰，农机专业户数量在 2014 年达到高峰；只有农业机械化服务组织数量，尤其是农机合作社数量保持增长（见表 1）。同时，农业生产性服务业的新主体、新业态、新模式大量涌现，对产业升级的引领带动作用逐步显现。截至 2018 年底，全国农业生产托管面积为 13. 57 亿亩，按照综合托管系数计算的托管面积为

① 农机户是指拥有农业机械并能提供农机作业服务的农户，农机专业户是指拥有农业机械原值超过一定数额，对外提供农机作业服务成为农户家庭主要收入来源的农户。

表 1　1991～2018 年中国农机经营服务业发展情况

年份	农机经营收入(亿元)	其中农机户部分(亿元)	农机经营利润(亿元)	农机作业服务收入(亿元)	其中农机农户部分(亿元)	农机户(万户)	其中农机专业户(万户)	农业作业服务组织(万个)	其中合作社(万个)	乡村农机从业人员(万人)
1991	570. 31	542. 48	—	570. 31	516. 58	—	—	—	—	—
1995	1297. 27	1036. 8	112. 44	1055. 89	965. 86	—	—	—	—	—
2000	1982. 47	1652. 31	727. 96	1656. 1	1533. 47	2714. 73	313. 79	—	—	3412. 99
2005	2606. 08	2349. 11	1025. 19	2272. 55	2145. 47	3358. 94	381. 45	—	—	4128. 06
2008	3466. 53	3150. 32	1313. 65	3082. 15	2892. 09	3833. 04	421. 73	16. 56	0. 86	4814. 49
2009	3896. 85	3482. 47	1505. 59	3438. 76	3187. 81	3940. 34	446. 4	17. 53	1. 49	5023. 91
2010	4167. 32	3706. 74	1616. 84	3665. 35	3386. 04	4058. 9	483. 3	17. 15	2. 18	5027. 64
2011	4403. 27	3955. 09	1728. 15	3843. 43	3606. 92	4111. 08	511. 73	17. 06	2. 78	5205. 58
2012	4779. 03	4093. 66	1858. 07	4180. 33	3736. 86	4192. 34	519. 62	16. 7	3. 44	5334. 74
2013	5107. 98	4300. 4	2013. 62	4467. 63	3931. 83	4238. 67	524. 27	16. 86	4. 22	5374. 72
2014	5360. 06	—	2106. 11	—	—	4291. 07	525. 08	17. 51	4. 94	5461. 79
2015	5521. 98	—	2152. 18	—	—	4336. 93	522. 86	18. 24	5. 65	5488. 21
2016	5388. 04	—	2066. 14	—	—	4229. 75	505. 59	18. 73	6. 31	5165. 29
2017	5336	—	2004	—	—	—	500	18. 7	6. 08	5128
2018	4717. 75	—	—	—	—	4080. 36	440. 90	19. 15	7. 26	—

注：1991～2016 年数据根据历年《中国农业机械工业年鉴》整理；2017 年数据来自《全国农机社会化服务提档升级关键在五个“围绕”》，中国农业机械化信息网，2018 年 11 月 23 日，http：//www. amic. agri. gov. cn/nxtwebfreamwork/detail. jsp? articleId = ff8080816711c5b301673e74a74c694b；2018 年数据来自《全程全面扎实推进 高质高效异彩纷呈——解读〈2018 年全国农业机械化统计年报〉》，2019 年 10 月 23 日，http：//www. amic. agri. gov. cn/secondLevelPage/info/30/85056。

3.59 亿亩，比上年增加 50%，从事农业生产托管的服务组织共有 36.9 万个。在技术进步和产业融合发展的推动下，农业生产性服务业边界迅速扩张，新产业、新业务成为农业生产性服务业的增长亮点，并在需求升级的带动下呈现沿着新时代新要求演变的发展趋势。

（一）农业服务业务网络化、融合化趋势加快形成

适应小农户服务需求内容综合性、零碎化特点，农业服务主体构建服务体系、搭建服务平台，形成覆盖全面的服务网络，有效降低了服务小农户的交易成本。适应小农户服务需求方式高频率、便捷化特点，农业服务主体将不同服务业务整合起来，为小农户提供订单式、保姆式、全程化的托管服务，促进了不同服务业务的融合发展。同时，受新型农业经营主体产前产后服务的需求牵动，农业服务主体继续拓展业务、提高质量、创新业态，推动农业全产业链各环节服务均衡发展。这样，以网络化、融合化为主要趋势，农业生产性服务业的发展逐步形成了与产业链紧密贴合的服务链、与区域农业相互渗透的服务网，同时对接小农户和新型农业经营主体，增强了农业生产性服务业的包容性和共享性。

（二）多元市场主体竞相发展、分工协作格局显现

随着农村要素市场的完善，各类市场化农业服务主体迅速发展起来。不同类型农业服务主体得到充分发展的同时，逐步转向具有比较优势的业务领域，并加强相互之间的协同协作。农业服务户在产中服务环节具有比较优势，是农机作业服务的主要供给主体，且作用进一步增强；农民合作社、农村集体经济组织，在组织对接农户环节具有比较优势，主要从事联合采购、统一销售、统一作业等服务，也是农业服务户发展不充分时的重要补充；涉农服务企业在技术密集性、资本密集性较高的服务领域具有比较优势，是飞防、追溯、标准、品牌、信息等高端服务的重要供给主体。一直存在的供销系统、邮储系统、农技推广部门和涉农服务机构，以及国有涉农企业集团，具有完善的组织体系和服务网络，将是区域农业服务体系的重要中心组织

者。农业服务平台、体系、网络的大量出现，把各类服务主体整合起来，有序竞争、分工协作，提高了农业生产性服务供给效率。

（三）农业科技服务多元市场化力量加速生成

近年来，市场化主体提供的农业科技服务迅速发展起来，增加了农业科技服务的有效供给，提高了公益性农业科技服务效能，是农业生产性服务业发展的新增长点。总体上看，在部分领域，市场主体已经成为农业科技服务的主导力量。一是农业产业化龙头企业为农户提供满足加工要求或营销需求的配套技术服务，组织农户进行标准化、规范化、科学化生产作业，提高产业链、供应链、价值链治理水平。二是农业投入品供应企业以科技服务创新营销手段，向农业生产性服务领域延伸业务，以主营产品为核心为农民提供全程农业生产服务或现代农业综合服务解决方案，推进农业生产方式集约化转型。三是专业农业服务主体主动承担科技服务职能，以科技服务提高业务质量，促进农业生产降本增效。四是农业科技服务企业为农业经营主体提供新技术、新模式的集成解决方案，推动了农业新业态、新模式、新产业的加速涌现。市场主体从事农业科技服务是自发自愿的行为，具有经济合理性，具有更贴近需求、更有效率、更为灵活的优势，有效弥补了公益性服务体系的不足。

（四）公益性与经营性服务业务融合发展进程明显加快

农业生产性服务业的迅速发展，推动公益性与经营性服务①的互动关系，从公益性服务借助经营性服务为主向经营性服务借助公益性服务为主转变，明显加快了二者融合发展格局的形成。公益性与经营性服务相结合促进了新业务、新业态、新模式、新主体的形成，如各地发展起来的庄稼医院、服务超市、服务中心、科技小院等。经营性服务主体借助公益性服务获得了

① 简单理解公益性服务是指由政府部门提供的基础性、公共性、关键性的服务，通过市场化手段提供难以实现盈利；经营性服务是由市场主体提供的服务，具有私人属性和排他性，以市场方式提供能够实现盈利。

技术支撑和更多的资源，与农业经营主体建立更稳定、更紧密的利益联结关系。这激发了市场服务主体对公益性服务的需求，促进了经营性服务与公益性服务更深度地融合。

二 农业生产性服务业发展的主要问题

农业生产性服务业处于转型时期的快速发展状态，一些结构性矛盾和升级过程中的问题逐步显现出来。

（一）农业服务主体普遍散、弱、小，新型农业服务主体发育不够

为了适应小农户的农业生产经营方式，农业服务主体的结构以小规模的农业服务户（如农机服务户、农产品经纪人、农资零售店等）为主。农民合作社、家庭农场等也发挥了农业生产性服务功能，但以自给服务为主，为小农户服务的作用发挥不够。小农户服务需求规模小、零碎化、层次低，匹配了为数众多的同样小规模、分散化的农业服务主体。同时，新型农业经营主体迅速发展，产生了大量的规模化、专业化服务需求，但因布局分散，需求密度低，相匹配的新型农业服务主体发育滞后。这就使农业服务主体的散、弱、小问题成为制约其发展壮大的重要因素，衍生了融资难、用地难、盈利难、雇工难等问题。

（二）农业服务需求多元分化加速，供给结构调整却明显滞后

农业生产性服务需求的分化主要是小农户需求与新型农业经营主体需求的分化。小农户以产中环节作业服务需求为主，兼具需要与产中环节紧密相连的农资供应和农产品销售服务，对服务质量要求不高，主要需要便捷化、全程化、综合化的服务方式。新型农业经营主体以产前和产后服务需求为主，对产业链层面的服务需求较多，如对金融、品牌、营销等服务需求较为突出，对服务质量要求高，且需要专业化、规模化、标准化的服务方式。但目前，农业服务需求的分化特征，尚未引起供给结构的有效响应。这导致了

农业生产性服务供需结构的矛盾，既存在小农户和新型农业经营主体服务需求都难以满足的问题，也存在农业服务主体“无活可干”的尴尬处境。有很多农业服务主体不注重需求结果的变化，造成同质化竞争问题，导致服务效益低下。

（三）规范性标准和制度体系尚未建立，农业服务的风险问题逐步显现

农业生产性服务业的标准化、规范性制度体系亟待建立。目前，一些地方开展了一些探索。如2019年8月，山西省发布了《农业生产托管服务规范》。但从全国层面来看，这项工作远远不够。农业生产性服务是经验性产品，只有在使用后才能知道质量如何，甚至要在农产品收获后才能看出效果。因此，规范性服务标准和制度体系的建立对于提高服务质量十分重要。一旦出现服务纠纷或事故，依据标准作业规程和规范性制度，可以进行风险评估和责任划分。而目前，正是由于这些标准和规范性的制度尚未建立，服务本身的风险问题成为制约农业生产性服务发展的因素。如养殖场对社会化防疫服务，尤其是疫苗不信任，导致疫情风险增加。如产中作业服务不规范或者农产品经纪人恶意压级压价等，导致种地不赚钱的现象时有发生。

（四）农业科技服务市场化阻力较多，体制机制改革有待进一步突破

目前，农业科技研发、成果转化、应用普及分别由不同性质和类型的主体承担，导致技术供给与实际需求存在一定程度的“脱节”。如技术供给以增产技术为主，而实际上更多的需求是提质增效技术；产前产后加工、流通技术缺乏，而技术研发投入仍以产中为主。政府推动农业科技服务市场化，初衷是增加公益性科技服务供给，弥补农业经营主体科技服务需求缺口。政策支持的主要方向是激励市场主体增加基础性、关键性的公益性农业科技服务。而市场主体从事农业科技服务，主要以营利为导向，选择增值性高的技术，难以兼顾公益性科技服务。

（五）服务联结机制较为松散，以服务助农增收的作用发挥不够

很大部分农业生产性服务以小农户为服务对象，也是小农户发展现代农业的重要路径。农业生产性服务在助农增收中应该发挥出关键性作用，这就要求必须建立与小农户的利益联结机制。目前，农业生产性服务市场建设刚刚起步，农业服务主体与小农户的交易多以随机性的市场交易为主。一些农业服务主体为与农户建立稳定的服务关系，依靠“熟人关系”“收益捆绑”“服务叠加”等形式，建立了利益联结关系。但这些利益联结关系较为松散，约束性不够。也有一些涉农企业以农业生产性服务为手段，以“让利”或者免费服务的方式，密切与小农户的利益联结关系。但实际上，“让利”的幅度不大，且在不少情形下，“让利”只是幌子，本质上却是进一步压缩小农户的利益空间。

三　农业生产性服务业的政策需求

农业生产性服务业具有生产性服务业专业性强、创新活跃、产业融合度高、带动作用显著的特点，是推进农业供给侧结构性改革、培育农业农村新动能的重要抓手。在此背景下，明确提出发展农业生产性服务业已是大势所趋。2015 年 12 月，国务院办公厅发布了《关于推进农村一二三产业融合发展的指导意见》，首次提出“发展农业生产性服务业，鼓励开展代耕代种代收、大田托管、统防统治、烘干储藏等市场化和专业化服务”。2016 年中央一号文件提出“加快发展农业生产性服务业”，支持新型农业服务主体成为建设现代农业的骨干力量。2017 年 8 月，农业部、国家发展改革委、财政部联合印发了《关于加快发展农业生产性服务业的指导意见》，提出以培育“服务结构合理、专业水平较高、服务能力较强、服务行为规范、覆盖全产业链”的农业生产性服务战略性产业为目标，并把农业生产托管作为推进农业生产性服务业发展、带动普通农户发展适度规模经营的主推服务方式。2019 年中央一号文件提出发展乡村新型服务业，支持供销、邮政、农业服

务公司、农民合作社等开展农技推广、土地托管、代耕代种、统防统治、烘干收储等农业生产性服务。在这一过程中，一些配套政策和补充政策不断出台，丰富了农业生产性服务业政策支持体系。虽然，近年来国家对农业生产性服务业的政策支持力度不断加大，但与实现农业生产性服务业高质量发展的需求相比还有一定差距。结合农业生产性服务业发展存在的问题，未来政策调整的方向主要有以下几个方面（见表2）。

表2　农业生产性服务业支持政策的基本架构

方面	具体内容
发展目标	培育农业生产性服务战略性产业，基本形成服务结构合理、专业水平较高、服务能力较强、服务行为规范、覆盖全产业链的农业生产性服务业
服务领域	农业市场信息服务，农资供应服务，农业绿色生产技术服务，农业废弃物资源化利用服务，农机作业及维修服务，农产品初加工服务，农产品营销服务
服务主体	培育多元服务主体，包括农村集体经济组织、农民合作社、龙头企业、各类专业服务公司；积极发展服务联合体、服务联盟等新型组织形式，支持各类服务主体与新型经营主体开展合作与联合，与高等学校、职业院校、科研院所开展科研和人才合作
服务方式	推进专项服务与综合服务协调发展，统筹和整合基层农业服务资源，搭建区域性综合服务平台；推广农业生产托管；促进公益性农技推广机构与经营性服务组织融合发展
指导服务	建设公共服务平台；建立农业生产性服务业标准体系，建立服务质量和绩效评价机制，建立农业服务领域信用记录；通过财政扶持、信贷支持、税费减免等措施，大力支持各类服务组织发展

资料来源：根据2017年8月农业部、国家发展改革委、财政部联合发布的《关于加快发展农业生产性服务业的指导意见》整理。

（一）需要重视农户在提供服务中的作用和服务给农户带来的增收作用

在家庭承包制改革过程中，农业服务户迅速形成，并一直是农业产前农资供应、产中农机作业服务、产后农产品销售的主要服务主体，其中有不少发展为服务专业户，成为农村新型农业服务主体的重要来源。家庭农场也是农业生产性服务的重要供给主体。而且，农业生产性服务业的迅速发展，既吸纳了大量的农村劳动力就业，也带动了小农户向农业服务户成长和家庭农场、专业大户向服务大户转型升级。但农业生产性服务业的政策设计，虽然也坚持了促进农民增收的理念，但对农户提供服务本身的增收功能考虑不够。一是对服务业务收入的重要性认识不足。在服务促进增收的政策思路中，把农民增收机制理解成通过规模化、专业化服务实现农业节本增产增效，进而促进农民增加收入，并没有充分意识到农户提供服务也是增收的重要手段。二是对农户提供服务的重要性认识不足。在多元服务主体的培育政策中，农户的重要性并未得到体现。虽然，文件中已经明确了主体多元、形式多样、服务专业、竞争充分的原则，但在具体的服务主体选择上主要支持农村集体经济组织、农民合作社、龙头企业和各类专业服务公司，并没有提到支持发展农业服务户。

（二）需要匹配不同服务主体的分层发展、分类发展格局

在少数农业发达地区，农业生产性服务业初步形成了各类农业服务主体竞争充分又分工合作的发展格局。但政策本身并没有注意到不同服务主体的比较优势差异，甚至要求他们提供同样或类似的农业生产性服务。如前所述，农业服务户在提供农业生产环节作业服务上具有成本比较优势；集体经济组织、农民合作社等在组织农户、联系农户上具有比较优势，龙头企业、专业服务公司等在提供资本密集型、技术密集型的增值服务方面具有比较优势，涉农服务部门的服务实体、供销合作社等传统服务组织在整合公益性涉农服务资源、建设经营性服务网络、搭建综合性服务平台方面具有比较优势。这就要求，政策设计要与不同类型服务主体的比较优势相匹配，引导不同服务主体分类发展、分层发展。对照现有政策框架，应把农业服务户、传统涉农服务组织纳入支持范围，引导他们在适合领域发挥比较优势，形成分工合作、相互补充的发展态势，为农业生产性服务业的业态创新提供支撑。

（三）需要重点支持的服务业务匹配农业需求演变态势

农业生产性服务业的发展具有明显的需求导向特征，其需求结构和演变由农业经营主体的结构特征和演变态势决定。在加速培育新型农业经营主体

和把小农户引入现代农业发展轨道的双重政策导向下，政策对农业生产性服务业务的支持必须顺应农业生产性服务需求的分化趋势，处理好支持新型农业经营主体与小农户发展的关系。顺应这种思路，政策对重点支持业务的选择，要围绕满足小农户服务需求和带动小农户发展现代农业，如支持服务主体提供绿色高效的作业服务。但现有政策体系在服务业务支持重点的选择上，存在偏好新型农业经营主体高端服务需求，忽视小农户中低端服务需求的倾向，不利于通过对服务业务的支持引领和带动小农户发展现代农业。新型农业经营主体对高端服务需求强烈，只要市场机制健全、市场容量足够，相应的服务主体会自发形成，政策上只需创造公平竞争环境即可。小农户的服务需求，受限于分散零碎的需求特征，被较高的交易成本所抑制，也限制了服务供给主体的自发发展。诱发小农户的服务需求和引导小农户服务需求升级，更需要政策支持，也是政策选择重点支持业务的重要依据。因此，要构建顺应农业经营主体服务需求演变的支持政策框架，必须处理好满足小农户发展需要和新型农业经营主体需求的关系。

（四）需要加快完善农业科技市场化服务基础环境

推动农业科技服务市场化，关键是加大对基础环境建设的政策支持力度。目前，农业科技服务市场化基础环境不完善的表现主要有以下几个方面。一是缺乏标准规范。农业科技服务环节和类型众多，需要标准来规范服务、评价绩效。当前，农业科技服务标准尚未普遍建立，导致科技服务质量参差不齐，增加了科技服务的市场风险。二是基础设施建设滞后。先进技术推广和普及应用需要一定的基础设施支撑，如测土配方设施、节水设施、废弃物资源化利用设施、互联网和信息化设施等，这些正是农业基础设施的短板，建设这些基础设施抬高了市场主体科技服务成本。三是人才队伍缺乏。农业科技服务主体人员老化严重、缺乏专业培训，年轻人才流失严重，聘用专业人才成本高，农业科技服务能力不强，导致农业科技服务缺乏持续性和动力。四是支持力度不足。目前，在科技服务方面，市场主体享受的税收、信贷、保险等政策支持力度较小，一些项目、补助、贴息难以落实，难以参与政府招投标项目或申报享受相关优惠政策。五是体系衔接不畅。主要是公益性农技推广体系与市场化农业科技服务的衔接上存在“断点”，公益性服务资源难以由市场主体共建共享。六是市场秩序难调。表现为市场监管体系尚未建立，公平竞争的制约因素较多，政府采购优质导向不明显，“劣币驱除良币”问题较为明显。上述六个方面都是推进农业科技服务市场化的政策着力点。

（五）需要加强公益性与经营性服务融合发展的支持政策

引导公益性服务与经营性服务的结合发展、互动互促，一直是农业生产性服务业政策改革和创新的主要内容所在。实际上，这些政策延续了以往对公益性服务与经营性服务结合发展的支持做法，存在落实难、力度小、积极性调动不够、公益性职能和经营性业务顾此失彼等问题。在公益性服务体系深化改革过程中，应该进一步明确公益性服务职能范围，加大经费保障力度，提高工作人员待遇，完善激励考评机制。对于兼具公益性和经营性的服务业务，要创新财政经费使用方式，鼓励经营性服务组织参与；适合市场化经营的服务业务，要进一步取消体制机制造成的发展约束，营造公平竞争的市场环境。目前，各类农业生产性服务平台和网络显现出的公益性服务与经营性服务融合发展成效，应引起政策关注。推动这些服务平台和网络创新发展的服务组织也应作为探索公益性服务与经营性服务融合发展的重点支持对象。

（六）需要有效衔接农业生产性服务业支持政策与农业生产经营支持政策

通过统一作业服务实现小农户的规模化种养，与通过土地流转扩大农业经营规模的效果在形式上一样，且以市场化方式将现代生产要素导入小农户生产过程中。发展农业生产性服务业，推动农业服务链接型规模经营，可以作为实现农业适度规模经营和小农户与现代农业有机衔接的重要途径。但并不意味着服务链接型规模经营就一定是更有效的农业适度规模经营之路。不同地区的农业发展条件千差万别，最终选择哪种规模经营形式由市场主体自主筛选，不应因强调某一种规模经营方式而抑制另一种规模经营方式的发展，而是要引导服务链接型规模经营与土地规模经营互竞、互促、共存。这就需要在制定相关政策时，注意农业生产性服务业支持政策和农业生产经营支持政策的有效衔接，处理好支持农业服务主体与农业经营主体的关系。目前，农业生产性服务业仍是农业产业体系的薄弱环节，短期内通过加大政策支持力度加快其发展有其必要性和合理性。也是因为长期积累形成的农业支持政策格局以支持农业经营主体和生产环节为主，对农业生产性服务业的支持范围和支持力度不够。农业服务主体在农业生产环节、设施设备投资、参与市场竞争、获取资金支持等方面享受不到与农业经营主体同等的优惠政策，长期来看，对农业服务主体的支持要以与农业经营主体的均衡、协调发展为目标。家庭农场等新型农业经营主体正成为农业生产性服务的重要供给者，说明提供农业生产性服务本身可以作为新型农业经营主体的一条成长路径。日本把提供农业作业服务的经营主体等同为农业经营主体，让他们享受与农业经营主体同等政策支持的做法值得参考。

四　完善农业生产性服务业发展政策的对策建议

推动农业生产性服务业高质量发展，有助于发挥农业生产性服务业加快农业现代化进程，促进小农户与现代农业发展有机衔接的作用。关键是依据农业生产性服务业的发展趋势和政策需求，调整现有政策体系，为农业生产性服务业高质量发展创造良好的政策环境。要以解决政策调整滞后问题为完善和创新农业生产性服务业支持政策的方向，发挥政策推动农业生产性服务业高质量发展的“加速器”“润滑剂”作用。

（一）明确把农业服务户作为重点扶持对象

政策上要把农业服务户和服务专业户列入培育农业生产性服务主体的重点扶持对象，充分发挥他们在提供服务上的比较优势。尤其是在农业产中以

及与产中紧密相连的服务环节，把农业服务户和服务专业户作为培育新型农业服务主体的重要来源。同时，在政策改革过程中，明确把农业生产性服务作为农民增收的重要渠道，集中政策资源，通过补贴、财税等优惠政策，大力扶持农业服务户、服务专业户发展，引导家庭农场等规模化经营主体拓展服务业务，鼓励和支持农村青年、返乡人才在农业生产性服务业领域创业就业。

（二）差异化支持不同服务主体发挥比较优势

政策上要注重发挥不同类型服务主体的比较优势，引导他们分层发展、分类发展、融合发展，做到优势互补、协同协作、网络联结。在贴近小农户的生产环节，要视具体情况，以现有服务主体结构为基础，鼓励农业服务户、服务专业户、家庭农场、农民合作社、农业服务企业、集体经济组织等有效竞争、公平发展；在组织统一作业、联系产业链前后端市场主体等环节，优先扶持集体经济组织、合作经济组织发挥中介服务功能；对于产业链前后端和资本密集型、技术密集型的经营性服务，优先扶持专业服务公司、产业化组织等提供服务；注意发挥供销社等传统服务组织和公益性机构创办的服务实体、大型企业集团等搭建服务网络、服务平台的资源整合优势，形成区域综合或产业链集成服务能力；注重公益性服务体系发挥公共性、基础性服务的兜底作用和对经营性服务发展的支撑作用。

（三）政策动态调整匹配服务需求演变态势

政策的调整要顺应农业经营主体的分化趋势，匹配农业生产性服务需求演变。要通过支持政策的创新，增强农业生产性服务业对农业规模化、专业化发展的引领带动能力，注意处理满足新型农业经营主体高端服务和小农户初级简单服务需求的关系。一是新增政策要着重为电商、品牌、中介、法律、技术等高端农业生产性服务创造发展环境，加速新型服务主体培育。二是政策改革要坚持以满足小农户服务需求为支持重点，加大对各类生产托管服务、全程组织和作业服务的支持力度，规范市场秩序，提高服务质量。三是要通过服务支持政策推动新型农业服务主体与小农户的结合发展，以规模化、专业化服务引导小农户实现生产方式现代化。

（四）积极培育和壮大农业科技服务市场化力量

要壮大农业科技服务市场化力量，关键是在适宜领域利用比较优势，充分发挥市场决定资源配置的作用，调动市场主体参与农业科技社会化服务体系的积极性。要从制度创新、组织创新、业态创新等方面，引导市场主体承担更多的公益性技术推广服务，更多承担新技术、新成果的转化应用服务，降低市场主体科技服务供给的要素投入和经营管理成本，激发市场主体从事农业科技服务的内生动力。一是建立农业科技服务标准体系。鼓励各地结合自身实际情况和发展需求，建立反映区域特色的农业科技服务标准体系，支持市场主体参与科技服务标准制定。二是认定一批农业科技服务企业。选择一批农业科技服务模式先进、能力突出、带动作用明显的市场主体，认定为农业科技服务示范企业。三是搭建农业科技成果转化应用的区域公共服务平台。依托平台推动农科教、产学研的密切合作，缩短科技研发与转化应用的距离，畅通科技需求传递通道，为市场主体提供技术、人才、智力支持。四是创新面向小农户的科技服务业态。探索集成式、保姆式、订单式、托管式的技术服务模式，以基层服务平台、科技服务联合体、科技小院等为抓手，建设功能强大、灵活便捷、准确有效的农业科技服务网络。五是加大支持力度，创新支持方式。

（五）加强公益性服务与经营性服务融合政策创新

继续探索公益性服务的多元化实现机制，推动公益性服务与经营性服务融合发展，应作为未来农业生产性服务业政策创新的突破点。要坚持以财政投入保障公益性服务的既有改革思路，划定公共性和基础性服务范围，将其列入财政经费必须保障的范围。可探索建立公共性、公益性和经营性服务名录，及其动态调整机制，为相关政策出台提供依据。对于能够实现技物结合或与经营性服务结合的一般性公益服务，充分发挥公益性服务机构的支撑作用，创新激励兼容机制，实现公益性服务与经营性服务的有机结合、相互促进。同时，创新政策工具，鼓励和支持市场主体参与公益性服务体系建设，借助互联网、大数据等现代信息化技术实现公共服务资源的共享共用，搭建区域性的综合服务平台或产业链集成服务平台，组成现代农业服务网络。

（六）探索与土地规模经营政策有效衔接机制

政策上既要把服务链接型规模经营作为实现农业适度规模经营的重要路径，也要注重探索土地规模经营与服务链接型规模经营有机衔接、互动互促的有效实现形式。当前，在大幅度加大对农业生产性服务业支持力度的同时，注意加快培育新型农业服务主体，与新型农业经营主体同样作为现代农业发展的“骨干”力量。未来政策思路的设计，要注意形成均衡协调的新型农业经营主体和新型农业服务主体的“双支柱”型政策架构，形成有利于各地自主探索多种规模经营实现形式的政策环境。要注意新型农业服务主体与新型农业经营主体的融合发展，探索新型农业经营主体的服务生成路径和小农户衔接现代农业的服务纽带。

参考文献

杜志雄、刘文霞：《家庭农场的经营和服务双重主体地位研究：农机服务视角》，《理论探讨》2017 年第 2 期。

冀名峰、李琳：《关于加快发展农业生产性服务业的四个问题》，《农村工作通讯》2019 年第 8 期。

芦千文、姜长云：《农业生产性服务业发展模式和产业属性》，《江淮论坛》2017 年第 2 期。

芦千文、文洪星：《农业服务户分化与小农户衔接现代农业的路径设计》，《农林经济管理学报》2018 年第 6 期。

芦千文、高鸣：《农业生产性服务联结机制的演变与创新》，《华南农业大学学报（社会科学版）》2019 年第 6 期。

芦千文、姜长云：《日本发展农业生产托管服务的历程、特点与启示》，《江淮论坛》2019 年第 1 期。

G.13 提高脱贫质量和增强脱贫可持续性研究

檀学文　白 描*

摘　要： 为更好打赢脱贫攻坚战，应尽可能提高脱贫质量，实现稳定脱贫，并在攻坚期结束后实行一段时间的可持续脱贫保障机制。本报告提出，高质量脱贫即稳定脱贫，提高脱贫质量即不断提高真实脱贫比重，增强脱贫可持续性。中国高度重视提高脱贫质量，采取了包括坚持标准、动态调整、监督评估、改善贫困人口人力资本和内生动力、开发式扶贫和保障性扶贫相统筹、实施专门的巩固提升和防止返贫制度等在内的一系列措施，使得脱贫形势良好，返贫率逐年大幅度下降。但是，到了脱贫攻坚收官之年，中国稳定脱贫的制约因素尚未完全消除，主要在于标准适用困扰、措施"发育"不足以及内生动力不足三个方面。本报告认为，对于攻坚期后的绝对贫困，不能期待其立刻绝对地消亡，有必要建立可持续脱贫保障机制。建议在"十四五"前三年保留现行农村扶贫工作体制以及建档立卡系统，将重要脱贫措施嵌入乡村振兴行动，探索建立更具包容性和统筹性的综合性社会保护体系。同时，将贫困发生率低于1%作为宣布打赢脱贫攻坚战的标志。

关键词： 脱贫攻坚　脱贫质量　可持续脱贫

* 檀学文，经济学博士，中国社会科学院农村发展研究所研究员，贫困与福祉研究室主任，主要研究方向为贫困与福祉、城镇化与农民工问题、农业可持续发展等；白描，管理学博士，中国社会科学院农村发展研究所副研究员，研究方向为贫困与福祉。

一　背景和问题

2015 年 12 月底，中共中央、国务院做出《关于打赢脱贫攻坚战的决定》（下文简称《决定》），现行标准下农村贫困人口实现脱贫，贫困县全部摘帽，解决区域性整体贫困成为 2020 年脱贫攻坚的总目标，也成为全面建成小康社会的一个重要标志。① 彼时，中国剩余贫困人口 5575 万人，年均脱贫任务 1175 万人。各国扶贫实践中往往存在“边际效果递减”规律，剩余贫困人口脱贫难度极大，从而大多数发展中国家都止步于这扶贫的“最后一公里”。现实的疑问是，如此艰巨的任务会不会导致“速成”效果，以至于发生“断崖式”返贫？

对此，中央事先并非没有预判。《决定》指出，“评价精准扶贫成效，既要看减贫数量，更要看脱贫质量”。这表明，中央在提出脱贫攻坚目标的同时就提出了脱贫质量问题。此后，2017 年 6 月 23 日，习近平总书记在山西太原深度贫困地区脱贫攻坚座谈会上发表讲话，提出“脱贫计划不能脱离实际随意提前，扶贫标准不能随意降低，决不能搞数字脱贫、虚假脱贫”，再次将脱贫质量问题提到台面上。2018 年 6 月，中共中央、国务院发布《关于打赢脱贫攻坚战三年行动的指导意见》，将“坚持把提高脱贫质量放在首位”列为工作要求之一。② 2019 年中央一号文件明确指出，要“不折不扣完成脱贫攻坚任务”，“巩固和扩大脱贫攻坚成果”，“减少和防止贫困人口返贫”。

实践中，各地在落实精准扶贫方略的基础上，采取了加大督查巡查监督考核力度、严格实行贫困退出第三方评估、排查解决“两不愁、三保障”突出问题、关注和解决收入略高于贫困线人口陷入贫困风险问题等措施，作

---

① 《中共中央　国务院关于打赢脱贫攻坚战的决定》（2015 年 11 月 29 日），中国政府网，2015 年 12 月 7 日，http：//www. gov. cn/xinwen/2015 - 12/07/content_ 5020963. htm。

② 《中共中央　国务院关于打赢脱贫攻坚战三年行动的指导意见》（2018 年 6 月 15 日），中国政府网，2018 年 8 月 19 日，http：//www. gov. cn/zhengce/2018 - 08/19/content_ 5314959. htm。

为提高脱贫质量的手段。2019年底召开的中央扶贫开发工作会议，提出要巩固脱贫成果，建立健全返贫监测预警和动态帮扶机制，防止脱贫人口返贫和边缘人口致贫。

近年来，中国脱贫攻坚扎实稳步推进。到2019年底，全国剩余农村贫困人口551万人，比上年末下降1109万人，贫困发生率为0.6%，比上年下降1.1个百分点；全国832个贫困县中已有601个宣布摘帽，未摘帽县还有52个；“三区三州”深度贫困地区贫困人口减少至43万人，贫困发生率降至2%；2016～2018年，建档立卡人口返贫比例依次为2.6%、0.5%和0.1%。从数据看，脱贫攻坚整体形势较为乐观，但这只能表明脱贫举措有力，由于“脱贫不脱政策”的强力支持，当前的良好形势尚不能被视为对“真脱贫”问题有充分说服力的回答。

因此，本报告将所面对的问题界定为：为了更好地打赢脱贫攻坚战，在实现数量脱贫基础上，如何提高脱贫质量，增强脱贫可持续性？在此之前，需要回答两个问题：一是如何界定脱贫质量和脱贫可持续性；二是怎样正确评价脱贫成果，包括评价原理、方法、现状评价、问题评判等。

二　概念界定

（一）脱贫质量、高质量脱贫和稳定脱贫

国际上，并没有直接的脱贫质量概念。扶贫实践和理论分析中用“毕业”（graduation）概念来形容贫困退出，因此可以形象地将脱贫质量与教育质量进行对比。在概念上，“毕业”常被用来描述脆弱性降低、可以脱离社会保护等外部支持而仍能可持续地维持特定生计水平的转变过程。学术研究中可区分门槛毕业、外生型毕业、内生型毕业、可持续毕业、发展型毕业等概念。大体上，内生型毕业、可持续毕业和发展型毕业意味着高质量脱贫，代表贫困家庭实现了积极的生计转型。中国程序上的脱贫，即建档立卡人口履行退出程序以及系统内标注销号，类似扶贫项目的退出，可以视为门槛毕

业。可持续脱贫对应于可持续毕业，即脱贫后不会或不易返贫。由于“脱贫不脱政策”，脱贫户在攻坚期内继续享受相应的扶贫政策，有望实现更好的发展型毕业。

综上，脱贫质量（quality of poverty graduation）应定义为脱贫真实性及可持续性状况。脱贫质量是一个中性概念，有从低或差到高或好的不同水平，对它的要求不是“达到”，而是“确保”和“提高”。高质量脱贫意味着真实脱贫和可持续脱贫，也就是通常所说的稳定脱贫。这意味着，只是靠各种临时措施使加总的家庭收入达标，可能是数字脱贫，不是稳定脱贫。如图1示意，真实脱贫是指在评估时间节点（T_0），对脱贫对象的福祉水平评价是真实和实事求是的，而且评价结果高于脱贫标准。稳定脱贫是指在T_0的时间基点上，基于现有条件，可以有较大的把握推测在下一个时间节点（T_1），该户的福祉水平能够维持在脱贫标准之上（W_a），而不是容易降至脱贫标准之下（W_b）。这要求脱贫户拥有某些内在和外在特征，从而能够支撑未来福祉水平维持在脱贫标准之上的预期。

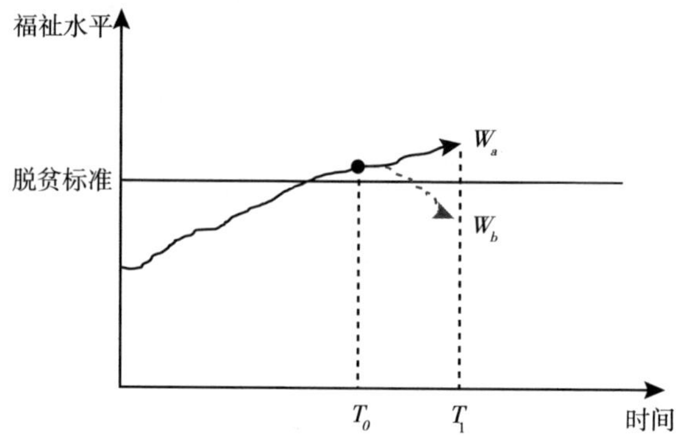

图1　贫困人口稳定脱贫示意

（二）提高脱贫质量

提高脱贫质量是一个行动概念和增量概念，是要确保对贫困户采取有效扶贫措施，使得脱贫结果真实、可靠，不断提高真实脱贫比重，增强脱贫可持续性。换言之，提高脱贫可持续性是提高脱贫质量的部分内容和应有之义，即政策的制定和实施都应当既着眼于当前的脱贫，又有利于形成长远的脱贫能力。稳定脱贫包括两个过程：第一步，在外部发展机会和扶贫政策作用下，扶贫对象实现真实脱贫；第二步，在初步脱贫后实现可持续脱贫。在大规模扶贫干预可能被取消后，可持续脱贫需要三个条件的支撑：一是内在能力，包括从事经济活动所需的劳动技能、经营管理能力以及必要的资产，这些需要在前一步脱贫过程中得到培育；二是外部发展机会，包括全国和地区层面充分稳定的就业机会以及良好的市场和社会环境；三是必要的辅助性支持政策，主要用于技能提升、风险防范、社会保障等（见图 2）。因此，可持续脱贫主要靠脱贫群体培养起来的自我发展能力以及稳定和充分的经济社会发展环境，辅助性支持措施在短期、局部范围并针对特定群体发挥作用。

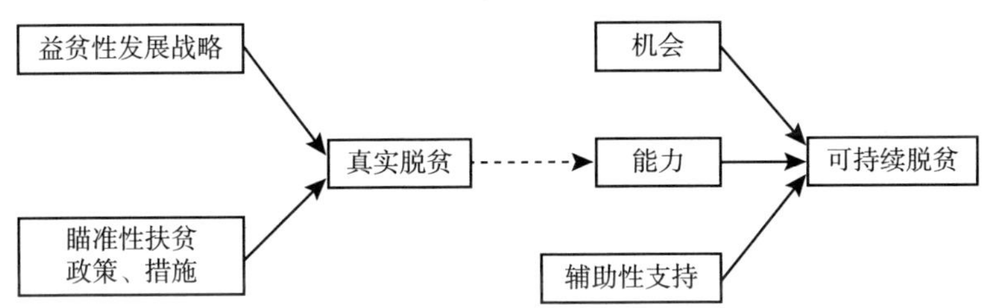

图 2　脱贫路径与可持续脱贫支撑条件

三　中国提高脱贫质量的实践

提高脱贫质量是精准扶贫基本方略的一部分，包含两层含义：一是不断提高真实脱贫比重，二是增强脱贫可持续性。中国目前提高脱贫质量的措施可以归纳为六个方面。

（一）明确和坚持现行标准

坚持现行扶贫、脱贫标准，就是要求既不人为提高标准，也不能降低标准。“两不愁三保障”的脱贫标准明确，但是在实际操作时，仍有不少的含糊性。为此，中国在脱贫实践中，不断对各类具体脱贫标准加以界定，使其更加具有一致性、明确性和可操作性，这有利于确保脱贫真实性，因此是中国提高脱贫质量的首要做法。

中国的扶贫标准在执行中曾经面临过三类问题。一是在退出评估中的可操作性不够，尤其是收入核算问题；二是一些地区人为提高脱贫标准，以便于更“保险”地实现脱贫摘帽，造成地方性与全国性脱贫数据的矛盾；三是少数地区和个别情况下，为了加快退出速度，人为降低标准。因此，习近平总书记在2017年深度贫困地区脱贫攻坚座谈会上明确提出，要使农村贫困人口稳定实现“两不愁三保障”。这一要求对于统一各地的扶贫指导思想和贫困退出实践及时地发挥了作用。各地陆续确定了如实登记和核算收入的原则，避免了虚假收入问题。后来在贫困退出第三方评估中还进一步淡化了收入评估，转而更加重视“两不愁三保障”实现程度。

2019年4月，习近平总书记在重庆主持召开解决“两不愁三保障”突出问题座谈会，再次强调了各类“保障”的国家统一标准，即实现义务教育有保障主要是让贫困家庭义务教育阶段的孩子没有失学辍学；实现基本医疗有保障主要是所有贫困人口都参加医疗保险制度，常见病、慢性病有地方看、看得起，得了大病、重病后基本生活过得去；住房安全有保障主要是让贫困人口不住危房；饮水安全有保障主要是让农村人口喝上放心水。座谈会后，国务院扶贫开发领导小组迅速印发《关于解决“两不愁三保障”突出问题的指导意见》，各部门也很快出台了相关的工作方案加以落实。

（二）对建档立卡贫困人口开展动态调整

提高脱贫质量要确保建档立卡贫困人口信息的真实性和准确性。中国自2015年起建立建档立卡贫困动态调整机制，对贫困人口信息开展核查。凡是不符合建档立卡条件的，一律取消其贫困户资格，从建档立卡系统中清退；凡是符合条件的一律纳入，包括返贫人口。动态调整的目的是解决“脱真贫”问题，既要确保真正的贫困人口能够被及时地识别，又要确保不让非贫困人口被错误地识别为贫困人口。中国 2014 年首次建立起全国统一的贫困人口建档立卡系统，共识别贫困人口 8962 万人。由于初次识别的规模基本上是按人口基数和贫困发生率进行规模控制和指标分解的方式确定的，与实际偏差比较大。2015 年 8 月至 2016 年 6 月，全国动员近 200 万人开展建档立卡“回头看”，补录贫困人口 807 万人，剔除识别不准人口 929 万人。2016～2018 年，中国从中央到各省市进行了多轮动态调整。其中，2017 年首次明确提出动态调整要坚持应纳尽纳原则，不再受指标限制。在动态调整过程中，为了解决错误识别问题，很多地方规定了一些不能被纳入贫困户的条件，如拥有小汽车、城镇住房、一定额度的存款等。这在后来发展为通过大数据比对进行贫困人口信息核实。但是，这种“一刀切”方式也可能造成错误清退，所以后来又增加了识别和清退的灵活性。

（三）对脱贫攻坚过程和成效实施严格的监督和考核评估

对脱贫攻坚实行监督和考核评估不是直接的扶贫干预措施，但其结果有倒逼各相关责任主体履行责任和提高工作成效的作用，因而是提高脱贫质量的重要手段。近年来，中国已经快速建立起完善的脱贫攻坚监督、考核和评估体系。[①] 其中，对贫困退出结果的核查和第三方评估是最关键的一道关口，其作用是以权威、科学、严格的方式对贫困户的家庭经济和生计条件进行调查、核实和评估，确保家庭条件真实地达到脱贫标准。理论上，贫困退出评估不仅要看当年达标情况，还要根据家庭劳动力、产业、就业条件研判以后维持非贫的可能性，即可持续性。只有当返贫风险或脆弱性比较小时，贫困退出才会被认可。贫困户退出在村级层面进行，贫困村退出在乡镇层面进行。贫困县退出由县级政府提出申请，省级政府批准，其中要经过市级初审，省级核查、公示，向国务院扶贫开发领导小组报告，专项评估检查以及公告退出等程序。[②] 可见，贫困县退出程序几乎可以说是

---

① 李培林、魏后凯、吴国宝：《中国扶贫开发报告（2017）》，社会科学文献出版社，2017。

② 《中共中央办公厅　国务院办公厅印发〈关于建立贫困退出机制的意见〉》，中国政府网，2016 年 4 月 28 日，http://www.gov.cn/zhengce/2016－04/28/content_5068878.htm。

“史上最严”的。就专项评估检查而言，2016 年和 2017 年退出的贫困县，分别在 2017 年和 2018 年由国务院扶贫开发领导小组组织评估队伍开展第三方评估；2018 年退出的贫困县，在 2019 年由各省区市的扶贫开发领导小组组织评估检查，国务院扶贫办对各省区市的评估检查结果再进行抽查确认。截至 2019 年 9 月，已有 436 个贫困县经过了第三方评估考核退出了贫困县行列。

从 2018 年和 2019 年两轮贫困县退出第三方评估情况看，地方政府基本上将其视为“一锤定音”的“国考”，压力极大。这对提高脱贫质量起到了以下推动作用：一是在工作态度上高度重视；二是更加关注薄弱地区、薄弱环节和退出条件相对较差的人群，对他们加大补短板力度；三是为了达到认可度要求，适当加大了对非贫困村的投入力度，以此降低非贫困村和非贫困户的不满意度；四是对抽样调查发现的疑似错退或漏评案例进行认真核查和确认；五是为了降低错退风险，尽量不将处于脆弱性脱贫状态的贫困户列入申请退出的范围。

（四）开展教育扶贫、健康扶贫和精神扶贫，改善贫困人口人力资本和内生动力

中国“两不愁三保障”脱贫标准中，教育扶贫和健康扶贫是非常重要的专项扶贫措施，直接有利于贫困家庭人力资本的改善以及长期脱贫能力的提升。教育扶贫和健康扶贫所覆盖的范围，比国外常见的有条件转移支付（CCT）项目对贫困家庭提出的参加教育和医疗保健的内容包含更多、力度更大，表现为中国坚持“扶智”与“扶志”相结合，重视精神扶贫，以培养和提高贫困群众自主脱贫的意识和能力。

教育扶贫主要是“控辍保学”：一是降低义务教育辍学率，二是为学业差的返校生提供必要的补偿教育。事实上，中国的教育扶贫远远超过保障义务教育范畴，中国实施了包括从学前到高等教育全过程的贫困生教育资助、贫困生励志教育和结对关爱、支持贫困生参加职业教育和技能培训等一系列教育扶贫政策。2018 年，全国 9800 万在校生得到教育资助，3700 万人得到

营养膳食补助。[1]

在健康扶贫方面，各地已经基本建起了基本医疗保险和大病保险全覆盖、通过医疗救助和财政兜底等方式降低医疗费用、分类救治、三级标准化医疗卫生机构建设等健康服务政策体系，以对应基本医疗保障各项具体目标。据国家卫健委介绍，2019 年农村贫困人口的大病、重病住院医疗费用报销比例为 90% 左右。针对慢病患者的家庭医生签约服务已有 1500 多万人，覆盖 98% 以上的贫困患者。832 个贫困县已经实现每个县都有一家公立医院，99% 以上的乡镇和行政村都有一个卫生院和卫生室，其中 88% 的乡镇卫生院和 75% 的卫生室已经完成标准化建设。[2] 但是，针对“常见病、慢性病能够在县乡村三级医疗机构获得及时诊治”目标，个别地方还是有不足，主要包括签约医生和基层医师不足、部分乡村医疗机构难以达到标准化要求、部分乡村医疗设施与常住人口分布不匹配等。对此，2019 年卫健委等多部门印发《解决贫困人口基本医疗有保障突出问题工作方案》，对三级医疗机构的标准化降低了要求，同时强调医疗设施和医疗技术人员的可及性。[3]

贫困劳动力技能培训和就业促进是提高就业质量和脱贫质量的重要手段。各地纷纷建立贫困劳动力就业台账和管理信息系统，开展多样化技能培训、劳务协作、鼓励劳动介绍、对贫困劳动力就业给予奖励或补助、创造扶贫车间和公益性岗位等，以此促进贫困劳动力就业。当前就业扶贫方面的一些不足主要有：一是针对贫困劳动力的技能培训由于管理制度不灵活、课程不够科学合理、劳动力能力素质低等因素影响，对提升人力资本和促进就业的作用不明显；二是剩余贫困劳动力老龄化、知识落后，无论外出或在本地都难以获得合适的就业岗位；三是公益性岗位和扶贫车间岗位的可持续性没有保障。另外，宏观经济下行压力也是规模庞大的脱贫人口和边缘性人口就

---

① 《中国的减贫成绩有多显著?》,《中国青年报》2019 年 10 月 17 日。

② 《中国的减贫成绩有多显著?》,《中国青年报》2019 年 10 月 17 日。

③ 参见《关于印发解决贫困人口基本医疗有保障突出问题工作方案的通知》（国卫扶贫发〔2019〕45 号）。

业的潜在风险所在。

精神扶贫最初是为了解决因懒致贫、福利依赖、缺乏内生动力等问题，目的是鼓励贫困户自力更生、劳动致富。精神扶贫的措施主要有思想教育、典型宣传、脱贫奖励、正面和负面典型的“红黑板”、扶贫爱心超市等。这些措施在相应范围内都发挥了有效作用，但是市场波动和政策变动可能会对贫困户的信心、内生动力的激发培育不利。因此，真正的精神脱贫还是要深入各家各户，为他们寻找适用的自主脱贫方案，在发展过程中真正培养其自信和内生动力。

（五）开发式扶贫和保障性扶贫相统筹

进入21世纪以来，中国逐步实施扶贫开发与最低生活保障制度的衔接。两项制度的衔接是以制度实施为出发点的工作衔接，目的是让那些既有参与开发式扶贫条件又在短期内有享受最低生活保障资格的困难家庭同时享受扶贫政策和低保政策，这样就将困难群体区分为扶贫户、低保扶贫户和低保户三种类型。在扶贫措施主要是开发式扶贫的情况下，这种划分是合理的，因为一些低保户有参与开发式扶贫项目的能力，而另一部分低保户由于患病、缺劳动力等无法参与。近年来，随着精准扶贫政策的实施，对于一般贫困户的福利性政策不断增加，如医疗报销、教育资助、资产收益分红等，这使得一般低保户处于不利位置。自2018年以来，在两项制度衔接基础上确立了开发式扶贫和保障性扶贫相统筹的原则，以开发式扶贫作为脱贫基本途径，加强和完善保障性扶贫措施。一方面，对一般贫困户根据需要提供必要的保障性措施；另一方面，使更多的扶贫性措施覆盖到符合条件的低保户。这样就使得贫困户和低保户都能根据家庭特点享受更多适用的扶贫和保障政策，真正实现以贫困户需求为中心，有利于达到精准脱贫的目的。

（六）实施脱贫后巩固提升、防止返贫制度

2016年印发的《关于建立贫困退出机制的意见》规定，坚持正向激励，贫困人口、贫困村、贫困县退出后，在一定时期内国家原有扶贫政策

保持不变，支持力度不减，确保实现稳定脱贫。自2016年以来，各贫困县的退出方案中都包含巩固提升方案。经过两到三年的探索，巩固提升政策可以归纳为“四不摘、四不变”，即脱贫摘帽后不摘责任、不摘政策、不摘帮扶、不摘监管，维持脱贫攻坚投入力度、工作力度、工作机制以及对贫困户的帮扶政策不变。对于脱贫户，“脱贫不脱政策”能进一步巩固脱贫成果；对于政府，由于尚不确定脱贫攻坚政策，尤其是各类保障性政策措施的未来转型方向，维持政策不变是为将来政策平稳过渡创造条件。巩固提升措施一方面体现在脱贫县的政策实施中，另一方面体现在各类督查、检查中，后者又反映在前者的工作调整之中。在防止返贫方面，各地主要做法是加强边缘性农户监测，形成非正式的“口袋名单”，一旦出现状况，及时加以应对。自2019年以来，在全国范围内以及各部门将解决“两不愁三保障”突出问题作为年度扶贫和巩固脱贫成果的重要任务。到2019年底，全国共排查出520多万人未解决“两不愁三保障”问题，其中已解决500万人。这就是不断推进脱贫目标的统一化和明确化、实现稳定脱贫的具体体现。

四　中国高质量脱贫的基本评价

我们对中国脱贫质量的基本评价是：攻坚期内稳定脱贫形势良好，但是现实中仍存在若干制约稳定脱贫的因素。

（一）攻坚期内稳定脱贫形势良好

各类数据显示，攻坚期内中国稳定脱贫形势良好。贫困退出第三方评估设计的漏评率和错退率①是比较恰当体现脱贫结果真实程度的指标。2016～2018年3批退出的贫困县中，错退率和漏评率均不断降低，无错退的县和

① 漏评率是指符合建档立卡条件但未纳入贫困户的农户数占抽样户数的百分比。错退率是指没有稳定实现“两不愁三保障”却在建档立卡系统中标注退出的贫困户占抽样户数的百分比。

无漏评的县所占比重均不断提高，越来越多的贫困县以零错退和零漏评为工作目标。2016 年退出的 28 个县中，错退率最高的为 1.34%，漏评率最高的为 1.07%，只有 7 个县没有发现错退，28 个县都发现有漏评。2017 年分两批退出了 125 个县。首批退出的 40 个县中，错退率最高的为 0.48%，漏评率最高的为 0.09%，33 个县未发现错退，32 个县未发现漏评，比上年度有大幅度提高。2017 年第二批退出县的错退和漏评情况没有公布，但是 2019 年在公布 2018 年贫困退出情况时，公布了比 2017 年退出县的无错退、无漏评比例提高情况，分别提高了 10 个百分点和 5 个百分点（见表 1）。

表 1　2016～2018 年贫困县退出错退率和漏评率

单位：个，%

年份	2016	2017	2018
退出县数	28	125	283
无错退县比例	25	77	87
无漏评县比例	0	85	90
既无错退又无漏评县比例	0	66	81

资料来源：《国务院扶贫办举行新闻发布会介绍 40 个贫困县退出情况》，中国扶贫微信公众号（fp1017），2018 年 8 月 17 日；《扶贫办举行“2018 年脱贫摘帽县抽查”新闻发布会》，国务院新闻办公室网站，http://www.scio.gov.cn，2019 年 7 月 2 日。

可持续脱贫情况，可从家庭人均收入水平、结构以及返贫情况进行判定。总的来说，中国脱贫户收入水平较高，收入结构较为合理，贫困地区农民收入增长速度一般快于贫困地区所在省人均收入平均增速。中国社会科学院农村发展研究所课题组利用部分脱贫县第三方评估调查数据分析显示，2017 年，建档立卡脱贫人口与非贫困人口的人均纯收入为 1.14 万元，已经达到现行贫困标准的 3 倍，相当于同期调查的非贫困人口人均收入水平的 92%。这些县的调查数据显示，脱贫人口与非贫困人口的收入结构非常类似，都是工资性收入占 2/3 左右，经营性收入占 1/6 左右，转移性收入占 1/7 左右，财产性收入占 3%～4%，总体上比较合理。与此同时，根据国务院扶贫办公布的数据，返贫人口在 2016 年为 68.4 万人，2017 年下降为

20.8万人，2018年进一步下降为5.8万人。以2014年建档立卡规模7017万人以及以后各年累积脱贫人口为基数，2016~2018年建档立卡人口返贫比例依次为2.6%、0.5%和0.1%。2016年返贫率比较高，存在算账脱贫、数字脱贫现象，这直接引起了以后对脱贫质量的重视。

（二）稳定脱贫的制约因素尚未完全消除

在2018年以前，课题组观察到的影响稳定脱贫的制约因素包括脱贫认定在精准性上的困难，扶贫资金、项目管理不完善以及政策措施落实不到位，扶贫战略、规划、项目的科学性不足，部分扶贫对象能力和内生动力不足等方面。经过2019年的努力，上述这四个方面的问题都在不同程度上有所减轻，尤其是管理和落实方面的经验都在不断地积累和改进。但是，一些制约因素尚未完全消除，客观地说，有的还难以在短期内消除。其中重要因素包括以下几个。

1. 中国的扶贫与脱贫标准的适用依然存在一些未解问题

中国的脱贫标准已然十分明确，但是真正用于个案评判时仍有难度，主要在于收入核算以及如何看待收入指标。收入核算的困难前面已经提到，收入核算在贫困估计时容易被低估，在脱贫估计时又容易被高估。中国住户收入统计数据与建档立卡数据的偏差，除了口径差异，很大程度上是因为收入调查准确性问题没有根本解决。目前，脱贫评估时淡化收入标准，只看重“两不愁三保障”，这看上去也无不妥，但是毕竟与贫困监测标准存在一定矛盾，因为后者在构成上要求有一定的现金收入用于吃穿之外的日常生活以保障基本生活质量，以在日常生活与温饱之间取得一定平衡。

2. 一些扶贫措施在脱贫时限内难以完成“发育”过程

中国实施精准扶贫、精准脱贫基本方略后，以“五个一批”为象征，各种脱贫路径极大丰富。但是，长期贫困和慢性贫困的脱贫需要“发育”过程，一些特定扶贫措施和机制要想发挥效果也需要“发育”过程。其中值得提出的有三个方面：一是长期性扶贫产业的“发育”，以及作为基础的当地整个农村产业的“发育”；二是易地扶贫搬迁的后期扶持和搬迁户生计能力的重新形成；三是村集体的内生治理能力和集体经济的“发育”。这些长期性措施，都是实现高质量脱贫的必要条件，需要为之长期奋斗。扶贫措施“发育”的长期性并非遥遥无期，而是要依其自身规律积极推进，但是在有限的脱贫时限内让它们完成使命就勉为其难了。

3. 部分扶贫对象内生动力不足问题不会一蹴而就地解决

大部分有劳动能力的贫困人口最终都要靠自我努力和劳动致富脱贫，需要培育和激发他们的内生动力，外部发展机会和扶持政策则发挥辅助作用。随着脱贫进程的推进，剩余贫困人口中能力和内生动力不足的比例趋于提高，其中主要是因病致贫、因残致贫和老龄化等缺乏劳动能力的群体，但也不乏因懒致贫、不愿脱贫等现象，这对贫困户的脱贫教育和精神扶贫提出了挑战。能力缺失的贫困劳动力，兼有基本素养缺失、懒惰、福利依赖等多种情况，因此需要更为基础、长期的培养过程。很多时候，“懒”并非真的懒，而是能力有限、机会不足、不愿承担风险等多种因素造成的。脱贫攻坚过程中涌现了不少“懒汉”变勤快并发家致富的案例就是例证。对于这一群体，社会既要积极提供教育支持、能力培训、发展机会等，又不能“赶鸭子上架”。应允许少数这样的人存在，通过救济救助给予基本人权保障，给予时间机会让其自主跟上发展进程。

（三）衡量打赢脱贫攻坚战的数据口径尚未明确

实现现行标准下贫困人口、贫困村、贫困县的全部脱贫退出，是打赢脱贫攻坚战的定量目标。但是，这个定量目标仍然面临着数据口径不够明确的问题。目前，中国存在两套官方农村贫困数据：一套是从全国住户调查样本数据推断而来的贫困发生率以及相应的贫困人口规模，具有法定性；另一套是扶贫部门开发管理的扶贫建档立卡数据，收录了全国所有按现行标准识别出来的农村贫困人口，扣除其中绝大部分已脱贫人口，剩余的就是中国尚存的贫困人口。截至 2018 年，这两套贫困数据之间存在一定偏差，原因主要在于三个方面：一是口径不同，存在自然偏差；二是住户调查数据存在统计误差；三是住户调查数据对农户收入存在低估可能性。换句话说，调查户实际收支水平应当高于调查水平，因而实际贫困程度应低于调查显示的水平。数据偏差的存在造成了两个困扰：一是以何种口径发布脱贫数据；二是如果所有建档立卡户、村、县都要脱贫摘帽，这要求似乎过于绝对化。从社会客观规律来说，总会有极少数地区和人群难以实现稳定脱贫，硬性要求会带来扶贫工作的扭曲，违背科学扶贫的规律。

（四）攻坚期结束后可持续脱贫保障机制尚未列上议事日程

打赢脱贫攻坚战是否意味着对8000余万建档立卡人口帮扶的结束？如果所有建档立卡人口都能在2020年实现稳定脱贫或高质量脱贫，那么回答应该是肯定的。但是，对于作为长期社会顽疾的贫困现象，我们不应期待其能在短期内绝对地消亡，应当允许其有一定的“反弹”和“回声”。这不是对脱贫攻坚成就的否定，而是基于以下现实判断：第一，任何时代，总有一定比例人口由于各种原因，在没有社会保护的情况下有陷入贫困的风险；第二，部分贫困地区，尤其是部分深度贫困地区，脱贫时的社会经济条件仍会比较薄弱；第三，当前的稳定脱贫形势得到了“维持政策稳定”条件的支撑，2020年以后理所当然会进行政策调整，必然会产生影响；第四，如上所述，产业、搬迁后续扶持等稳定脱贫的支持条件的“发育”过程需要延续到2020年后。因此，一方面，在攻坚期内，应继续采取措施巩固脱贫成果；另一方面，在攻坚期结束后，不仅要着手研究解决相对贫困问题，也要设立针对建档立卡人口的可持续脱贫保障机制。而对于后者，目前似乎尚未提上议事日程。

五　建立可持续脱贫保障机制的对策建议

2020年作为脱贫攻坚战的收官之年，全国将保持攻坚态势，强化攻坚责任，加大产业扶贫、就业扶贫、易地扶贫搬迁后续扶持、扶志扶智工作力度，对深度贫困地区挂牌督战；稳中求进，保持政策总体稳定，巩固脱贫成果；建立返贫监测预警和动态帮扶机制；全面排查整改，确保问题解决。[①]我们相信，2020年打赢脱贫攻坚战已无疑义。但是，这并不代表所有地区、所有农户都不再重新陷入贫困。消除现行标准下的贫困是全面建成小康社会的底线目标，“两不愁三保障”也就成了社会保护的底线。建议在中央已经做出的提高脱贫质量决策部署基础上，从现在起探索建立可持续脱贫保障机制，由脱贫攻坚逐渐向解决相对贫困问题过渡。可持续脱贫保障机制是一套综合性、过渡性、兼顾发展与保护的防贫机制，从重大措施持续推进和重点目标人群关注两方面保障可持续脱贫。在“十四五”的前三年可保留现行农村扶贫工作体制，进一步夯实脱贫成果，为“十四五”以后解决相对贫困问题奠定更良好的基础。

（一）一段时期内保留现行农村扶贫工作体制及建档立卡信息系统

现行扶贫办体制和扶贫建档立卡系统的去留是一个待解而未提上议事日程的问题。改革是必然的，但是根据本报告提出的建立可持续脱贫保障机制的需求，建议在一段时间内保留现行扶贫体制以及存有8000多万人口信息的建档立卡信息系统，为今后几年内开展监测和实施综合性社会保护政策提供基础信息依据。与此同时，考虑建立城乡一体化、以相对贫困为主要工作对象的反贫困新体制新机构。低收入人口的信息调查和登记也应当借鉴巴西、菲律宾等一些国家的成熟经验，扬长避短，以便更好地发挥大数据信息的决策支持作用。

（二）将重要脱贫措施嵌入乡村振兴行动

脱贫攻坚中的一些举措是长周期的，需要相应的“发育”过程，攻坚期时间有限，攻坚期后仍然“待发育”，最主要的是对作为产业扶贫支撑力量的乡村产业、1000万易地搬迁人口的后期生计扶持、脱贫村和薄弱

① 《全国扶贫开发工作会议在京召开》，国务院扶贫办网站，2019年12月20日，http://www.cpad.gov.cn/art/2019/12/20/art_61_108746.html。

村的村庄治理能力培育等。这些措施应当得到延续才能发挥预期效果，但不必作为独立项目存在，而应与乡村振兴行动衔接，嵌入欠发达地区的乡村振兴行动中。具体而言，一是人才衔接，借助驻村帮扶为贫困村培养人才和吸引返乡人才；二是产业衔接，扶贫产业项目应优先转化为受支持的乡村振兴产业，与发展村级集体经济项目适当结合，规范和调整各种利益联结机制，使其更加符合市场规律；三是治理衔接，借助驻村帮扶培育村庄治理能力，加强党建和村民自治，对治理能力不足和集体经济发展薄弱的村庄应继续实施派驻工作队等特殊支持措施；四是社会事业衔接，把扶贫公益岗位、资产收益扶贫、教育扶贫、健康扶贫等政策与村庄的各项社会公益事业有机结合起来；五是农民教育衔接，开展经常性农村社区教育，逐步提升农村人口素质，为相对贫困家庭劳动力参加培训提供优惠政策；六是扶贫搬迁和美丽乡村建设衔接，将以后期扶持为重点的易地搬迁集中安置区的建设发展列为美丽乡村建设项目的一种特殊类型，实施特殊扶持政策。

（三）以农村低收入人口为优先对象，探索建立综合性社会保护体系

益贫性经济增长、人力资本投资和社会保护被认为是行之有效的反贫困战略的三个支柱。社会保护（social protection）也可称为社会保障（social security），是一整套通过有效促进劳动力市场发展、减轻风险暴露、增强能力等方式来减少贫困和脆弱性的政策、制度、项目等。但是，只有坚持保障与发展并重原则，将劳动力市场干预包括在内，社会保护体系才算完整。而社会保护政策分割、重复、缺乏系统性，被认为是各国社会保护发展中的一个共性问题，应该朝向系统化框架努力。[①] 中国的社会政策、扶贫政策已经显现了明显的社会保护特征，但是同样存在缺乏系统性、协调性问题。根据

① World Bank，“Social Protection Overview”，https：//www.worldbank.org/en/topic/socialprotection/overview.

2019年底国务院向全国人大所做的报告，中国已经基本确立社会救助制度体系。[①] 但是，我们还没有将劳动力市场干预视为社会保护的有机组成部分，体现了观念上、政策上的分割。2020年以后，中国可以以建档立卡人口等农村低收入人口为优先对象，将现有开发式扶贫与保障性扶贫相统筹的各类措施加以统筹整合，以目标群体的稳定脱贫、降低风险、促进发展为导向，建立保护劳动力市场干预、社会保险、社会救助有机统筹的综合性社会保护体系。

（四）以统计科学原理统一对脱贫数据的认识及其发布口径

考虑到世界银行使用3%的贫困发生率作为消除绝对贫困的标志，而中国现行的贫困发生率已经远远低于3%，因此建议采用统计贫困发生率作为官方发布的脱贫指标。基于中国扶贫特点和脱贫现实，建议采取以下两条脱贫数据发布口径。一是从贫困发生率角度，将统计上农村贫困发生率降至1%以下作为消除现行标准下的绝对贫困的标志。这个目标的达成能保证全国实际贫困发生率以及世界银行1.9美元标准的贫困发生率均低于1%。西部省份和中部省份可以分别以3%和2%作为消除绝对贫困的标志。二是从扶贫工作角度，以实现建档立卡人口稳定脱贫、贫困村出列、贫困县退出作为打赢脱贫攻坚战的标志。同样地，可以不要求100%脱贫。在全国范围内，可以限定建档立卡人口未脱贫以及返贫比例应低于1%，贫困县、贫困村达不到退出要求的比例在中部地区和西部地区分别低于2%和3%。如此可以实现三重效果：一是维护统计权威性和国际可比性；二是不形成数据扭曲，也不需要理会两类数据偏差；三是减轻每户、每村、每县都要脱贫的“绝对”压力，在不减轻工作努力的前提下减少某些工作上的扭曲。

---

① 李纪恒：《国务院关于加强社会保障体系建设助力打好精准脱贫攻坚战推进社会救助工作情况的报告》，中国人大网，2019年12月25日，http://www.npc.gov.cn/npc/c30834/201912/2d2149602f2349c78ab282802be1a617.shtml。

参考文献

蔡昉：《新中国 70 年奋斗历程和启示》，全国人大专题讲座报告，中国人大网，2019 年 8 月 27 日。

李培林、魏后凯、吴国宝：《中国扶贫开发报告（2017）》，社会科学文献出版社，2017。

刘永富：《全面贯彻中央决策部署坚决打赢脱贫攻坚战》，《学习时报》2017 年 5 月 5 日。

习近平：《在解决"两不愁三保障"突出问题座谈会上的讲话》（2019 年 4 月 16 日），《求是》2019 年第 16 期。

ADB, "*Social Protection: Our Framework Policies and Strategies*", https://www.adb.org/sites/default/files/institutional-document/32100/social-protection.pdf.

Cecchini, S., and A. Madariaga, "Conditional Cash Transfer Programs: the Recent Experience in Latin America and the Caribbean", United Nations Cuadernos de la CEPAL, 2011, No. 95, Santiago.

Cornia, G. A. and F. Stewart, "*Two Errors of Targeting*", UNICEF International Child Development Center, Innocenti Occasional Papers, Economic Policy Series, 1993, No. 36.

De Montesquiou, A., T. Sheldon, and F. F. DeGiovanni, etc., "*From Extreme Poverty to Sustainable Livelihoods: A Technical Guide to the Graduation Approach*", CGAP and the Ford Foundation, 2014.

Devereux, S., and R. Sabates-Wheeler, "Graduating from Social Protection? Editorial Introduction", *IDS Bulletin*, 2015, 46 (2), pp. 1-12.

Sabates-Wheeler, R., and S. Devereux, "Sustainable Graduation from Social Protection Programmes", *Development and Change*, 2013, 44 (4), pp. 911-938.

Villa, J. M., and M. Nino-Zarazua, "Poverty Dynamics and Graduation from Conditional Cash Transfers: a Transition Model for Mexico's Progresa-Oportunidades-Prospera Program", *Journal of Economic Inequality*, https://doi.org/10.1007/s10888-018-9399-5, 2018, September 27.

World Bank, "*World Development Report* 1990", World Bank Group, 1990.

G.14
中国食物安全的主要风险及其防范

周清杰　于冬瑶*

摘　要： 食物安全风险涵盖了“从农田到餐桌”过程中影响粮食供给安全不利因素和危及食品安全的因素。目前，中国面临的食物安全风险既体现在主粮总量和结构的双重矛盾、猪肉价格周期性震荡、食用农产品进口环境不确定性变大、产业链损耗严重、农产品质量安全隐患不容忽视等方面；也体现在加工类食品微生物污染，食品添加剂超范围使用、超量使用等方面。针对以上风险，本文提出中国应推动农业供给侧结构性改革，实施科技兴粮战略，协调好经济效益与生态保护的关系，科学制定肉粮价格调控政策，动态调整肉粮储备政策，对农产品质量安全守底线强监管，应完善加工类食品安全政策法规，提升监管效能，推进食品安全社会共治，落实企业食品安全责任等措施。

关键词： 粮食安全　食品安全　风险防范

从广义上讲，食物安全风险既包括主粮供给是否充足，价格是否可接受的粮食安全问题，也有对人体健康产生不良后果的食品安全问题。前者主要关注食物供给无法满足人们营养摄入需要的数量安全风险，后者则重点关注

* 周清杰，经济学博士，北京工商大学经济学院教授，博士生导师，研究领域为产业经济学；于冬瑶，北京工商大学经济学院博士生，研究领域为产业经济学。

食物中微生物等风险因素对食用者健康带来的不利影响。国内学术界往往将这两大类风险问题分开进行研究，本文尝试将两者置于整个食物安全的视野下，全方位考察中国食物安全所面临的主要风险，并对如何防范这些风险给出相应的对策建议。

2019 年，中国粮食产量创历史新高，农产品质量安全例行监测合格率达 97.4%，食品（含保健食品和食品添加剂）样品监督抽检合格率为 97.7%，成绩喜人。毋庸置疑是，中国食物安全也面临着一些不容忽视的风险，需要制定多方位、全过程的应对措施，实现食物安全的整体目标。

一　中国食用农产品的安全风险与防范

（一）食用农产品安全风险的主要表现

1. 主粮市场存在总量和结构双重矛盾

对于拥有 14 亿人口的中国而言，粮食安全是国家安全的重要物质基础和底线。习近平总书记说“保障粮食安全是一个永恒的课题，任何时候都不能放松”。有限的人均耕地资源决定了中国主粮供给与需求矛盾持续存在。

2019 年，中国粮食取得历史最好水平，总产量达到 13277 亿斤，较 2018 年增加 119 亿斤。即使中国当前有很好的粮食形势，但粮食供求还是处于紧平衡状态，粮食安全形势依然严峻。从粮食消费的角度看，尽管口粮消费基本稳定，但中国居民对肉禽蛋奶等动物源食品需求不断增加，粮食间接消费量还会呈现不断增长态势。而根据农业农村部的数据，2017 年以来粮食面积连续 3 年累计减少了 4750 多万亩，其中，小麦面积已连续 3 年减少，每年减少 200 万 ~400 万亩，稻谷面积连续 2 年减少，特别是早稻面积近 7 年累计减少近 1800 万亩。[①] 究其原因，既有农业领域主动调整种植结

① 潘文博：《坚定稳字当头　确保小康之年粮食丰收》，中国农村网，http://www.crnews.net/zt/2020yhwj/xljd/130633_20200212074146.html。

构的因素，也有种粮效益下降农民季节性抛荒所致，还有一些地方在连年粮食丰收后，放松对粮食生产的重视所带来的负面影响。

因此，在看到中国粮食生产连续“十五连丰”的同时，也要注意到生产端隐藏的风险，如耕地、淡水资源、农业劳动力的刚性约束，以及工业化、城市化对耕地资源的挤占和违法占用等不利影响。与此同时，要高度重视中国的主粮需求呈现的刚性增长态势，一方面，2019 年中国人口已超过 14 亿，处于历史高位，口粮消费的压力巨大;① 另一方面，中国居民膳食结构中肉蛋奶等农副产品消费将不断增加，由此引发的饲料用粮需求会使中国的人均粮食年消费量到2030 年增加100 公斤左右。② 因此，主粮产需依然处于紧平衡的状态，这是中国食物安全不得不面对的一个主要挑战。

除了在数量上的紧平衡外，中国食物安全的另一个风险是食物的生产和市场需求之间存在食物种类、结构的不匹配。这种矛盾从中国主要食物的进口数据可窥一斑。2019 年，中国农产品进口总额为 1509. 7 亿美元，较上年增长 10. 0% 。从进口数量上看，大豆、大麦、玉米、小麦等排名靠前（见表 1）。尽管这些食物的进口有履行双边或多边贸易协议，不得不从他国购进的因素，但生产上缺乏比较优势、育种技术上的欠缺、自然资源禀赋的约束等都是影响进口种类和数量的重要因素。

表 1　2019 年中国主要食用农产品进口量及同比增幅

单位：万吨，%

类别	进口量	同比增幅	类别	进口量	同比增幅
小麦	348. 8	12. 5	高粱	83. 2	-77. 2
玉米	479. 3	36. 0	大豆	8851. 1	0. 6
大米	254. 6	-17. 3	猪肉	199. 4	67. 2
大麦	592. 9	-13. 0	牛肉	166. 0	59. 7

资料来源：农业农村部农业贸易促进中心，http：//www. mczx. agri. cn/myxx/mcjl/zgsj/202002/t20200218_ 7299897. htm。

① 《中华人民共和国 2019 年国民经济和社会发展统计公告》，国家统计局官网，http：//www. stats. gov. cn/tjsj/zxfb/202002/t20200228_ 1728913. html。

② 卞靖：《未来 15 年中国粮食安全面临的主要风险及应对思路》，《经济纵横》2019 年第 5 期。

在国内的产需缺口需要进口来补充的同时，高品质产品的相对匮乏也需要引进国外的资源来对接。在此以优质强、弱筋小麦的产需失衡为例作一说明。中国虽然是小麦种植大国，小麦年播种面积在3.6亿亩左右，约占全国粮食面积的22%，但以常规小麦为主，优质小麦占比低。根据农业农村部的数据，近五年适合于制作面包、方便面、拉面的优质强筋小麦和适于制作糕点、饼干的优质弱筋小麦分别只有21.2%和3.6%。据统计，中国优质强、弱筋小麦产量为300万~450万吨。[①] 随着经济发展和居民生活水平不断提高，中国食品消费升级趋势明显，食品工业专用面粉和高档食品的市场需求不断增加，导致优质强、弱筋专用小麦需求量剧增。

2. 猪肉价格周期性震荡

按照对粮食安全的解读，人们的收入是否可以从市场获得足够的食物来补充营养也是影响粮食安全目标实现的因素。从这一维度看，食物价格过高，以致中低收入者无法承受必需的食物消费，就会影响到粮食安全目标的实现。

“猪粮天下安”。猪肉是中国居民动物蛋白摄入的最主要来源，是大多数百姓居家生活的必需品。按照学界的观点，中国经济运行中存在类似经济学中“蛛网定理”所致的生猪周期。生猪生产存在分散性和小规模化，在市场波动时期，散户“不约而同”的调整可能给供给端带来震荡。

2019年，中国经历了一次全年42.5%的猪肉价格暴涨。猪肉价格的飙升不仅带来了通货膨胀的风险，也对中低收入群体的肉类消费造成了不利影响。表2是2019年下半年猪肉价格上涨最明显时期的具体情况。从某种程度上讲，引发这一轮猪肉价格暴涨的导火索是非洲猪瘟，但也与一些南方省份在近几年环保趋严背景下过度打压养猪行业有着密切关系。在猪肉消费弹性相对较小的背景下，生猪出栏量的骤降导致猪肉价格快速走高。从食物风险的角度看，过高的猪肉价格给中低收入家庭，尤其是低收入家庭的肉类消费带来了困难，极有可能导致低收入家庭动物蛋白质摄入不够。

---

① 李丽颖：《2018年中国小麦品质保持较高水平》，《农民日报》2019年1月22日第5版。

表 2 2019 年下半年中国猪肉价格涨幅与对 CPI 的贡献率

单位：%

月份	猪肉同比涨幅	猪肉价格对当月 CPI 的贡献率
7	27.0	21.1
8	46.7	38.6
9	69.3	55.0
10	101.3	63.9
11	110.0	58.7
12	97.0	52.0

资料来源：国家统计局。

3. 食用农产品进口环境不确定性变大

正如前文所述，中国食用农产品进口规模颇为可观。与农产品国际贸易高度关联的政治环境、经济环境等会给中国食用农产品的进口环境带来一系列不确定性的影响。

起始于 2018 年的中美贸易摩擦是近几年影响农产品贸易的一个重要事件。2019 年，中美双方历经周折达成第一阶段贸易协议，其中《食品和农产品贸易》章节集中体现了双方在农业领域的关注。从整体看，这个协议的实施有利于扩大中美两国的农产品贸易。在美国中期选举的背景下，特朗普总统对农业州经济发展和选民诉求的重视，也成为影响中美农产品进出口的新关键变量。

2019 年，将逐渐成为现实的英国脱欧对欧盟原有的经济体系产生了巨大冲击。当前已陷入颓势的欧盟怎样与作为联合国安理会常任理事国的英国进行谈判，就包括农产品、药品等在内的一系列贸易制度安排达成妥协，未来一段时期英国与欧盟的贸易制度安排向何处走，这些变数不仅影响英欧贸易，也会影响中英、中欧农产品贸易格局。

中国农产品进口贸易所面临的不确定性因素还有很多，如外汇市场波动、转基因等绿色贸易壁垒、农产品主要出口国家和地区政治局势和气候变化等。

4. 食用农产品产业链损耗严重

食品在最终被消费之前可能因为多种因素发生不必要的损失和损耗，给食物安全带来风险隐患。食用农产品从田间到餐桌的过程中，由于观念、责任心、技术、冷链设施等多种原因都可能产生不必要的损失、损耗，这对于人多地少、主要食物一直处于紧平衡状态的中国来说都是安全风险，亟须通过系统的制度设计和相关的技术创新进行改进。

对于粮食而言，要经过收获、运输、储藏、零售等多个环节，也会经历较长的时间才能到达最终用户手中。收割环节、农户储存环节以及销售后的运输、储藏都会有损失，这里既有粮食霉变造成的损失，也有在装运中的遗撒、加工中的损坏、餐桌上的浪费等。相关调查显示，中国粮食的损失率高达7% ~11%。[①]

对于水果、蔬菜、牛奶、水产品等生鲜产品而言，运输、储存中温度偏高、水分过大、包装损坏、时间过长等因素会导致产品腐败变质，造成产品损失。据广东省的一项调查，农副产品在运输储存环节上损失率高达25% ~35%。[②]

在消费环节的食物浪费也非常惊人。2013 年开展的一项调查显示，中国城市居民外出就餐时平均每餐浪费的食物价值约占全部食物的13%。调查结果还显示，中国居民在餐桌上出现的食物浪费，主要原因包括食客爱面子，点餐偏多，嫌打包麻烦，等等。[③] 另外，居民在厨房自己加工时也会因为储存、加工处理不当等导致食物腐败。

5. 农产品质量安全隐患不容忽视

按照农业农村部公布的2019 年上半年例行监测数据，蔬菜、水果、茶叶、畜禽产品和水产品抽检合格率分别为97.3%、94.1%、98.3%、98.3% 和

① 刘天军、胡华平：《提升农产品流通体系效率：原理及路径》，《光明日报》2013 年7 月12 日第11 版。

② 林建敏：《3 成果蔬损耗在流通里》，大洋网 - 信息时报，2005 年8 月23 日。

③ 《“舌尖上的浪费” 东北比西部严重　地级市比直辖市严重》，人民网，http：//www.people.com.cn/n/2013/0227/c347407 - 20620034.html。

95.7%，水果和水产品的合格率偏低，质量安全状况有待提升。从具体品种看，蔬菜中的白菜类、葱蒜类、绿叶菜类、薯芋类蔬菜抽检合格率分别为96.7%、96.2%、94.9%、94.4%，均低于整体水平。在抽检的畜禽产品中，禽蛋的抽检合格率明显偏低，只有94.6%；在大宗养殖水产品中，鳜鱼和鳊鱼的抽检合格率较低，分别为94.8%和93.8%。以上数据表明，中国食用农产品质量安全状况虽然整体良好，但也喜中有忧，农药、兽药残留问题的严峻性依然不容低估。

全国市场监管系统完成的2019年食品监督抽检结果显示，市场流通的食品农产品合格率为98.1%，较2018年下降0.16个百分点。但如果按照全国市场监管系统全年抽检的批次计算，农药、兽药超标导致的不合格食用农产品有38609批次之多。地方监管部门在检查中发现的一些问题可能比简单的统计数据更让人吃惊。例如，福建省市场监管部门在例行“飞行检查”时，短时间内在泉州某商场抽检发现2批次共300余斤蔬菜农药克百威、腐霉利含量超标。这两种农药均为有毒物质，其中克百威属高危农药，2002年农业部已明令禁止将其用于蔬菜、果蔬、茶叶、中草药材上。①

（二）食用农产品安全风险的防范

1. 推进供给侧改革，实施科技兴粮战略

按照习近平总书记关于粮食战略的重要指示，“坚持最严格的耕地保护制度，坚守耕地红线，实施藏粮于地、藏粮于技战略，提高粮食产能，确保谷物基本自给、口粮绝对安全”已经成为中国粮食战略的核心内容。

“藏粮于地”是粮食安全的资源保障。2019年《中共中央国务院关于坚持农业农村优先发展做好“三农”工作的若干意见》提出要稳定粮食产量，严守18亿亩耕地红线，全面落实永久基本农田特殊保护制度，确保永久基本农田保持在15.46亿亩以上。坚持藏粮于地，必须在稳住耕地数量的前提

① 《公益诉讼：300余斤蔬菜农残超标！检察机关连发3份检察建议守护“舌尖上的安全”》，澎湃网，https：//www.thepaper.cn/newsDetail_ forward_ 5421338。

下，通过加快高标准农田的建设进度，减少土地的碎片化，支持农户培肥地力，提高农田抗灾能力等措施，确保耕地质量的提升。

“藏粮于技”战略的基础在科学研究和教育。中国通过实施科教兴国政策，增加投入，培养更多具有创造力的农业科技人才，发挥农业科学家和创新团队的引领作用，加快生物种业、重型农机、智慧农业、绿色投入品等领域的自主创新，集中优势力量加快突破制约农业高质量发展的“卡脖子”技术。解决食物产需结构在种类、品质上的不匹配问题，既需要通过国际市场的进出口，更需要按照市场需求和经济社会发展趋势，根据国内农业资源禀赋和调整空间，科学布局，通过品种改良、引进方法，提前优化种植、养殖结构。

从农业高质量发展的角度看，还需要提升至供给侧结构性改革的高度，因为农业生产是食物的源头，供给侧的力量是市场的基础。2019 年中央一号文件提出，要围绕“巩固、增强、提升、畅通”深化农业供给侧结构性改革。通过改革的办法推进种植、养殖结构的调整，从根本上提高供给质量，优化种植结构，推进畜牧业提质增效和渔业转型升级，增加中高端农产品的有效供给；在保障国家粮食安全、农民增加收入的基础上，向追求绿色生态可持续转变，提高农业综合效率，提升产品品质。

中国粮食供求矛盾已由“吃不饱”转变为种类不匹配、高品质产品供给不足的结构性矛盾，保障粮食安全的重心已从注重总量和规模转向数量、结构、质量并重。在全面建成小康社会的背景下，居民食物消费升级倒逼供给升级和结构优化，生产端需要注重种质资源的开发、控制，加强品牌建设，实现优质优价，更好满足居民营养健康多元化的消费需求。

2. 协调好经济效益与生态保护的关系

从食物供给安全根本性解决的长期发展战略看，农业发展必须处理好短期利益和长期目标的冲突，协调好自然生态保护与经济效益的关系。

随着中国城市化、工业化进程的加快，环境污染问题也日益成为制约粮食安全和食品质量安全的一个十分重要的因素。水污染、土壤污染、空气污染破坏了种植业、养殖业所依附的生态环境，都在一定程度上制约着现代农

业的发展。与此同时，种植业农药、化肥的过度使用，养殖业污水处理的不到位，渔业投入品对水体生态的破坏，都加剧了农业与环境的紧张关系。近40年来化肥、农药的过度使用，也给农业生产的可持续发展问题带来不可低估的负面影响，比如土壤板结严重、土壤通透性降低等问题。

在食物供给安全基本解决的背景下，农业领域都需要改变以往过度追求短期经济效益的做法，协调好生产与生态环境保护的关系。例如，对于荒漠化、水土流失严重的耕地应实施休耕、轮耕制；土壤污染较重的耕地，要进行土壤修复；合理利用有机肥，改善土壤有机质。

3. 科学制定肉量价格调控政策

受土地、气候、病虫害等自然因素的影响和“谷贱伤农”“肉贵伤民”等市场因素的制约，农业呈现生产弱质性、价格短期波动性大、利益冲突广泛等特点。因此，在食用农产品的生产、交易等领域进行相关的政策调控是各农业大国发展的共有特征，中国也概莫能外。其中，对粮食、主要肉类的价格调控具有明显的中国特色。

2019 年生猪价格暴涨主要原因除了市场需求的短期变化、疫病流行等因素外，也在于生猪生产具有一定的周期性。猪肉产能的形成到产品供给有一个滞后期，这是生物自然的发展周期。粮食生产也有这种周期性特征，导致了粮食和猪肉在一定时期内供给弹性较小。因此，中国相关部门在对粮食、猪肉价格进行逆周期调整时，一定要有前瞻性，必须考虑到供给弹性偏小的内在特性，必须关注价格变化对农业生产行为的自发调节作用。价格调控政策的目标是缩小猪肉、粮食价格的振幅，而不是成为加剧价格震荡的推手。

在价格调控实际操作时，还应注意对政策工具的优化。例如，在生猪产业链的调控中，中国使用的主要参考指标是“猪粮比价”。在 2019 年应对猪肉价格暴涨的过程中，商务部、国家发展改革委、财政部等多部委联合发文分七个批次共计为市场上新增冻猪肉供给 17 万吨。然而，如果仔细探寻“猪粮比价”背后的经济逻辑和会计核算，并对比其他国家对猪肉市场的相关政策，可以发现这一指标在甄别养殖业盈亏平衡点和是否有过高利润方面的内在局限性，以及因政策时滞可能出现“政策加剧价格振幅”的后果。因此，借助现代经济学理论，厘清猪肉价格调控的必要性和内在机理，科学设计调控工具，对中国价格调控部门而言是必须研究的课题。

4. 动态调整肉粮储备政策

政策储备是中国应对主要食物市场临时短缺、价格异常波动的重要工具。例如，在特定时段、按照特定价格、对特定区域的特定粮食品种，先后实施了最低收购价收购、国家临时收储等政策性收购，在大中城市和价格易波动地区，建立了10～15天的应急成品粮储备。

然而，我们也必须看到，政府的经济管理部门同时肩负着增加农民收入和保障居民消费的两重目标。当粮食丰收，政府按照保护价收储时，也可能会抬高市场的终端价格，不利于居民消费。尤其是当国际市场粮食价格低于国内价格时，这种政策收储可能在此出现“新粮入库，洋粮入市，陈粮入口”的局面。因此，以调控市场、平抑波动为目标的政策收储需要表现出更大的灵活性，既体现政策目标，又遵循市场的基本规律和发展趋势。与此同时，政策制定者应高度关注政策收储的经济成本，关注巨量收储带来的财政压力，注意利用国际市场调剂国内市场的不足。

5. 守底线强监管

“农田到餐桌”的食物产业链意味着食品安全的监管应该是全链条、全过程的。在这个链条的每一个环节，无论是生产经营者对质量安全的控制体系，还是监管者的安全监测系统，都对“舌尖上的安全”负有责任。就监管者而言，守住安全底线，强化责任，提升能力，确保不发生恶性食品安全事故，是食用农产品安全监管的第一要务。

中国农产品生产的特点决定了食用农产品安全风险的复杂性和严峻性。小规模、组织化程度低、非标准化作业等是小农经济的特点，由于一线的劳动者科学素养相对较低，农药、兽药的使用欠规范，给食物安全埋下了风险隐患。根据国家对农业农村部门的职能定位，其既有发展农业生产，增加农民收入的义务；也有组织开展农产品质量安全监测、追溯、风险评估，保障食物质量安全的责任。然而，从某种程度上讲，这两个目标在短期或局部会有一定的冲突。能不能妥善处理这种冲突，关系到能不能守住食用农产品的质量安全之门。为此，农业农村部门需要强化对违禁农药、兽药生产的打击治理，力争最大限度地从源头彻底消灭高危害农药、兽药；加大对种植业、养殖业产品中违禁农药、兽药的抽检力度，建立黑名单和市场禁入制度，提高生产者的违法成本；加大即将进入流通渠道（农产品批发市场、超市、单位食堂等）的产品的抽检频次，最大限度地把高风险、不合格产品拦截在市场大门之外；严格监管工作的问责制度，提高基层监管人员的责任心。

二 中国加工类食品的安全风险与防范

（一）食品安全风险的主要表现

2019 年，全国市场监管系统共完成并公布 4736773 批次食品（含保健食品和食品添加剂）样品监督抽检结果，检验项目不合格的 107064 批次，总体不合格率为 2.26%，较 2018 年上升了 0.28 个百分点。大宗食品合格率保持基本稳定，其中 5 类食品（粮食加工品，肉制品，蛋制品，乳制品，食用油、油脂及其制品）合格率分别为 99.0%、98.5%、99.6%、99.8%、98.6%，均高于总体合格率。与 2018 年相比，肉制品、蛋制品和乳制品合格率分别提升 0.48 个、0.36 个、0.24 个百分点；粮食加工品和油脂及其制品合格率有所下降，降幅分别为 0.39 个、0.17 个百分点。[①]

根据国家市场监管总局公布的数据，影响食品安全的风险因素从高到低依次为农药、兽药残留超标，微生物污染，食品添加剂超范围、超量使用，质量不达标，重金属污染，非食用物质，生物毒素等。在此仅分析加工类食品面临的主要安全风险。

① 笔者根据《市场监管总局关于 2019 年下半年食品安全监督抽检情况分析的通告》《市场监管总局关于 2019 年第一季度食品安全监督抽检情况分析的通告》《市场监管总局关于 2019 年第二季度食品安全监督抽检情况分析的通告》整理。

1. 微生物污染问题

微生物污染是导致加工类食品不合格的首要风险。2019 年，全国市场监管系统抽检出的被微生物污染食品为 25489 批次，不合格率为 0.54%，较 2018 年下降 1.16 个百分点；在所有的不合格食品中占比高达 23.8%，较 2018 年下降 5.8 个百分点。由国家市场监管总局组织实施的国家层面抽检数据表明，微生物污染问题是肉制品（包括各种肠类、牛肉干、猪肉铺、凤爪等）、糕点不合格的最主要原因。数据显示，2019 年不合格的肉制品中有 80% 是因为微生物污染问题，即菌落总数、大肠菌群、霉菌具体方面含量超标，有超过一半的不合格糕点缘于菌落总数、大肠菌群不符合食品安全国家标准规定。①

食品抽检使用的菌落总数指标大致反映了食品加工各环节的总体卫生状况。菌落总数超标的原因，可能是食品生产加工过程中卫生条件控制不严格或产品包装密封不严、储运条件控制不当等。食品抽检时检出的大肠菌群，提示食品被致病菌（如沙门氏菌、志贺氏菌、致病性大肠杆菌）污染的可能性较大。菌落数超标和大肠杆群超标的食物可能引发呕吐、腹泻、肠胃感染等健康问题。食品霉菌超标的原因，既可能是原料或包装材料受到霉菌污染，也可能是产品在生产加工过程中卫生条件控制不严格，或与产品储运条件控制不当有关。食品受霉菌污染后会腐败变质，食用会引起急性中毒甚至死亡。经常食用被霉菌污染的食物可能导致肝癌和胃肠道疾病。

2. 食品添加剂“双超”问题

2019 年，全国市场监管系统抽检信息显示，共 22556 批次因食品添加剂超范围使用、超量使用不合格，不合格率为 0.48%，较 2018 年下降一半；占不合格食品的 21.0%，较 2018 年下降了 4 个百分点。② 食品添加剂

① 笔者根据《市场监管总局关于 2019 年下半年食品安全监督抽检情况分析的通告》《市场监管总局关于 2019 年第一季度食品安全监督抽检情况分析的通告》《市场监管总局关于 2019 年第二季度食品安全监督抽检情况分析的通告》整理。

② 笔者根据《市场监管总局关于 2019 年下半年食品安全监督抽检情况分析的通告》《市场监管总局关于 2019 年第一季度食品安全监督抽检情况分析的通告》《市场监管总局关于 2019 年第二季度食品安全监督抽检情况分析的通告》整理。

旨在改善食品的品质和色、香、味，或满足食品防腐、保鲜和加工工艺之需要，按照国家标准使用不会产生安全风险。食品添加剂本身虽然没有健康风险，但生产者不应该以掩盖食品的腐败变质、质量缺陷，或以掺杂、掺假、伪造为目的而使用之。然而，现实中某些生产经营者为牟取私利，在肉制品、糕点、蜜饯、休闲食品、腌制食品、膨化食品等中超量、超范围使用食品添加剂，成为近些年食品安全领域的一个高风险点。

在2019年中央电视台的“3·15”晚会上，记者部分曝光了一些辣条生产企业生产环境脏、乱、差，食品添加剂达数十种。又如，苯甲酸及其钠盐是食品工业中常用的一种防腐剂，对霉菌、酵母和细菌有较好的抑制作用。但按照食品安全国家标准，豆干类食品不得使用苯甲酸及其钠盐。2019年，在某豆干类食品中却检出了该物质，这可能是生产企业为延长产品保质期，或者弥补产品生产过程中卫生条件不佳而罔顾法规之规定，超范围使用所致。

3. 其他安全风险

全国市场监管系统抽检信息表明，质量不达标、重金属污染、非食用物质和生物毒素也是中国近年来加工类食品存在的主要安全风险因素。2018年，在全国市场监管系统抽检的不合格食品批次中，因非食用物质和生物毒素的食品占比分别为2.69%和1.23%，理化指标不合格的占比为15.67%。2019年，全国市场监管系统食品抽检中发现的其他主要食品安全风险情况见表3。

表3 2019年全国食品抽检中发现的其他主要安全风险

单位：次，%

不合格原因	不合格批次	占比	不合格原因	不合格批次	占比
质量不达标	7521	7.0	非食用物质	3381	3.2
重金属污染	4217	3.9	生物毒素	1084	1.0

资料来源：根据国家市场监管总局公布的2019年第一季度、第二季度和下半年食品抽检信息计算而得。

质量不达标可能影响消费者的营养摄取，但安全风险较小。另外的三种安全风险中，重金属污染和生物毒素对消费者的健康和生命安全带来的危害很大，而非食用物质的检出可能涉及非法添加违法犯罪行为。

重金属污染是中国食品安全的一个长期隐患。随着采矿、工业“三废”、汽车尾气排放等，严重污染了食物生长的土壤、水、大气等自然环境，导致铅、汞、镉、砷有毒重金属在食物中蓄积。其中，铅污染会对人体很多器官，尤其是对人体的心血管系统、肺、肾脏等产生不良影响，导致人智力低下、肾损伤、不育、流产以及高血压，还可引起铅脑病、腹绞痛、多发性神经炎、溶血性贫血等。2019 年，监管部门在河北沧州某品牌的酱驴肉和驴板肠、福建晋江某企业的海带结、福建三明某企业的豆腐皮、浙江杭州某品牌的蒸肉梅干菜等食品中检出重金属超标。[①]

天然毒素是动物、植物、微生物等的代谢产物，这些产物对其他生物物种有毒害作用。生物毒素使生物中毒的机制一般表现为作用于神经系统，阻碍神经传导，或抑制酶的活性，或破坏组织细胞，目前尚没有特效抢救、治疗药物，病死率高。生物毒素广泛存在对食品安全领域，特别是对餐饮业的影响非常大，严重威胁着人类的生命健康。

非法添加是严重危害食品安全的违法行为，是少数生产经营者故意掺杂、掺假的违法行为。从全国市场监管系统食品抽检的结果看，主要的非法添加剂有硼砂、甲醛、溴酸盐、孔雀石绿等，非法添加的不合格食品批次虽然不多，但由于其性质恶劣，危害性大，值得引起监管部门和消费者重视。根据甘肃省市场监管部门公布的 2019 年第三季度食品抽检信息，检出非食用物质不合格食品 191 批次，占不合格食品总数的 9.21% 。

4. 食用野生动物带来的疫病风险

在中国一些地方，食客以尝鲜、滋补或炫耀身份等为由，将蛇、穿山甲、果子狸、猴子、蝙蝠、狐狸、旱獭、野兔等野生动物作为猎食的目标。

① 市场监管总局 2019 年各月度食品不合格的相关通报。

然而，寄生在野生动物体内的细菌、病毒却给食客乃至人类社会带来了巨大的疫病风险。

（二）食品安全主要风险的防范

1. 完善食品安全政策法规

2019 年，中国的食品安全政策法规向前迈了一大步，出台了以下几项重要制度。2 月 24 日，中共中央办公厅、国务院办公厅印发了《地方党政领导干部食品安全责任制规定》，对地方党政领导干部食品安全职责、考核监督、奖惩等做出明确规定，致力于推动形成“党政同责、一岗双责，权责一致、齐抓共管，失职追责、尽职免责”的食品安全工作格局，提高中国食品安全现代化治理能力和水平。5 月 9 日，《中共中央国务院关于深化改革加强食品安全工作的意见》（以下简称《意见》）正式发布。这是第一份以中共中央和国务院名义出台的食品安全工作纲领性文件，在中国食品安全制度建设上具有里程碑式意义。10 月，根据 2015 年修订后的《食品安全法》和国内食品安全监管体制、食品领域的变化，国务院正式公布新一版的《食品安全法实施条例》（以下简称新《条例》），并于 12 月 1 日正式施行。

以上新制度的出台无疑有助于促进中国食品安全监管体系的进一步优化，但是，未来更为重要的是这些制度在监管工作中的落实。例如，《意见》中的新精神是纲要性的，各省份需要尽快出台实施细则，厘清各级地方政府的具体职责，定期评价实施效果；加工类食品的监管与农产品质量安全的监管还需进一步提升协同效应，加强信息共享、能力整合、职责对接，强化产业链全过程监管。

2. 提升食品安全监管效能

自 2018 年启动市场监管体制改革后，食品安全综合监管体制在 2019 年终于成型。成立不久的国家市场监管总局以机构改革为契机，完善统一领导、分工负责、分级管理的食品安全监管体制，强化监管工作中的业务融合、协作配合、上下联动，形成横向到边、纵向到底、齐抓共管的工作格局，食品安全风险的防范化解能力得到明显提高。

全国市场监管部门在未来的工作中，要进一步强化安全底线监管思路，坚持“严”字当头、重典治乱，加大处罚力度，提高企业和相关责任人的违法成本。在此要特别强调的是，应注重提升全系统的监管效能，建议从以下几个方面做好工作：提高监管队伍的专业能力，强化检测资源的投入，优化食品安全标准；坚持“双随机、一公开”制度，强化分级监管、信用监管；借助互联网、区块链、云计算等先进的监管技术，实现食品安全的智慧监管；完善问题导向的抽检监测机制，提高监管精准性和监管效率；做好校园食品、保健食品、婴幼儿配方乳粉、餐饮服务业、农村市场的监管工作；完善食品安全事件预警体系，科学制定预案，提升对食品安全事故的应急处置能力。

3. 推进食品安全社会共治

《意见》从加强风险交流、强化普法和科普宣传、鼓励社会监督、完善投诉举报机制四个方面为食品安全社会共治的不断推进提出了要求，有助于动员相关社会资源共同参与食品安全的保障、监督，以弥补监管力量的不足，矫正监管工作的偏差。未来需要消费者协会、食品安全智库、专业媒体等发挥各自的专业优势，通过社区讲座、消费者维权、自媒体科普等方式推进食品安全社会共治。

新《条例》也对社会共治体系的进一步优化做出了回应。新《条例》在第六十五条规定，对查证属实的举报，给予举报人奖励，而且举报的食品安全问题越严重，奖励的力度也更大。新《条例》还要求有关部门对举报人的信息予以保密，禁止单位和个人泄露举报人信息，保护举报人的合法权益，以解除举报人的后顾之忧。值得注意的是，新《条例》提出对“举报所在企业食品安全重大违法犯罪行为的，应当加大奖励力度”。显然，立法者已经清楚意识到，内部举报是早期发现食品企业超量使用、超范围使用食品添加剂，非法添加的关键环节。要让中国版食品安全领域的“吹哨人”制度真正见成效，不仅要为基于公共利益目标的举报行为“正名”，降低其对企业的负罪感，还要在保护举报人信息方面下足功夫，并对其未来的人身保护、职业生涯发展提供必要的支持。

4. 落实企业食品安全责任

正如《食品安全法》规定的那样，生产经营者是食品安全第一责任人。《意见》在第七部分进一步强调了如何落实生产经营者的主体责任。《意见》提出要综合运用各种法律手段，对违法企业及有关责任人员进行严厉处罚，大幅度提高违法成本。国家市场监督管理总局也表示，必须提高违法成本，严厉打击违法犯罪；实行最严厉的处罚，落实“处罚到人”。

新《条例》细化了食品生产经营者以及相关责任人的处罚机制，把落实“处罚到人”作为基本要求。过去针对出现的食品安全问题，一般只对食品生产企业进行处罚，相关责任人没有“痛感”，震慑作用不强。新《条例》弥补了这一不足，明确处罚对象主要包括“四类人”：企业法定代表人、主要负责人、直接负责的主管人员和其他直接责任人员。将违法的情形依照三个等级——故意实施违法行为、违法行为性质恶劣、违法行为造成严重后果，分别对责任人处以其上一年度从单位取得收入的1倍以上10倍以下罚款。“财产罚”按照权责匹配原则，遵循利益越大责任也越大的逻辑。这种原则让有责任者错误越大，财产损失越大。“处罚到人”的制度安排能有效地对个人的食品安全违法行为实施惩戒，避免以前企业单独“背黑锅”的问题，有助于强化法律的引导和教育作用。

2020年是落实新《条例》，加大企业食品安全责任的关键时期，市场监管部门要加强对新《条例》的宣传、培训，提高食品企业高管的安全意识；通过一些典型案件的处理，提升新法规的震慑力。

5. 明晰野生动物禁食规定

按照现行的《野生动物保护法》，“生产、经营食用国家重点保护野生动物及其制品制作的食品”的行为是被禁止的。需要指出的是，该条款仅适用于国家重点保护野生动物，不包括非重点保护野生动物；仅针对营利性生产经营活动，并不涉及普通百姓自己加工、食用野生动物。

2020 年 2 月 24 日，十三届全国人大常委会第十六次会议审议通过了《关于全面禁止非法野生动物交易、革除滥食野生动物陋习、切实保障人民群众生命健康安全的决定》的议案。这一政策的贯彻实施和近期国内对野生动物非法交易的坚决打击，将会彻底改变中国野生动物交易和滥食的现状，最大限度切断野生动物携带病毒向人类传播的途径。

G.15
新冠肺炎疫情对农业农村经济的影响及建议

张天柱　白春明　张　茜　田乙慧*

摘　要：　2020年初，新冠肺炎疫情在全国快速蔓延，影响到全国社会经济的发展，也波及农业农村领域。主要表现在以下方面：用工紧缺和交通受阻，导致农产品的采收、收购、包装、物流运输和农资的组织、供应，以及仔畜雏禽及种畜禽、水产种苗、饲料等生产资料的运输受阻；消费者对食品消费出现新需求，加工食品、功能食品等将迎来新机遇；休闲农业和乡村旅游行业遭受重大打击；农民工返岗复工受影响明显，迫使部分农民工重新思考就业途径，促进就近就地就业创业；暴露了乡村治理和农村公共服务设施供应的不足，使乡村治理能力现代化建设更加受关注。为应对疫情，短期内重点保障“菜篮子”供给，做好春耕备耕工作，长远则需顺应消费需求变化，倡导“藏粮于民”，继续加强农业供给侧结构性改革，进一步保障农民就业和增收，完善乡村治理体系，确保完成脱贫攻坚和全面建成小康社会总体目标。

* 张天柱，工学博士，中国农业大学水利与土木工程学院教授，中国农业大学农业规划科学研究所所长，主要研究方向为城镇与区域规划、设施园艺环境工程、农业建筑工程；白春明，理学硕士，中国农业大学农业规划科学研究所常务副所长，研究方向为农业农村投资、农业农村发展规划；张茜，理学博士，中国农业大学农业规划科学研究所农业规划师，主要研究方向为农业区域规划；田乙慧，农学硕士，中国农业大学农业规划科学研究所总规划师，主要研究方向为农业区域规划。

对文本有贡献的还有杜名扬、王晓燕、张桂彬、张明明、左琳、鲁燕、高峰、严瑞河为本文提供了素材，阿不都热扎克·依沙克为本文撰写了英文摘要。

关键词： 新冠肺炎疫情　农业　农村经济

一　新冠肺炎疫情的基本情况和特点

2019 年 12 月，湖北省武汉市出现由新发现的冠状病毒 SARS-Cov-2 引起人类感染肺炎（COVID－19）的疫情。根据约翰斯·霍普金斯大学实时数据，截至北京时间 2020 年 4 月 14 日 13 时 20 分，全球新冠肺炎确诊病例已达到 1920918 例，其中中国确诊 83302 例，新冠肺炎已在全球范围内大流行。从发现至今，新型冠状病毒引发的肺炎疫情（以下简称“新冠肺炎疫情”）在全国的发展大致分为四个阶段（见表 1）。目前（2020 年 4 月 14 日）新冠肺炎疫情在国内已得到有效控制，但国际防疫形势严峻，国内防控境外输入病例成为重点，且尚未发现病毒来源和特效药物，防控措施仍然不能松懈。

表 1　中国国内新冠肺炎疫情发展阶段（截至 2020 年 4 月 14 日）

阶段	特征/事件
初期调查阶段（2019 年 12 月至 2020 年 1 月 22 日）	• 国家卫生健康委员会与疾病预防控制中心成立专家组开始调查疫情情况，并确认该病毒可以人传人
快速发展阶段（2020 年 1 月 23 日至 2 月 11 日）	• 1 月 23 日武汉“封城”，湖北其他地区、浙江温州市等疫情较重地区也逐步采取越来越严格的出行管制措施 • 1 月 25 日中央成立应对疫情工作领导小组 • 每日新增确诊病例快速增加，各地纷纷启动突发公共卫生事件一级响应 • 武汉采取建设 2 座专门收治医院、改造方舱医院、开展全面排查等措施 • 国家卫健委提出“一省包一市”战略，各地纷纷派出援鄂医疗队
稳定控制阶段（2020 年 2 月 12 日至 3 月 10 日）	• 除湖北省外，全国其他地区疫情发展进入平稳期，治愈人数增加，连续多日每日新增病例和现有确诊病例下降 • 多省下调防控等级，实行分区分级差异化管理 • 湖北省，尤其是武汉的情况仍不容乐观，全国性的疫情“拐点”尚未出现 • 除湖北省外，全国的工作重点逐步转向疫情防控与复工复产并重
外防输入阶段（2020 年 3 月 11 日至 4 月 14 日）	• 3 月 11 日世界卫生组织宣布新冠肺炎疫情已构成全球“大流行”（Pandemic） • 欧洲、亚洲、北美洲等世界多地疫情进入暴发阶段 • 国内多地连续多天无新增病例，但国内统计的境外输入病例开始有所增加，国内防控从内防扩散向外防输入转变

2020年作为全面打赢脱贫攻坚战收官之年，也是全面建成小康社会目标实现之年。为应对疫情对农业农村经济的影响，必须立足当下，放眼长远，为落实产业政策、稳定产业发展提供支撑。

二　新冠肺炎疫情对中国农业农村经济的影响

疫情快速发展阶段，全国各地采取了封城封路、交通管控、延迟复工等措施，对疫情防控起到了关键的作用，但是从产业角度，也对农业一二产的生产、加工物流配送，以及城市周边的特色农业和乡村旅游业产生较大影响。

（一）短期影响

短期（在疫情暴发后3～6个月）来看，疫情对种植业的影响主要体现在农产品的采收、收购、包装、物流运输和农资的组织、供应等环节；对畜牧水产业的影响主要体现在仔畜雏禽及种畜禽、水产种苗、饲料等生产资料运输受阻，屠宰场停工，导致“产品送不出，原料调不进”；对服务业的影响主要体现在休闲农业和乡村旅游业受打击较大，生鲜农产品电商迎来小高峰，但也暴露了供应链短板。

1. 对种植业的影响

（1）对蔬菜行业的影响

蔬菜是城乡居民生活必不可少的重要农产品，保障蔬菜供给是重大的民生问题。目前，新冠肺炎疫情对蔬菜行业的影响主要表现在三个方面。一是整体供应充足，局部市场短缺。根据农业农村部预计，全国冬春蔬菜在田面积8400多万亩，产量约1.7亿吨，均比上年同期增加2%左右，蔬菜市场供应总体充足[①]。二是供销不匹配，价格波动大。受春节影响，每年临近年

---

① 《农业农村部：预计全国冬春蔬菜在田面积8400多万亩，产量约1.7亿吨》，东方网，2020年2月9日，http://n.eastday.com/pnews/1581236105014638。

底各种蔬菜价格均会出现不同幅度的上涨，特别是叶菜类。农业农村部统计，受生产和流通成本增加、市场节前集中备货等影响，全国蔬菜价格明显上涨，2020 年 1 月农业农村部监测的 28 种蔬菜全国平均批发价每公斤 5.2 元，环比上涨 13.4%，同比上涨 23.7%，特别是大白菜等叶菜类涨幅较大①。三是运输成本增加，城乡流通渠道不畅。多地的“封城封路”措施给跨省跨地蔬菜运输造成困难，加大了运输成本。大量的城郊乡村为城市提供日常所需的蔬菜，盲目封路导致收菜的车辆进不来，产地本已成熟的蔬菜、冷库的蔬菜也运不出去。传统意义的城郊乡村供应城市日常需求的功能被极度弱化，进一步加剧城市蔬菜供应不足的问题。

（2）对水果产业的影响

中国是水果种植大国，也是水果消费大国。据《中国统计年鉴（2019）》数据，2018 年中国果园面积达 1.8 亿亩，水果总产量达 2.6 亿吨。按往年市场看，春节前后本是水果消费的小高峰，受新冠肺炎疫情影响，水果的物流销售受到冲击，特别是春节前后采收上市的应季水果受到的影响更为显著。一是人员流动性降低导致短期水果交易量下降。疫情防控对人员流动的控制直接波及水果零售业的客流，且人员流动性的降低对水果的线上和线下零售存在同样影响。二是水果零售业务的减少直接影响了以下游零售商为主要消化途径的水果批发交易。三是对于应季水果的影响高于其他水果。柑橘是中国种植面积最大、产量最高的水果，且春节是柑橘大量上市的季节，尤其是砂糖橘，其囤积与即将上市的柑橘扎堆，其市场行情将持续走弱。对于即将采收的柑橘，新冠肺炎疫情加剧了采摘季用工难，对晚熟柑橘留树保鲜、采后处理和仓储带来了更大挑战。

（3）对粮油产业的影响

粮食是关系国计民生的战略性、公共性的特殊商品。近年来，在中美贸易摩擦的背景下，国际粮油市场波动加剧，形势趋于复杂。新冠肺炎疫情的

① 农业农村部：《1 月份全国农业农村经济运行总体平稳》，http：//www.moa.gov.cn/xw/zwdt/202002/t20200221_ 6337525.htm，2020 年 2 月 21 日。

出现又为粮油市场加入不确定性因素，且随着疫情持续时间的延长，对于粮油产业发展影响也在逐步显现。当前新型肺炎疫情对粮油产业的影响可调控，市场平稳。国家粮食和物资储备局表示，目前全国粮油库存处于历史高位，原粮储备非常充裕，加工能力强，每天可加工稻谷 150 万吨、小麦 80 万吨，压榨油料 70 万吨①，同时中国粮油市场体系和配送、供应网络健全，可以迅速将米面油投放终端消费市场。

疫情对粮食春耕备耕产生了一定的影响，主要体现在对人流和交通的限制，使粮食生产的机械化服务跨区作业受到影响。当前，疫情在全球的蔓延和暴发，加之非洲地区的蝗灾，多国采取了粮食出口管控措施。中国进口粮食在口粮消费中占比很低，口粮绝对安全，国内粮食消费不会受到国外粮食出口限制影响；但进口粮食多用于饲料行业，将会导致肉禽生产成本上升。据了解，玉米约 64% 产量用于饲料行业，豆粕约 90% 产量用于饲料行业②。受关联行业的影响，疫情有可能造成肉禽类需求减弱，饲用玉米、大豆预计有下降趋势。

2. 对养殖业的影响

近年来，中国养殖业发展面临资源环境约束趋紧、环保压力持续加大、疫病防控（如非洲猪瘟、禽流感等）形势仍较严峻、核心科技对外依存度高等挑战。饲料、兽药企业受疫情影响无法短期恢复，对畜牧水产业的负面影响将难以避免。

（1）对养殖周期短的行业影响更大

养殖周期较短的包括肉鸡、蛋鸡、鸭、鹅等禽类养殖，周期较长的包括生猪、肉牛、肉羊等大型牲畜的养殖。与长周期养殖相比，短周期养殖饲料储备较少、产品出栏较快，交通受阻导致饲料补充不及时雏禽饿死、产品无法尽快销售形成积压，都将打击养殖者的信心。

对于肉鸡来说，中国鸡肉生产以白羽肉鸡和黄羽肉鸡为主，其中白羽肉

① 《大可不必：国家粮食储备部门回应“抢米”情况》，中国青年网，2020 年 1 月 30 日。

② 《饲料原料的充足，2018 年中国成品饲料年度总产量 18131. 58 万吨》，中国产业信息网，2018 年 12 月 12 日。

鸡以冷冻、冷藏鸡肉制品向快餐店及速食餐厅销售为主，黄羽肉鸡以活鸡消费形式为主。一方面，疫情导致的交通受阻已经使湖北等地出现活埋鸡苗的情况，另一方面，多地已出台关闭活禽市场、限制活禽交易的政策，以及禽流感疫情的个别发生（如湖南邵阳、新疆生产建设兵团等地已发生高致病性禽流感疫情），导致肉鸡生产和消费的下降。蛋鸡方面，主要出现鸡蛋现货积压、蛋鸡淘汰困难，特别是湖北地区。

生猪方面，自非洲猪瘟影响产能受损后，国家出台了一系列生猪生产的扶持政策。据农业农村部 2019 年 12 月数据，全国生猪基础产能回升势头逐步稳固，生猪出栏量显著增加，前期生产恢复较早的东北、西北和黄淮海地区生猪产能进一步提升。虽然新冠肺炎疫情对生猪的饲料、产品运输等造成影响，但总体来看，生猪养殖周期相对较长，且在应对非洲猪瘟期间，生猪产业的防疫能力得到提升，国内冻品仍有一定库存，区域性屠宰场建设较为完备。因此新冠肺炎疫情短期内对生猪行业有一定影响，但长期影响不大。新冠肺炎疫情对于牛羊等大型牲畜的影响，短期内体现在交通管制带来的饲料供应和产品运输困难，但活禽交易受限、猪肉产能还未恢复、价格偏高等因素也为肉牛、肉羊行业带来利好因素。

（2）严格畜禽交易市场的监管，加快行业转型发展

疫情发生后，武汉华南海鲜市场因存在大量缺乏检疫和监管的野生动物交易，而一直处于舆论的旋涡。活禽交易和特种养殖行业受影响较大，全国九成的活禽市场都采取关闭措施，部分地区造成活禽销售不畅；一些地方也加大对活禽交易的监管，提出若干严格的检验检疫和登记制度，派出管理人员和执法人员进行消毒、检查等[①]。

目前，特种养殖行业的检验检疫、市场监督等方面的制度不完善，消费者和监管部门很难对特种养殖与野生动物进行区分。一方面，疫情防控期间，人们对于保护野生动物、饮食安全有了更多关注与认识，从主观上对食

① 《全国超 9 成活禽市场关闭，5 亿只活禽滞销！广东打响活禽交易保卫战》，中国畜牧网，2020 年 2 月 29 日。

用野生动物产生拒绝心态。另一方面，为了防控疫情，相关部委密集出台了多个加强野生动物管控的措施文件。2020 年 2 月 24 日，全国人大常委会表决通过《关于全面禁止非法野生动物交易、革除滥食野生动物陋习、切实保障人民群众生命健康安全的决定》，明确要求全面禁食野生动物。本次疫情的发生，将会对特种养殖行业，尤其是食用消费型特种养殖行业产生巨大影响，也将引发行业转型的思考。

3. 对农业服务业的影响

（1）对休闲农业行业冲击较大

休闲农业和乡村旅游业作为农业和旅游相结合的新业态，具有产业融合性，是环境敏感型产业，容易遭受境内外突发事件的冲击和影响。2018 年，全国休闲农业和乡村旅游全年接待达 30 亿人次，营业收入达 8000 亿元[①]。截至 2019 年 9 月，农业农村部已创建 388 个全国休闲农业和乡村旅游示范县（市），推介 710 个中国美丽休闲乡村。整个产业的规模体量在不断扩大，在农业农村发展中具有重要的地位。

2019 年春节假期，休闲农业与乡村旅游接待总人数达到 4.2 亿人次，实现旅游收入 5139 亿元[②]，而 2020 年春节假日期间旅游行业基本“颗粒无收”。园区游乐、自然课堂、温室采摘、特色民宿、生态餐饮等细分领域，都遭遇重创。受新冠肺炎疫情影响，各省纷纷宣布暂停各类文旅活动，休闲农业景点基本上都暂时关闭及取消活动。以春节期间作为旺季的草莓采摘行业，多地曝出草莓滞销、价格暴跌、烂在地里的消息，乡村民宿及餐饮更是面临巨大损失。

（2）农产品电商迎来发展小高峰

随着数字信息技术和现代物流业的快速发展，电商逐渐成为农产品销售的新生力量。统计显示，2018 年十大农产品 B2B 电商平台融资总金额超

---

① 《农业农村部举办 2019 中国美丽乡村休闲旅游（春季）推介活动》，《经济日报》2019 年 3 月 28 日。

② 《2019 春节假期接待总人数 4.15 亿人次，实现旅游收入 5139 亿元》，央广网，2019 年 2 月 10 日。

100 亿元，2018 年农产品网络零售额超 2300 亿元，农产品电商迅猛发展[①]。疫情来临后，消费者为尽可能避免与人直接接触，线上购买生鲜大幅增长，但受到生鲜产品供应不足影响，线上购买也出现了“一菜难求”的现象。

农产品电商物流流通能力与科技能力、运营能力、生产能力、政策环境支持能力和发展能力有关[②]。目前大多数地区菜价上涨的主要原因一是春节的周期性因素，由于菜商、生鲜物流人员等农产品流通链相关人员回乡过年，而疫情对返岗造成一定影响，物流行业人手不足，减少了新鲜蔬菜市场供应；二是疫情对交通运输的影响，短期内造成了买菜的人多、运菜卖菜的人少和蔬菜供应量不足的局面，出现了市场需求和供应信息不匹配的供求矛盾，表现出现阶段农产品电商物流在科技能力、运营能力和政策环境支持能力的欠缺。

（二）中长期影响

从中长期（疫情暴发后 6 个月及以上）来看，本次疫情促使普通民众对生命健康和美好生活质量进行全面思考，提升大众的消费认知，促进消费市场的提档升级，给休闲农业和乡村旅游的发展带来新机遇。

1. 食品消费出现新趋势

（1）消费认知的提升

与 2003 年非典疫情相比，伴随着手机互联网的普及应用，新冠肺炎疫情对普通民众心理的影响将更加深远，特别是以 80 后、90 后为主体的消费人群的崛起，普通民众对于农产品的消费认知将会出现较大转变。一方面是对绿色健康安全农产品的需求将更明确、更强烈；另一方面消费者产生更高的期望，希望获得标准化且符合相关规范的优质农产品，如肉禽蛋类食品，消费者对冰鲜、冰冻产品的消费需求将进一步增长。此外，对于烹饪方便、营养健

① 中国食品农产品安全电商研究院：《2019 年农产品电商发展报告》，《农业工程技术》2019 年第 9 期。

② 薛金岩、王强、王晓翔、瞿瑶：《农产品物流流通能力影响因素的结构方程模型分析》，《商场现代化》2017 年第 12 期。

康的主食半成品需求也将增加，尤其是对年轻的消费群体来说，家庭中将出现“主食厨房”、适宜存储主食的智能冰箱等新的食品存储设备和消费需求。

（2）城市副食品的自给问题重新得到重视

新冠肺炎疫情发生恰逢春节，各地市场农副食品储备丰富，但是仍然出现了供应不足的问题，虽然后经各地调运等方式得到解决，但是也暴露了突发事件下城市农副食品自给不足的问题，城市需要重新审视“菜篮子”产品的供应体系。同时，新冠肺炎疫情提醒人们重视食品卫生安全，使得绿色、有机农产品和加工食品更具发展前景。在这种既考虑副食产品应急供应，又考虑健康安全的情况下，全国九大城市群的周边将会出现更多的绿色农产品基地，其市场定位就是针对城市群的绿色食品消费。大型连锁超市与农民合作社等将更多地开展“农超对接”，建设“产地挂钩”的绿色农产品生产基地，全面推进“绿色农产品生产行动计划”。抓住新冠肺炎疫情后市场资源重新配置的机遇，大力发展产地初加工，拓宽产品销路，探索一条“绿色农产品直供社区”的地产地销新模式，同时也可避免农产品长距离运输带来的能源消耗和产品损耗。

（3）功能食品将迎来规范发展

赵其国院士在《中国至2050年农业科技发展路线图》中预测，到2020年中国功能农产品的产值将达1000亿元，功能农业的占比将达到1%，2030年到10%，2050年达到50%以上①。目前，中国功能食品产业尚未成形，发展也相对缓慢，大众科学认知度较低，政策推广、技术领域、行业标准和市场开发还处于起步阶段。新冠肺炎疫情促使消费者对食品的安全、健康提出更高要求，将促使提升免疫力、药食同源等功能性食品的加快发展。

2. 农产品和食品的供应流通方式实现转型发展

（1）传统供应模式加速现代化进程

中国传统的食品散乱供应模式受到挑战，销售平台找不到关键时期值得

① 《中国科学院院士赵其国：2020年中国功能农业产值将达1000亿元》，中国科学院学部网站，2017年6月28日。

信任的固定供应渠道，将逐步被现代化的批发模式替代，即通过“多对一对多”的批发模式，由市场直接充当批发商，对应前端的生产者和后端的零售商。所有参与批发的产品都有清晰的生产者来源、父本母本资料和一整套防疫资料，政府只需要对批发商做好食品安全监管。全程自动化控制的农产品供应体系将不断完善，该供应体系积极采用现代化、智能化设备建设生产供应链条，构建生产、加工、仓储、物流、配送等高效、畅通、一体化的现代化物流体系。受疫情期间消费方式的影响，无接触供应模式也将继续发展，且更加规范有序。

（2）农产品电商物流更加规范化、智能化

农产品电商物流在这次疫情后，将逐渐改革创新完善“产供销”体系，多维度、多通道满足消费者需求。农产品电商紧抓发展机遇，加强农产品线上营销管理，“内容营销”将对“传统营销”加速替代，做好农产品的内容包装，“线上获客”将成为未来重要的发展模式。随着5G的广泛应用，实时视频追踪将是未来的发展趋势，包括种植、生产、加工、运输、销售等环节，整个过程的安全把控将成为消费者埋单的关键因素。全能智慧物流体系将逐步实现，包括智能分配、无人运输、机器人送达等，保障物流运输过程中农产品的安全。加强与龙头物流企业的对接，建立区域农产品电商物流平台，提供及时的市场供求信息，保障特殊时期农产品供应和农民利益；金融机构与龙头企业的合作将更加紧密，由金融机构做担保，地方农业龙头企业将发挥区域农产品领头人的作用，由多个合作社组团，采取“电商平台（N）+中小型批发市场（n）+产业带基地（n）”的模式，构建“多元复合”体系，形成线上为主、线下并行的销售体系。

（3）中央厨房转型发展

疫情期间，资源紧张、生活物资配置有限，大部分餐饮店歇业，无法提供店内、外卖就餐服务，且送餐分散、餐饮类型单一。解决问题的关键在于中央厨房的合理开发配置利用。中央厨房采用集中采购、统一加工、易于质检、统一标准、综合信息处理模式，具备质量、成本和扩张迭代上的优势。目前中国成规模的连锁餐饮企业中，74%已经自建中央厨房，大部分中央厨

房产能利用率维持在50%左右，主要原因在于中国餐饮企业中央厨房很少对外提供第三方服务①。中央厨房的应用正从快餐业进入正餐业、零售业，应用领域覆盖面逐渐增大。从企业来看，需要加快第三方中央厨房企业建设，通过收购兼并有效整合市场上闲置的产能资源；从政府来看，政府可以牵头建设中央厨房产业园，配套生鲜、养殖基地和物流配送中心，吸引各餐饮和食品企业入驻，产业集群效应也将进一步缓解中央厨房建设成本过高、产能过剩的问题。

3. 数字农业实现快速发展

（1）农产品生产过程智能化

疫情的出现引发了“传统种植养殖+数字科技”的新发展机遇，出现产业发展新态势。受劳动力成本提高的影响，未来蔬菜等种植生产的新设备、新机械将会逐步推广，包括新型传感器、水肥一体化高效节水灌溉设施、植保无人机、5G网络、北斗导航等的应用，对提高土地利用率、劳动生产率、资源利用率等方面起到显著作用，种植业生产将逐步进入数字化、智能化阶段。

在养殖方面，智慧生态猪场借助物联网技术将猪舍内的环境控制系统、智能饲喂系统、能源利用系统、粪污处理系统等多个管理系统连接起来，进行全方位的信息收集和数据化管理，逐步向无人养殖推进。肉蛋产品的养殖环节将更加绿色，防疫能力将进一步提升，产品生产过程中科技支撑力度进一步加大，投入品管控、生产过程信息记录等一体化溯源管理、疫源疫病监测网络将更加完善，覆盖全产业链的监测体系和响应机制将加快建立。

（2）农产品流通过程信息化

未来，农产品生产信息将与流通信息相结合，在大中城市建立市场监测预警体系，建成覆盖全国农业主产区和主要批发市场的农产品公共服务平台。一方面，农产品可追溯体系将加快发展完善，保障食品质量安全、方便

---

① 《中国成规模的连锁餐饮企业中，74%已经自建中央厨房》，中国产业信息网，2018年11月11日。

查找召回，控制食源疾病、防止掺假窜货。另一方面，基于溯源体系的建立，市场监管调控的信息化也将加快。以消费需求为导向建立完善的食品市场监测指标体系和预警预测分析系统，加强食品产销对接数据支持和服务，建立产地市场信息收集、分析和发布制度，及时收集、整理、发布供求信息，主动研判和应对地区食品供需问题，为进入市场交易的从业者提供及时、全面、准确的产销信息，为全国性食品信息服务平台、食品生产和流通管理部门提供数据支撑。

4. 休闲农业和乡村旅游迎来新机遇

新冠肺炎疫情结束后，休闲农业旅游市场将会有触底反弹的爆发期，休闲农业产业在危机之后将会重现异彩。很多休闲农业园区经营者经历过大棚房整治行动，建设开发已经趋于稳妥、规范，疫情将在一定时期内影响到游客对中远程旅行的选择，短期短途低消费的乡村旅游将会有更多替代的机会。经历了疫情，人们对安全健康的生活方式和饮食方式的追求更加强烈，山清水秀、生态优美的乡村环境将会更有吸引力，生态农业及相关体验也将迎来机会。中国休闲农业与乡村旅游普遍存在进入壁垒低、企业规模小、主题特色不明确、经营能力弱等问题，此次疫情将使抗风险能力小的经验者意外出清，在一定程度上加速休闲农业园区供给侧质量的提升。整个行业发展也会增加软实力投入，推动内涵式发展，实现由“重投资”向“轻资产”、“重休闲”向“重农业”、“重建设”向“重创意”、“看短期”向“看长远”的转变。

三　新冠肺炎疫情对中国农村发展的影响

农村是新冠肺炎疫情防控的重点之一，也是防控力量较为薄弱的环节。疫情对中国农村发展的影响主要体现在对农民工就业的影响和对乡村社会治理的考验。尤其是前者，疫情期间各地区对交通的管控，使春节后农民工进城返岗受到前所未有的影响，农村家庭的非农收入将受到波及，使贫困地区很容易出现因病致贫、因工致贫的情况，这给脱贫攻坚和农民增收带来极大挑战。

（一）短期影响

新冠肺炎疫情对中国农村发展的影响，一是体现为对农民，尤其是对农民工就业增收的影响，二是暴露了乡村治理存在的问题。

1. 对农民工就业和收入的影响

农民工是中国经济发展的重要支持力量之一。根据国家统计局发布的《2018 年农民工监测调查报告》①，2018 年全国农民工总量为 28836 万人，其中，在乡内就地就近就业的本地农民工 11570 万人，占 40.1%；到乡外就业的外出农民工 17266 万人，占 59.9%。在外出农民工中，进城农民工 13506 万人，占 46.8%。每年春节前后的 40 天“春运”期间，农民工返乡团聚、进城务工。2020 年的新冠肺炎疫情对节后的复工、春运都产生了明显影响，也波及农民工节后的就业及增收问题。

（1）节后复工推迟及交通管控导致农民工进城返岗延后

在疫情快速发展阶段，各地的封城、封路、封村措施影响了农民工的出行。2020 年春节回乡潮较往年提前，但受疫情影响节后返工潮明显推迟，正月初一至初九客运量合计 1.4 亿人次，同比减少 78.5%②。交通的管控措施将持续到疫情稳定后才能全面解除，导致一部分农民工，尤其是湖北籍农民工因人员流动管制的问题无法返岗，将可能错失节后最佳招工时机而对其整年的收入产生负面影响，未来这部分人可能出现的就业问题需更加关注。

（2）疫情对各行业的影响同步影响农民就业增收

疫情防控要求避免人群聚集，导致农村很多生产性活动无法正常开展，对农村地区用工务工造成影响，一方面林果蔬菜收获用工受限，另一方面也减少了农民从事劳动性收入来源，对农民增收影响较大。农民工就业的行业情况将对其收入产生同步影响，其中餐饮、旅游、电影、交通运输、教育培

① 《2018 年农民工监测调查报告》，国家统计局网站，2019 年 4 月 20 日，http：//www.stats.gov.cn/tjsj/zxfb/201904/t20190429_1662268.html。

② 任泽平：《返工潮、复工与疫情防控》，https：//baijiahao.baidu.com/s?id=1658192406917278667&wfr=spider&for=pc，2020 年 2 月 11 日。

训等行业，受疫情冲击较大。

根据《2018 年农民工监测调查报告》，2018 年建筑业、制造业等第二产业仍是农民工主要从事的行业，就业占比 49.1%；其次为批发零售业、居民服务和修理等服务业，就业占比 24.3%；最后为交通运输类、住宿和餐饮业等，就业占比 13.3%。从数据来看，处于建筑、制造业的农民工受到的影响是短期的，一些抗击疫情和国民经济急需行业提早开工的情况会提升一些农民工的就业和收入水平；对于交通、餐饮住宿、批发零售、居民服务等行业的农民工来说，受到的影响较大，并影响其全年的收入。交通管制导致农民工出行困难，加之农民工对疫情本身的担心，一些劳动密集型行业可能面临节后雇工难的问题，企业“用工荒”与农民工“就业难”一定时间段内可能同步出现。此外，全球疫情暴发影响国际贸易，对国内以出口贸易为主的行业，尤其是服装等劳动密集型行业打击较大，已经出现企业关停、无薪放假、鼓励辞职等现象，该类行业中对农民工的雇用大幅减少，将影响此部分农民工的收入。

（3）疫情发展迫使部分农民工重新思考就业途径

近年来，各地经济发展得越来越好，为农民工就近就地就业提供了良好的环境条件。根据国家统计局数据，2018 年在外出农民工中，到省外就业的农民工 7594 万人，比上年减少 81 万人；在省内就业的农民工 9672 万人，比上年增加 162 万人；省内就业农民工占外出农民工的 56.0%，所占比重比上年提高 0.7 个百分点。疫情期间，部分农民工在家乡看到很好的发展前景，加之出行受限、就业难等问题，将会促使他们重新思考就业途径，可能会有一部分农民工不再外出打工，选择留在家乡创业，或就近就业。这一方面给当地的就业市场带来压力，地方政府需要采取新的加快农村劳动力就业的手段；另一方面，这部分农民工所具备的技能，可以帮助当地开拓新的产业，带动当地经济发展和乡村振兴。

2. 对乡村社区治理的影响

新冠肺炎疫情属于公共突发事件，需要跨区域、跨部门，快速指挥、统一应急、联合行动，才能达到规模收益和集成效应。乡村社区人口密度小，治理手段应对不足。新冠肺炎疫情发生后，各地乡村第一时间采取“封路”“封村”“大喇叭广播”等应急防疫措施，反映了基层组织强有力的组织力、动员力和执行力，也暴露出基层治理手段单一，忽视了以上措施对农村居民生活的影响。在疫情面前，乡村的公共基础设施和服务体系捉襟见肘，缺少必备的医疗设施和医护人员。

（二）中长期影响

长远来看，疫情不会改变中国经济向好的趋势，乡村振兴带来的农村经济发展引发农民工回乡潮仍将持续；疫情期间，暴露出来的乡村治理和乡村公共服务设施的不足，“十四五”期间应给予更多的重视。

1. 农民工回流继续，本地务工农民工比例提高

随着乡村振兴战略的大力实施，镇域、县域经济将得到更快、更好的发展，产业强镇、现代农业产业园、农村一二三产业融合示范园等农业项目的实施，将大力推动农产品加工、农业生产性服务业、休闲农业等领域的发展，同时农村基础设施的建设对建筑业、制造业的用工需求也将增大。受疫情冲击的行业逐步复苏，这些行业将创造大量的本地就业创业机会，使农民工能摆脱“农民工”称呼，在家乡体面就业，获得更好的社会认同感。同时，新生代农民工选择的机会更多，就业方式也更加灵活。总体来说，农民工总量增长趋势将继续减缓，农民工回流的趋势将继续，本地务工的农民工比例将进一步提高，跨省流动、外地务工的比例将下降。

2. 进城务工人员市民化进程加快

城乡融合发展是中国乡村振兴的必由之路。疫情的交通管制措施迫使一些农民工滞留在城市无法返乡，疫情带来恐慌情绪之下，他们又难以享受城市政策，因此更加渴望市民身份的认同。农民工是中国经济发展的重要力量，疫情得到控制之后，对农民工返岗复工也是政府重点工作之一，农民工未来的发展也将受到更多重视。2019 年中共中央国务院出台《关于建立健全城乡融合发展体制机制和政策体系的意见》，指出要健全农业转移人口市

民化机制，推动农民工特别是新生代农民工融入城市。根据国家统计局调查，在进城农民工中，38.0%认为自己是所居住城镇的“本地人”，其中，已定居农民工中该比例为79.2%，对所居住城镇高度认同。由此可见，是否能在城市定居、获得市民身份，对农民工的就业稳定性和归属感具有很大影响。随着各中小型城市放开落户，农民工就近务工比例的增加，更多农民工将获得城市户口，城市需采取更多行之有效的措施，加强农民工在就业、居住、教育、医疗等方面的保障。

3. 乡村治理能力现代化将更受关注

此次疫情暴露出乡村治理的弱化的问题将使乡村治理能力现代化加快发展。一是疫情防控期间，城乡社区党员先锋带头作用的案例比比皆是，将使党员在乡村社会事务治理中的作用更加得到重视，农村基层党组织的作用将更加显著。二是疫情期间部分地区没有充分动员群众参与的情况，将促使各地采取广泛动员群众参与的方式进行乡村治理，乡村妇联、团支部、残协等组织在联系群众、团结群众、组织群众参与民主管理和民主监督等方面的作用巨大，将部分人动员起来能有效避免乡村防控人员不足的问题，加强乡村群团组织的专业化、职业化、规范化，并将老年人、残疾人、青少年、特殊困难群体作为重点对象服务工作。三是乡村疫情防控信息传播方式原始的情况将加速乡村治理信息化建设，2019年12月印发的《数字农业农村发展规划（2019～2025年）》，对乡村数字化建设作了重要部署，未来乡村信息化建设进程将会进一步加快。

四　新冠肺炎疫情应对和恢复措施

2020年初，习近平总书记多次对全国春季农业生产工作作出重要指示，强调越是面对风险挑战，越要稳住农业，越要确保粮食和重要副食品安全。为了最大限度地减轻负面影响，必须在防控疫情的同时，采取积极的应对措施，及时推动农业复产和企业复工，加强乡村建设，为打赢疫情防控阻击战、实现全年经济社会发展目标任务提供有力支撑。

（一）做好春耕备耕，保障“菜篮子”供给

强化地方政府对辖区内蔬菜、肉蛋奶、水产品等供应的责任，严格落实分区分级差异化疫情防控措施，统筹抓好生产发展、产销衔接、流通运输、市场调控、质量安全等各项工作，确保不误农时，保障夏粮丰收。一是保障运输通路，重点保障种子、化肥、农药、农膜等农业生产物资的供应和运输，做好相关企业的复工对接，确保春耕备耕期间农资质量可靠、市场稳定、运输顺畅；二是充分发挥新型农业经营主体的作用，强化信息互通，对接主要农产品供求信息，合理安排蔬菜、畜禽等重要农副产品生产，保持正常生产秩序；三是优化农业产业结构和布局，优先考虑在城市周边发展适度规模的蔬菜产业，应发挥设施生产快速、多茬、连续生产且受外界影响小的优点，重点发展设施农业；四是政府要加强对生产指导，提供技术服务，及时解决生产瓶颈问题，尤其是解决产地农产品的用工难、运输外销等困难。

（二）加强农业供给侧结构性改革，适应消费新趋势

新冠肺炎疫情的出现和持续过程中食品消费的新趋势，为农业供给侧结构性改革提供了新的思路。

1. 积极推动农业生产环节高质量发展

鼓励大中销售企业联合生产基地，整合生产端优质资源，形成企业 + 合作社、农业产业化联合体、产业联盟等合作方式；支持销售企业自投基础设施，用于生产符合市场需求的高质量、高效率的农产品。加强现代信息技术应用和生产性服务业的发展。培育专业化的生产性服务主体，有效解决分散小农户的生产难题。

2. 推进食品、药品等重要农产品追溯体系建设

构建质优安全的农产品供给体系，形成统一的农产品全产业链标准规范，带动整个产业链创新发展，提升国际竞争力。在重点领域，广泛发动重点行业企业、电商企业参与追溯体系建设，着力推动各级追溯管理平台与其他部门相关管理平台横向连接、共建共享，通过互联互通打造大数据应用场

景，让追溯数据发挥应有的价值。

3. 强调粮食蔬菜“自给率”，加强农产品市场的体系建设

统筹考虑城市人口、生产基地规模、交通区位、物流走向，强调城市群粮食蔬菜的自给率；同时，改造大型销地批发市场，建设产地批发市场和田头市场，重点建设冷藏保鲜、加工配送、电子结算、信息与追溯平台、质量安全检测、交易厅棚和废弃物处理等基础设施，建成灵敏、安全、规范、高效的农产品物流和信息平台，保障农产品供应，稳定市场价格。增加城市农贸市场和社区菜店等零售网点，建设城乡一体化标准菜市场，配套建设社区市场或相应的商业设施，规范发展早市、晚市和周末农贸市场，为流动菜贩、直销农户提供便利条件，方便居民购买。

4. 倡导“藏粮于民”，树立农副产品应急管理理念

加强城市周边绿色农产品供应基地的发展，提升城市“菜篮子”产品的自给率，避免突发时期出现长距离调运农副产品的情况，同时可提供一部分农民就业岗位；在“藏粮于地”“藏粮于技”的基础上，倡导“藏粮于民”，顺应居民对安全、健康、方便主食产品的需求，以居民家庭主粮主食的储备作为粮食安全储备的一部分。既可减少政府对基础设施的高额低效投资，又能够保证粮食安全自给率，并在突发事件发生时也能起到应急作用。

（三）保障农民就业，稳定农民增收

2020 年是全面建成小康社会目标实现之年，是全面打赢脱贫攻坚战收官之年。保障农民就业增收，是实现两大关键任务的重要环节。在疫情持续的情况下，一方面，需要引导农民工有序返岗复工，做好防控与健康监测；农民工流出地与流入地应建立用工需求对接信息，流出地可针对性地开展就业技能培训。同时，政府应继续采取措施大力支持农民工自主创业，包括相关技能和知识培训、简化审批流程、进行专业辅导等，提高农民工自主创业的积极性、成功率，鼓励农民工为家乡发展贡献力量。另一方面，必须采取更加有力的措施增加本地就业机会，保障农民收入，促进地方经济发展。通过加快现代农业产业园、产业强镇、现代农业科技园、创业园等国家大力支

持的农业园区建设，加快实现农村一二三产业的深度融合发展，充分利用返乡农民工的职业技能，发展乡村产业，提高乡村新产业、新业态吸纳就近就业和本地就业能力。此外，面对全球疫情持续的形势和经济衰退的预测，中国政府应采取更多宏观调控措施刺激国内经济发展和国内消费增长，努力增加国内就业岗位，可促进部分因国际贸易受阻而失业的农民工就业。

（四）强化乡村治理能力建设，加强突发事件管理

2020 年是“十三五”的收官之年，疫情所暴露出的乡村治理的问题，将在“十四五”规划中得到更多重视。一是加大对乡村基础设施建设的投入。重点加大对疫情防控中所暴露出农村公共基础设施、人居环境、医疗卫生、社会保障等方面短板的建设力度。在社会保障方面，强化对农村留守儿童和妇女、老年人关爱服务体系，杜绝再次出现疫情期间老人家中死亡多日后才发现的情况，对标全面建成小康社会，加快补齐农村基础设施和公共服务短板。二是建立健全乡村治理工作体系。发动群众，壮大基层民主自治的活力和基础，组织化有序化动员基层民众，营造良好的公民文化氛围；强化法治宣传，杜绝村庄私自封路等违法行为；稳固乡村共同体纽带，提升礼俗性德治力量，形成城乡一体化的自治、法治与德治相结合的治理结构。加强党组织在基层管理和应对突发公关事件中的作用，动员民众和社会力量，在突发公共卫生事件的时候能够尽快发挥措施效果。

Abstract

In 2019, the nominal growth rate of the primary industry is significantly higher than the real growth rate, and the proportion of the value-added of primary industry in the GDP has risen instead of falling. The value-added of the primary industry reached 7. 05 trillion yuan, an increase of 8. 8% in nominal terms and an increase of 3. 1% in real terms. This accounted for 7. 1% of China's GDP, an increase of 0. 1% compared to the previous year.

In 2019, the rural population continued to decrease. The rural permanent population is 551. 62 million, a decrease of 12. 38 million compared to the previous year, accounting for 39. 4% of the total population. The poor population in rural areas decreased greatly. At the end of 2019, there were 5. 51 million rural poor people, 11. 09 million fewer than that at the end of the previous year, and the incidence of poverty dropped to 0. 6%. The transfer of rural labor force was accelerated. The total number of rural migrant workers was 290. 77 million, an increase of 2. 41 million compared to the previous year. Among them, there were 174. 25 million migrant workers working outside their hometown, an increase of 1. 59 million compared to the previous year, which were the majority of migrant workers.

In 2019, The grain output set a new record. The total output of grain was 663. 84 million tons, an increase of 5. 95 million tons compared to the previous year. The yield of corn was 260. 77 million tons, an increase of 3. 6 million tons compared to the previous year. The yield of wheat was 133. 59 million tons, an increase of 2. 15 million tons compared to the previous year. The yield of soybean was 18. 10 million tons, an increase of 2. 10 million tons compared to the previous year. The yield of rice was 209. 61 million tons, a decrease of 2. 52 million tons compared to the previous year.

In 2019, the production of cash crops is generally stable, the production structure of cash crops is still being adjusted. The total amount of cotton production was 5. 89 million tons, a decrease of 0. 21 million tons compared to the previous year. Among them, the amount of cotton production in Xinjiang was 5. 00 million tons, a decrease of 0. 11 million tons compared to the previous year, accounting for 84. 9% of the total amount. Cotton production was further concentrated in the advantageous production areas of Xinjiang. The total amount of oil production reached 34. 95 million tons, an increase of 0. 62 million tons compared to the previous year. The total amount of sugar production was 122. 04 million tons, an increase of 2. 67 million tons compared to the previous year.

In 2019, the production of pork was greatly reduced, and the production of other meats grew rapidly. The total amount of meat production was 76. 49 million tons, a decrease of 8. 68 million tons compared to the previous year. Among them, the total amount of pork production was 42. 55 million tons, a decrease of 11. 49 million tons compared to the previous year. The total amount of beef, mutton, and poultry production reached 6. 67 million tons, 4. 88 million tons, and 23. 99 million tons, an increase of 0. 23 million tons, 0. 13 million tons and 2. 45 million tons, respectively.

In 2019, the import of agricultural products grew rapidly and the trade deficit increased by a large margin. The China's import and export of agricultural products was 228. 45 billion US dollar, an increase of 12. 4 billion US dollar. Among them, the import of agricultural products was 149. 88 billion US dollar, an increase of 13. 17 billion US dollar. The export of agricultural products was 78. 57 billion US dollar, a decrease of 0. 75 billion US dollar. Trade deficit was 71. 33 billion US dollar, an increase of 13. 92 billion US dollar compared to the previous year.

In 2019, food imports decreased in general, while soybean imports slightly increased. The food import was 111. 44 million tons, a decrease of 4. 11 million tons. Among them, the import of grain was 17. 85 million tons, a decrease of 2. 62 million tons. The import of soybean was 88. 51 million tons, an increase of 0. 48 million tons. Among the international trade of grain, the import of rice was 2. 55 million tons, the export of rice was 2. 75 million tons. The import of wheat was 3. 49 million tons, the import of corn was 4. 79 million tons. The export of wheat and corn was small.

In 2019, the import of cotton, edible oil and sugar increased in general, the import of edible oil increased most significantly. The import of cotton was 1. 85 million tons, an increase of 0. 28 million tons compared to the previous year. The import of edible vegetable oils was 9. 53 million tons, an increase of 3. 24 million tons. The import of sugar was 3. 39 million tons, an increase of 0. 59 million tons compared to the previous year.

In 2019, the import of pork, beef and mutton increased in general, the import of pork and offal increased greatly while the import of beef, mutton and mutton increased rapidly. The import of pork and pig offal was 3. 12 million tons, an increase of 0. 97 million tons compared to the previous year. The import of beef was 1. 66 million tons, an increase of 0. 62 million tons. The import of mutton was 0. 39 million tons, an increase of 0. 23 million tons compared to the previous year.

In 2019, the export of aquatic products decreased while the import increased, and the trade surplus decreased significantly. The export of aquatic products was 20. 3 billion US dollar, a decrease of 1. 7 billion US dollar. The import of aquatic products was 15. 8 billion US dollar, an increase of 3. 8 billion US dollar. The trade surplus of aquatic products was 4. 5 billion US dollar, a decrease of 5. 5 billion US dollar compared to the previous year.

In 2019, the price of agricultural products increased significantly, which is mainly affected by the rise of pig price. Producer prices of agricultural products rose by 14. 5% , from a small drop in the previous year to a large increase. Among them, the producer price of grain increased by 0. 3% , that of vegetables and fruit increased by 1. 2% and 3. 6% , that of pig increased by 50. 5% while that of pig increased by 109. 5% in the fourth quarter. The producer price of live cattle, sheep, poultry and eggs increased by 12. 5% , 14. 3% , 7. 8% and 2. 1% respectively.

In 2019, the price of food increased greatly, the rise in pork prices was most pronounced. The food consumption prices of urban and rural residents increased by 9. 2% compared to the previous year, 7. 4 percentage points higher than the previous year. Among them, the consumption price of grain increased by 0. 5% , the consumption price of fresh vegetable and fruit increased by 4. 1% and 12. 3%

respectively. The consumption price of meat increased by 29. 1% , among them, that of pork, beef and mutton increased by 42. 5% , 12. 1% and 11. 9% respectively. The consumption price of egg increased by 5. 1% .

In 2019, the income of rural residents increased rapidly, and the income gap between urban and rural residents narrowed. The per capita disposable income of rural residents was 16, 021 Yuan, an increase of 1404 yuan, an increase of 9. 6% in nominal terms and an increase of 6. 2% in real terms. The ratio of per capita disposable income between urban and rural residents was 2. 64, a decrease of 0. 05% compared to the previous year.

In 2019, wage income contributes the most to the increase of rural residents' income, followed by net operating income and net transfer income. Among the per capita disposable income of rural residents, salary income was 6583 yuan, an increase of 587 yuan compared to the previous year, contributing to 41. 8% of their income increase; net operation income was 5762 yuan, an increase of 403 yuan, contributing to 28. 7% of their income increase; net property income was 377 yuan, an increase of 35 yuan, contributing to 2. 5% of their income increase; net transferable income was 3298 yuan, an increase of 378 yuan, contributing to 26. 9% of their income increase.

In 2019, the growth rate of rural residents' income in poverty-stricken areas is higher than the national average level, the wage income and net transfer income contributed more to the increase of rural residents' income. The per capita disposable income of rural residents in poverty-stricken areas was 11, 567 yuan, an increase of 1196 yuan, an increase of 11. 5% in nominal terms and an increase of 8. 0% in real terms. Among them, salary income was 4082 yuan, contributing to 38. 0% of their income increase; net operation income was 4163 yuan, contributing to 23. 0% of their income increase; net property income was 159 yuan, contributing to 1. 9% of their income increase; net transferable income was 3163 yuan, contributing to 37. 1% of their income increase.

In 2020, China's agriculture and rural economy are expected to overcome the adverse effects of the COVID – 19 epidemic, showing the trend of accelerating development of agriculture industry, stable growth of farmers' income and accelerating supplement of rural public infrastructure. It is predicted that the added value of the primary industry would exceed 7. 5 trillion yuan, rising to 7. 2% of the GDP; the total grain output is expected to reach 670 million tons, and the pork output is expected to reach to 48 million tons; the overall price of agricultural products and food may continue to run at a high level, with an increase of more than 10% ; the risk of stagnant incomes of farmers will increase, but it is still possible that the annual per capita disposable income of farmers would reach 17000 yuan. It is also possible that the per capita disposable income of farmers in poor areas would reach 13000 yuan, with the growth rate exceeding that of national average level of farmers.

Keywords: Well-off Society in All Respects; War of Poverty Reduction; COVID - 19 Epidemic; Prices of Agricultural Products; Income of Rural Residents

Contents

Ⅰ General Report

Abstract: In 2019, added value of primary industry reached ¥7 trillion, an actual growth of 3.1% compared to the previous year; rural population decreased to 551.62 million, a decrease of 12.39 million compared to the previous year; rural poor population decreased to 5.51 million, a decrease of 11.09 million compared to the previous year; rural migrant workers increased to 290.77 million, an increase of 2.41 million compared to the previous year; grain production reached 663.84 million tons, an increases of 5.95 million tons compared to the previous year; the imports of agricultural products approached to $ 150 billion, an increase of $ 13 billion compared to the previous year; the supply of most agricultural products was sufficient except for that of pork, beef and mutton; the prices of grain was stable. The per capita disposable income of rural residents reached ¥16021, an increase of ¥1404 compared to the previous year; the ratio of urban resident disposable income to rural resident disposable income deceased to 2.64, a decrease of 0.05 compared to the previous year, the income gap between urban and rural residents narrowed. Meanwhile, the production of pig declined significantly, the supply of pork decreased, the amount of pig slaughter decreased to 544.19 million, a decrease of 150 million heads; the output of pork decreased to 42. 55 million tons, a decrease of 11. 49 million tons compared to the previous year, which led to the tight supply of livestock meat. The consumer price of food increased by 9. 4% compared to the previous year, which brought challenges to regulation of consumer price. In 2020, affected by the COVID -19 epidemic, the difficulties faced by agriculture development and risk of income stagnation of rural residents will increase, the uncertainty of international trade of agricultural products will also increase. However, the policy adopted by the government will play an extremely important and positive role. The agriculture and rural economy are expected to overcome the adverse effects of the COVID -19 epidemic. It is predicted that the output of grain may reach 670 million tons, the output of pork may reach 48 million tons, the annual per capita disposable income of rural residents would reach 17000 Yuan, the per capita disposable income of rural residents in poor areas would grow at higher rate, and China will end absolute poverty successfully.

Keywords: Agricultural Production; Food Prices; Income of Rural Residents; COVID -19 Epidemic

Ⅱ Special Reports

Abstract: In 2019, the income of rural residents increased rapidly, and the composition of consumption was continuously optimizing and upgrading. The per capita disposable income of rural residents was 16021 yuan, with nominal growth of 9. 6% and real growth of 6. 2% after deducting price factors. The per capita consumption of rural residents was 13328 yuan, with nominal growth of 9. 6% and real growth of 6. 5% . The Engel's coefficient reduced continuously, the per capita expenditure of education, cultural and recreation, health care and medical services grew rapidly. Significant progress has been made in poverty alleviation; the rural poverty population reduced obviously.

Keywords: Rural Income; Composition of Consumption Expenditure; Poverty

G. 3 An Analysis of Production and Prices of Agricultural Products in 2019

Zhenqin ZHANG / 055

Abstract: In 2019, agricultural production was generally stable. The grain output set a new record, over 650 million tons for 5 consecutive years. Due to the outbreak of African swine fever and other factors, the production of pig declined significantly, the supply of pork decreased, driving stable growth of production of beef cattle and sheep, and the rapid growth of production of poultry. Production of aquatic products decreased slightly. The supply of grain was abundant, the price of grain was overall stable. The prices of livestock and poultry products generally rose. The supply-side structural reform on agriculture continued to advance, and the structure of agricultural production was further adjusted and optimized.

Keywords: Production; Price; Structure of Agricultural Production

G. 4 The Development of the Farming Industry in 2019 and Prospects for 2020

Ruijuan ZHANG / 074

Abstract: In 2019, China reaped bumper harvest of grain crop, although the sown area of grain crop reduced moderately, the per unit area yield of grain generally increased, total yield of grain increased by 0.6%. Among them, rice production decreased, while wheat, corn and soybean production increased. The total sown area of cotton reduced by 0.5% and the total yield of cotton reduced by 3.5% in 2019, the sown area of oil-bearing crops increased by 0.5% and the yield increased by 1.8%. The sown area of sugar-yielding crop decreased by

0. 4% and the yield increased by 2. 2% . In terms of trade, both food crops and cash crops were in the status of net import. Compared with prices in 2018, the prices of rice, wheat, cotton and sugar fell, while the prices of soybean, corn and oil-bearing crops rose in 2019. From the perspective of cost-benefit, the labor cost of planting industry generally decreased. It is expected that the yield of rice and wheat will not drop significantly, and the yield of high-quality crop will increase, yield of corn may decrease slightly in 2020. The sown area of soybean and oil-bearing crops will increase, the yield is more likely to increase, meanwhile, the yield of the sugar-yielding crop is likely to increase in 2020. Due to the impact of the COVID - 19 epidemic, grain price will rise, the import pressure of the planting products is still high because of the widening price gap between domestic and overseas, increasing domestic production cost and other factors.

Keywords: Food Crop; Cash Crop; Farming Industry

Abstract: This paper analyzes the current status of forestry investment and afforestation, forest products production, international trade and forest products market in China in 2019, and provides an outlook of the trend of forestry economy in 2020. In 2019, the scale of forestry investment kept growing, the proportion of investment in ecological construction and conservation was increasing. The area of afforestation exceeded 100 million acres, kept being the largest in the world. The total production value of forestry showed a negative growth, and the portion of the tertiary industry kept increasing. The domestic timber production has been steadily expanding, and considerable progress has been made in high-quality development of the forestry industry. The international trade volume of forest products was 157. 3 billion US dollars, of which woody forest products accounted for more than 70% . The imported woody forest products were mainly wood pulp, logs and sawn timber; the exported woody forest products were mainly paper products and wooden furniture, while exports of logs, sawn timber, particleboard and wooden furniture declined. The domestic forest products market was shrinking, and the market development of various forest products continued to differentiate. Domestic timber prices fell but remained relatively stable. Looking to 2020, the area of afforestation will remain over 100 million acres, and the portion of the tertiary industry in forestry will keep increasing; the growth of international trade of forest products will slow down, and the export of forest products is facing severe challenges; the price of domestic forest products will be stable, and the high-quality development of forestry need to be promoted.

Keywords: Forestry Production; Forest Products Market; Forest Products Trade

Abstract: In 2019, the output of pork dropped dramatically while the output of beef, mutton and raw milk increased slightly, output of poultry meat increased significantly. Affected by the African swine fever, the gap between supply and demand of pork was large in 2019, the price of pork soared, driving the consumer demand for alternative substitute. The prices of all livestock products ran at a high level throughout the year, and the profit of animal husbandry was improved. The import volume of livestock products increased significantly in 2019, and the exports volume decreased to varying degrees. In 2020, the supply of meat products will be tight generally, the supply of fresh milk will be sufficient that could bring down the price of fresh milk. The international trade of livestock products will continue to present a situation of increasing import volume and diversified import sources.

Keywords: Livestock Industry; African Swine Fever; Livestock Products

Abstract: In 2019, focusing on the green development of aquaculture, the conservation of fishery resources, and the development of industrial integration, the high-quality development of fishery industry was promoted. Under the premise of ecological priority, fisheries production has made steady progress. Green aquaculture developed in a more standardized manner. The output of capture fisheries decreased significantly. The output of leisure fisheries continued to grow. The quality of fisheries development significantly improved. At the same time, industrial poverty alleviation was advanced in an orderly manner. Although the prices of aquatic products dropped, the supply was sufficient and the qualities was safe, which contributed to secure adequate supplies and stabilize prices for "vegetable basket project" . The trade surplus of aquatic products continued to fall. In 2020, the general trend of green development, quality and efficiency improvement, and resource conservation will not change. Facing the outbreak of COVID − 19 epidemic and a complicated international situation, fisheries will encounter temporary difficulties. The production, consumption and trade of aquatic products may decline, but it will not affect market supply.

Keywords: Fishery Industry; Aquaculture; Fishing; Aquatic Products; COVID −19

Abstract: In 2019, China's trade deficit of agricultural products continued to increase. For agricultural products with traditional export advantage, the surplus of vegetables rose slightly, the surplus of aquatic products fell sharply, while the deficit of fruit continued to grow after it first appeared in 2018. The widening trade deficit has been driven by increasing demand from the upgrading of household food consumption structure and a decline in domestic pig production due to the outbreak of "African swine fever". In terms of international cooperation in agriculture, due to the slowdown in international investment caused by the global economic slowdown and conservatism, China's two-way investment in agriculture declined in 2019 compared with the previous year. At the same time, agricultural science and technology cooperation has made new progress in many fields, which is bound to make more breakthroughs in the future in the context of the growth of China's agricultural products trade and the development of the Belt and Road.

Keywords: Agricultural Product Trade; Foreign Direct Investment; Oversea Investment; Science and Technology Cooperation

Ⅲ Reports on Hot Issues

Abstract: The key to complete the building of an overall well-off society lies in rural areas. This report evaluates the achievement degree of building an overall well-off society in rural areas. The results show that the achievement degree of building an overall well-off society in rural areas in China steadily increased, the differences in the five aspects of building an overall well-off society in rural areas were narrowing year by year. In 2018, the people life index had reached the goal of building a well-off society, while the rural environment index was relatively low. At the provincial level, nine provinces (autonomous regions, municipalities directly under the central government) had achieved the 2020 goal of building an overall well-off society in rural area, four provinces with lower achievement degree should be concerned. The achievement degree of rural environment in most provinces are relatively lagging behind. At the indicator level, rural infrastructure, social undertakings and public services are short boards for building an overall well-off society in rural area. According to the expected development speed, these short boards can also achieve the goal of building an overall well-off society by 2020. Based on the calculated results, aiming at the problems existing in rural infrastructure, social undertakings and public services, the report puts forward corresponding countermeasures and suggestions.

Keywords: Well-off Society; Rural Infrastructure; Rural Social Undertakings; Rural Public Services

Abstract: Based on the characteristics, causes and effects of this round of pig cycle, this report explores the practical dilemma of stabilizing the production and securing an adequate supply of the pig, and proposes the basic principles and corresponding countermeasures for promoting stable production and adequate supply of the pig. From the production perspective, the current epidemic situation is still severe, and the farmers breeding pig lack funding and confidence. From the consumption perspective, the impact of the epidemic situation and the previous rising pork prices led to a period of sluggish of pork consumption, and the pull action of demand in boosting production needs to be improved. From the policy perspective, due to many uncertainties in the policies, the farmers lack stable expectations. The corresponding countermeasures for stabilizing the production and securing an adequate supply of the pig are as follow: firstly, strengthening the prevention and control of epidemic and boosting confidence of farmers; secondly, keeping increasing financial support and stimulating market vitality; thirdly, securing an adequate supply of the pork and stabilizing pork prices; finally,

improving the policy stability and stabilizing farmers' expectations.

Keywords: Pig Cycle; Pig Industry; Stabilizing the Production and Supply

Abstract: This report first defines the connotation of rural digital economy and builds the index system of rural digital economy covering four first-level indexes, including digital fundamentals, digital input, digital efficiency and digital innovation. Based on these four aspects, this report summarizes the current status of China's rural digital economy and points out several existing problems on digital environment, labor transformation, industrial development, technical and service support, etc. For accelerating the development of rural digital economy and promoting the construction of digital village, this report puts forward countermeasure and suggestions including designing long-term strategy, improving digital environment, attaching importance to digital talents, accelerating technological innovation and application, pushing forward the digital transformation of whole industrial chain and improving digital services.

Keywords: Rural Digital Economy; Index System; Digital Talent; Digital Service

Abstract: Agricultural productive service industry is an important grasp to promote the revitalization of rural industry and the organic connection between small farmers and modern agricultural development. It is an industry with considerable scale and is in a critical period of development and upgrading, showing the trends of gradually formed balanced development of services in the whole agricultural chain, gradually emerged division and cooperation of diversified market subjects, the obviously accelerated fusion development of the public services and business-oriented services. By analyzing the problems existing in the development of agricultural productive services and the current situation of support policies, this report finds the following policy demand, such a sattaching importance to the role of farmers in providing agricultural productive services and the role of increasing income brought by services; matching the development of different service subjects in different levels and classifications and the trend of agricultural industry demand; strengthening the cohesion of the support policies for agricultural production and operation; and strengthening the support policies conforming to the trend of integration of public services and business-oriented services. Finally, the report points out the direction of adjustment and innovation of policy support for agricultural productive services in the future.

Keywords: Agricultural Productive Services; Agricultural Policy; New Agricultural Service System

G. 13 Study on Improving Quality of Poverty Reduction and Enhancing Sustainability of Poverty Reduction

Xuewen TAN & Miao BAI / 251

Abstract: In order to win the war of poverty reduction, China should try its best to improve the quality of poverty reduction, realize stability of poverty reduction, and implement a guarantee mechanism for keeping lifting people out of poverty after the end of the war. This report asserts that, high-quality poverty reduction just means stable poverty reduction, and improving the quality of poverty reduction means continuously increasing the proportion of real poverty reduction and enhancing sustainability of it. China attaches great importance to improving the quality of poverty reduction, and has taken a series of measures, including adhering to poverty standard, conducting dynamic adjustment, monitoring and evaluating, improving the human capital and endogenous power of the poor, coordinating development measures with security measures, implementing specific measures of consolidating outcomes of poverty reduction and preventing falling back into poverty. So the current situation of poverty reduction is good, and the rate of poverty has dropped substantially year by year. However, in the last year of war of poverty reduction, restrictive factors on stable poverty reduction still exist, some of which are confusion in standard application, insufficient "development" of certain measures and lacking endogenous power. It is believed that absolute poverty should not be expected to disappear immediately and absolutely after 2020, thus a guarantee mechanism for sustainable poverty reduction is necessary. It is suggested that, in the first three years or so of the 14th Five-Year Plan, the current rural poverty alleviation system and the poverty registration system should be preserved, the important poverty alleviation measures should be embedded into the Rural Revitalization Action, and a more inclusive and integrated comprehensive social protection system should be explored. Meanwhile, it is suggested that a incidence of poverty below 1% could be taken as the sign of winning the war of poverty reduction.

Keywords: War of Poverty Reduction; Quality of Poverty Reduction; Sustainable Poverty Reduction

G. 14 Major Food Risks and Risk Prevention in China

Qingjie ZHOU & Dongyao YU / 270

Abstract: Food risks covers all public-health risks from farm to table, including risks of cereal supply security and foodborne hazards of food safety. Major food risks faced by China lies not only in food security such as dual contradictions of supply-demand and structure of staple food, cyclical volatility of pork price, increasing uncertainty of import environment of cereal, sever wastage in agricultural supply chain, and hazards of edible agriculture products quality safety, but also in food safety such as abuse of pesticide or veterinary residues in edible agricultural products, microorganisms pollution in processed foods and overuse of food additives. In order to prevent those risks, the government should take measures in pushing reform of supply side of agriculture, implementing strategy of improving food industry by science and technology, coordinating relationship between economic development and environment conservation, optimizing the price regulation policy on meat and cereals reasonably, dynamically adjusting the policy of pork reserve and cereal reserve, enhancing supervision of edible agriculture products' quality safety, improving policy and law on food safety, enhancing effectiveness by refining regulatory system, improving co-governance mechanism of food safety, and implementing producers responsibility.

Keywords: Food Security; Food Safety; Risk Prevention

G. 15 The Impacts of COVID -19 Epidemic on Agriculture and Rural Economy and Countermeasures

Tianzhu ZHANG, Chunming BAI, Qian ZHANG & Yihui TIAN / 288

Abstract: In early 2020, the outbreak of COVID -19 in China has affected the social and economic development, as well as the development of agriculture and rural area. The impacts of epidemic are mainly manifested in the following areas: (1) labor shortage and transportation disruption affected harvesting, purchasing, packaging of agricultural products, as well as the distribution and supply of agricultural production materials. Transportation of production materials such as young livestock and poultry, aquatic seedlings and feed is also blocked; (2) new consumer demand for food is emerging which brings new opportunities for the development of processed food and functional food; (3) leisure agriculture and rural tourism have been hit hard; (4) migrant workers are facing difficulties in returning to work which forcing them to rethink their employment approaches and promoting nearby employment or entrepreneurship; (5) the shortage of rural governance and insufficient supply of rural public service facilities are exposed, which will put rural governance modernization into a sharp focus. In response to COVID -19 epidemic, government should ensure the non-grain food supply and ensure smooth progress of spring farm work in short term. In long term, it is necessary to adapt to changes in consumer demand, advocate household grain storage, and strengthen structural reform of supply-side in agriculture in order to further ensure increase of farmers' employment and income, improve rural governance system in order to accomplish the poverty alleviation and achieve the goal of building a moderately prosperous society.

Keywords: COVID -19; Agricultural; Rural Economy

中国社会发展数据库（下设12个子库）

整合国内外中国社会发展研究成果，汇聚独家统计数据、深度分析报告，涉及社会、人口、政治、教育、法律等12个领域，为了解中国社会发展动态、跟踪社会核心热点、分析社会发展趋势提供一站式资源搜索和数据服务。

中国经济发展数据库（下设12个子库）

围绕国内外中国经济发展主题研究报告、学术资讯、基础数据等资料构建，内容涵盖宏观经济、农业经济、工业经济、产业经济等12个重点经济领域，为实时掌控经济运行态势、把握经济发展规律、洞察经济形势、进行经济决策提供参考和依据。

中国行业发展数据库（下设17个子库）

以中国国民经济行业分类为依据，覆盖金融业、旅游、医疗卫生、交通运输、能源矿产等100多个行业，跟踪分析国民经济相关行业市场运行状况和政策导向，汇集行业发展前沿资讯，为投资、从业及各种经济决策提供理论基础和实践指导。

中国区域发展数据库（下设6个子库）

对中国特定区域内的经济、社会、文化等领域现状与发展情况进行深度分析和预测，研究层级至县及县以下行政区，涉及地区、区域经济体、城市、农村等不同维度，为地方经济社会宏观态势研究、发展经验研究、案例分析提供数据服务。

中国文化传媒数据库（下设18个子库）

汇聚文化传媒领域专家观点、热点资讯，梳理国内外中国文化发展相关学术研究成果、一手统计数据，涵盖文化产业、新闻传播、电影娱乐、文学艺术、群众文化等18个重点研究领域。为文化传媒研究提供相关数据、研究报告和综合分析服务。

世界经济与国际关系数据库（下设6个子库）

立足“皮书系列”世界经济、国际关系相关学术资源，整合世界经济、国际政治、世界文化与科技、全球性问题、国际组织与国际法、区域研究6大领域研究成果，为世界经济与国际关系研究提供全方位数据分析，为决策和形势研判提供参考。